本书是 2016 年教育部本科教学工程立项建设项目"暨南大学—广百集团营销管理实践教育基地"和 2015 年广东省高等学校教学质量与教学改革工程项目"市场营销学省级教学团队"的阶段性建设成果

营销管理教学 案例集

Marketing Management Teaching Case Sets

卫海英　杨德锋◎主编

暨南大学出版社
JINAN UNIVERSITY PRESS

中国·广州

图书在版编目（CIP）数据

营销管理教学案例集/卫海英，杨德锋主编．—广州：暨南大学出版社，2017.11
（2019.2 重印）
ISBN 978 - 7 - 5668 - 2228 - 4

Ⅰ.①营… Ⅱ.①卫…②杨… Ⅲ.①营销管理—案例 Ⅳ.①F713.56

中国版本图书馆 CIP 数据核字（2017）第 253258 号

营销管理教学案例集

YINGXIAO GUANLI JIAOXUE ANLIJI

主　编：卫海英　杨德锋

出 版 人：徐义雄
策划编辑：黄圣英
责任编辑：冯　琳　王莎莎
责任校对：高　婷

出版发行：暨南大学出版社（510630）
电　　话：总编室（8620）85221601
　　　　　营销部（8620）85225284　85228291　85228292（邮购）
传　　真：（8620）85221583（办公室）　85223774（营销部）
网　　址：http：//www.jnupress.com
排　　版：广州市天河星辰文化发展部照排中心
印　　刷：广州市穗彩印务有限公司
开　　本：787mm×1092mm　1/16
印　　张：113
字　　数：320 千
版　　次：2017 年 11 月第 1 版
印　　次：2019 年 2 月第 2 次
定　　价：45.00 元

前　言

　　营销管理是一门建立在经济科学、行为科学和现代管理理论基础上的应用科学，其核心内容就是研究以满足消费者需求为中心的企业营销与管理活动过程及其规律，使企业在激烈竞争的市场环境中得以生存和发展。随着我国市场经济的不断深入，营销管理已经在经济活动中无处不在，它所涵盖的方法、技巧和理念也广泛应用于企业、政府部门和非营利组织。营销管理工作是一个复杂的系统工程，涉及的专业知识较多，单纯依靠理论教材的知识讲授已很难让学生真正领悟其精髓。《国家中长期教育改革和发展规划纲要（2010—2020 年）》强调：要着力培养信念执着、品德优良、知识丰富、本领过硬的高素质专门人才，重点扩大应用型、复合型、技能型人才的培养规模。而案例教学即通过案例评述、案例讨论和案例亲述等三种方式，多样化、多角度、立体化地进行教学，能有效提高教学效果，增强学生对实践的感性认识，提升灵活运用知识的能力、再学习的能力、解决实际问题的能力，从而塑造企业需要的营销管理人才。基于此，广东省级的市场营销教学团队的老师集多年的教学积累，改编出版了《营销管理教学案例集》。

　　本书共汇集了 12 门营销类课程的案例，每门课程均包括 10 个案例。作者是多年主讲该门本科与研究生课程的老师，他们将多年积累的教学素材、经典案例与中国当前的现实密切结合，改编与自编而成。全书编写分工如下：

　　黄赞：市场营销学案例，叶生洪：营销策划案例，陈思：消费者行为学案例，张泳：客户关系管理案例，张计划：品牌管理案例、广告学案例，陈海权：零售管理案例，胡蠹明：网络营销案例、电子商务概论案例，周宏：商品管理学案例，骆紫薇：沟通与传播案例，潘定：电子商务运作管理案例。

　　本书由卫海英与杨德锋构思与统稿，是广东省高等学校教学质量与教学改革工程项目"市场营销学省级教学团队"和教育部本科教学工程项目"暨南大学—广百集团营销管理实践教育基地"的建设成果。对本书的不足或错误之处，恳请专家与读者批评指正。

　　本书在编写过程中，参考了许多国内外专家学者的论著，受益匪浅，在此深表感谢！同时还要感谢暨南大学出版社的支持与帮助！

卫海英

2017 年 8 月 17 日于暨南园

目录
CONTENTS

第一章 市场营销学案例

案例一 可口可乐积极开展社会营销

从 1993 年至 2013 年，可口可乐与希望工程的合作已经走过 20 个年头。截至 2013 年，可口可乐已累计向希望工程捐款超过 1.66 亿元，在全国 29 个省区援建希望小学 121 所，使 15 万余名农村学生受益。2009 年，可口可乐中国获得了中国青少年发展基金会颁发的"希望工程二十年特殊贡献奖"。中国青基会秘书长涂猛先生对可口可乐公司做出如下评价："可口可乐 1993 年开始参与希望工程，是参加最早、支持成效最为显著的跨国企业之一，它第一个将希望工程介绍到国际上，第一个创建网络学习中心，第一个提倡教师培训等。可口可乐公司极大地推动了希望工程的创新发展及国际化进程，我们认为可口可乐是希望工程最佳的公益伙伴之一！"

1996 年，可口可乐资助全国希望工程受助学生代表赴美参加第 26 届亚特兰大奥运会火炬传递。来自四川省阿坝州黑水县的小姑娘让英，代表中国参加了火炬传递。"如果不参加这个活动，我不知道我现在在干什么！我感受最深的是知道了世界有多大。通过这个活动，我一下子感觉整个社会离自己其实很近，经过努力，可以实实在在地改变自己的命运。"让英感慨地说。

通过这次火炬传递，可口可乐不仅把让英他们带到山外面的世界，还如涂猛秘书长所说："把希望工程引向国际化，帮助中国利用国际化的思维和方式做好希望工程的工作。此后，有更多的跨国公司与希望工程合作，开启了希望工程走向世界的大门。在可口可乐与希望工程携手的 20 年间，创造的'第一'有很多，（可口可乐）不断为希望工程引入创新模式，包括第一个在希望小学创建网络学习中心，帮助中国农村地区缩小与城市地区之间的数字鸿沟；第一个支持希望小学教师培训，迄今已培训农村小学教师 1 300 余名；1998 年 8 月 4 日，可口可乐资助的希望小学效益评估活动举行了评估结果发布会，会上第一次引入国际惯用评估方法，这是中国首次对社会公益事业进行的一次科学评估。"

在灾难面前，人们可以看到可口可乐积极援助的身影。1998 年，可口可乐紧急捐款 300 万元，帮助洪灾地区儿童重返校园。汶川地震后，可口可乐基金会从 2009 年至 2011 年共捐款 8 000 万元，在四川、陕西、甘肃、宁夏、重庆和云南等受灾地区援建 50 所可口可乐希望小学，是中国青基会接受灾后重建的最大一笔捐款。为了给希望小学的孩子们提供全方位的教育机会，可口可乐公司开展了许多个性化项目，如"篮球挑战赛""快乐篮球·大学生支教行动""希望工程快乐音乐"和"希望工程快乐美术"等，都旨在进一步改善和提高乡村小学的基础教育条件。

截至 2013 年，可口可乐已经成功举办了 18 期教师培训班，使 29 个省区 1 300 余名教师受益，他们都成为当地的教育先锋和传播知识的骨干力量。20 周年的"桃李年华"，是丰收和回顾，也是开启和展望。如果说过去的 20 年，可口可乐与希望工程携手为贫困山区的孩子们带来了希望，那么，接下来的 20 年，可口可乐将与希望工程一起为乡村教师播种希望。孩子们是希望的一代，而作为孩子们的启蒙者，教师则是"希望的希望"。百年大计，教育为本；教育大计，教师为本。"一名好教师意味着一批好孩子，一名好校长意味着一所好学校。"这也是可口可乐从 2014 年起与中国青基会共同推出"希望的希望"公益项目的原因。

资料来源

http：//www.chinanews.com/cj/2013/12－09/5596024.shtml.

思考题

（1）社会营销观念的主要特征是什么？
（2）社会营销观念如何让可口可乐公司受益？

案例二 饿了么将服务体验进行到底

比达咨询发布的 2016 年第一份外卖市场报告显示，2016 年第一季度外卖市场整体交易额达 231 亿元，环比增长 55.5%。其中，饿了么以 30.4% 的份额继续领跑，美团外卖及百度外卖紧随其后。易观智库发布的 Q2 外卖市场数据报告称，外卖市场整体交易额超 250 亿元，饿了么接手口碑的外卖业务后，扩大了其在整体和白领市场的领先优势，市场份额整体占比达 35.5%。

饿了么在创业之初仅有四个人，他们为了能够坚持下去曾这样自我激励："创业不是为了赚钱，而是为了改变世界。"饿了么 CEO 张旭豪将"改变世界"这一梦想更为具体地表达为："未来，我希望在每一个十字路口，都能看到饿了么配送员，我们要成为城市'最后一公里'的毛细血管。"饿了么的营销目标是争取成为中国最大的餐饮 O2O 平台，除满足中小商家的同时入驻之外，也力争将大型餐饮行业纳入版图，将线上平台做得更加完善，并在线下提供更好的服务；让每位订购外卖的顾客能够吃到美味的食物，做到真正引领餐厅外卖业务电子商务化，在未来外卖订餐业务中成为领军企业。

随着移动互联网的迅速普及，网上订外卖越来越流行，其已成为整个餐饮 O2O 崛起的重要力量。在用户越来越重视体验的当下，细节变得越来越重要。张旭豪认为，饿了么需要长期重视的就是这些小的、细节性的东西，通过不断改善细节为顾客提供更快更好的外卖服务。2016 年伊始，饿了么就频频结合知名赛事和活动进行大规模的营销。

无论是2016年的欧洲杯赛事和"517饿货节",还是找科比和王祖蓝组成双王牌代言人,都体现出饿了么在热点赛事期间对广大顾客外卖需求的精准把握和在品牌营销方面的不遗余力。

2016年欧洲杯期间,饿了么重点推出的营销活动有任性8.8元球迷餐和9.7元能量加油站限时抢活动、饿货大牌档活动,并举办了饿货小龙虾节,还专门为情侣球迷量身定制99元秒杀260元套餐。不得不说,饿了么用贴心服务把外卖品质提升到了一个新的高度。

首届"517饿货节"是饿了么获阿里巴巴集团战略投资后,双方在本地生活服务上进行的重磅合作。活动联合全国近300个城市的10万家商户,于"517饿货节"期间为消费者带来低至5折等超值福利。饿了么通过"517饿货节"让顾客获得实实在在优惠的同时,也让饿了么"美好生活,触手可得"的宗旨更加深入人心。饿了么通过举办"517饿货节"不仅开辟了一个与用户互动的新窗口,同时有望将每年5月17日打造成外卖服务领域专属狂欢节。

2016年奥运会期间,饿了么全面上线"全民饿运会"大型促销活动,活动范围覆盖全国约30个城市。活动期间,平台不仅推出品牌餐厅5折、奥运套餐7折等美食折扣活动,更有贴心优惠满足不同顾客需求。因奥运会举办地里约热内卢与北京有11个小时的时差,考虑到不少顾客可能选择在周末熬夜观看赛事,饿了么专门定制了周末"5折不眠夜"活动,即奥运期间每逢周五、周六,只要在夜宵时间打开饿了么APP下单,无论是小龙虾,还是夏夜必备的烧烤、炸鸡等夜宵餐品,均可享受5折优惠。同时,饿了么众多品牌合作商户也联合推出奥运金牌餐品的5折活动,除了必胜客至尊披萨、哈根达斯美味冰淇淋等广受好评的餐品外,海底捞、望湘园、呷哺呷哺、避风塘等餐饮大牌的招牌餐品也有5折优惠。

从今年的各大营销活动可以看出,饿了么从不缺席大型活动营销,每逢节日就会陪广大顾客们一起狂欢,并且已经展示出非常好的营销效果,证明了自身独特的营销理念和高专业度、高效率的执行能力。

易观智库发布的中国互联网即时配送市场首份研究报告数据显示,2016年第二季度,即时配送市场总单量达4.485亿。其中,饿了么旗下的蜂鸟配送以26.7%的份额居即时配送市场首位。

资料来源

（1）http：//roll. sohu. com/20160603/n452618115. shtml.

（2）http：//chihe. sohu. com/20160806/n462947067. shtml.

（3）http：//mt. sohu. com/20160608/n453664306. shtml.

思考题

（1）作为典型的O2O服务平台,饿了么的线上传播策略是什么?

（2）请论述饿了么的线下系统在整个服务系统中的作用。

案例 三 　华为手机的产品策略

最近几年，从产品设计、供应链管理、制造工艺、软件开发到品牌建设，部分国产手机品牌持续发力，不仅缩小了与国际品牌的实力差距，而且不断分食巨头的市场份额。目前，华为、OPPO、vivo 均进入了全球智能手机市场份额的前五名。

早在 2015 年，余承东就表示："华为的规模还不够大，在高端市场还没有站稳，Mate 7 的成功只是刚开始取得的成绩，在全球还没有形成大规模，2015 年华为会发布更有竞争力的机型，在高端市场站稳立足后，我们的风险就会大大降低。在竞争过程中只要我们前期阶段死不掉，后期阶段会越来越好。"

为了在中高端市场站稳脚跟，华为 2015 年 4 月在英国伦敦推出中高端旗舰产品 P8 和 P8 max。华为消费者业务中国区总裁朱平此前在接受记者采访时指出："今年上半年华为的手机销量大增与 P8 手机的热销有很大的关系。……从销售数据来看，P7 全球销量超过 700 万部，Mate 7 全球销量超过 500 万部。而发布不久的 P8 销售情况更是好于 Mate 7，赢得了众多消费者的青睐。"为了夯实在高端智能手机市场的份额，华为对高端市场进行进一步细分。作为华为"精品战略"的又一力作，P8 max 这款 6.8 英寸的 P 系列大屏手机将开辟高端领域新的细分市场。而在平板市场上，各品牌都在思改变、谋发展，竞争激烈，但都只在"谈配置拼肌肉的红海"中厮杀，而华为揽阅 M2 则开辟了新蓝海，已经跳脱产品技术指标层面的比拼，而从消费者内心出发。

一面杀入 5 000 元市场，直指苹果；一面推出 nova 手机，对准 OPPO、vivo。两面出击是华为手机业务当前的现状。一直以来，华为给人的印象都是"商务""沉稳""理工男"等，与 90 后消费群体似乎并无交集，但在 nova 推出之后，华为却展现出对 90 后消费群体的精准洞察，先后通过双代言人、冠名娱乐节目、大篷车巡展等方式与 90 后消费群体成功建立了情感链接。据华为透露，nova 推出首月，其销量已破百万部，足以看出华为在年轻人中已经拥有一定的号召力。从产品来看，nova 极具针对性，把 90 后消费群体作为消费主体，通过对消费人群的洞察，赋予了这款产品更符合年轻人审美观的外观、更出色的拍照技术以及更舒适的使用体验，这些都是针对年轻乐活族而设计的。nova 以其高颜值充分满足 90 后年轻人的审美需求，让他们眼前一亮；创新的一指美拍、十级美颜和美妆 2.0 等功能，也成为年轻用户在朋友圈分享自拍时的最佳助手。

过去一年，余承东曾在多个场合称希望华为超越苹果。有意思的是，实际竞争中，特别是在中国手机市场，华为主要对付的是 OPPO 和 vivo 的崛起。在 1 000 元到 1 500 元市场，三家竞争呈胶着状态；在 2 500 元到 3 000 元市场，份额主要集中于 OPPO、vivo；在 3 000 元到 4 000 元市场，华为相对更有份额优势。尽管不同机构的数据和排名存在差异，但不得不承认的是，OPPO、vivo、华为三个厂商在中国的市场份额虽然基本接近，但 OPPO、vivo 的增速更快。

截至 Mate 9 Pro 发布，从 2015 年到 2016 年，华为针对 OPPO、vivo 进行了一系列布局，包括建设线下渠道、有针对性地推出 nova 手机新产品线。从目标用户群体、渠道和营销模式、产品定价，乃至品牌名称，nova 都有和 OPPO、vivo 赤膊大战的态势。但 Mate 9 Pro 出现后，情况似乎有些不一样了。华为从原来的一线作战变成两线作战，既攻 OPPO、vivo，也打苹果。而对华为手机的综合实力能否支撑这种新变化，外界存在一定疑虑。

事实上，华为在和 OPPO、vivo 的战役中，并没有迹象显示华为改变了基本竞争格局。华为线下渠道建设（特别是低线城市线下渠道建设）有一定进展，但在门店的布局、门店精细化管理、人员培训、消费者服务方面，事实上还与 OPPO、vivo 存在差距。而 nova 产品线才刚刚起步。当前，苹果更新了 iPhone 7，不仅稳固了其在 5 000 元以上市场的竞争力，还将更多 iPhone 6 抛向了华为此前占优势的 3 000 元到 4 000 元市场。2016 年 3 月，vivo 重新发布了 X play 旗舰产品，进攻 3 000 元到 4 000 元市场。此外，OPPO、vivo 也在一线城市低调扩张，尝试获得更多突破。

余承东说："市场的竞争是全方位的……高端和中低端市场都很重要。"

资料来源

（1）http：//mt. sohu. com/20161230/n477340661. shtml.

（2）http：//it. sohu. com/20150128/n408121923. shtml.

（3）http：//mt. sohu. com/20150731/n417944417. shtml.

思考题

（1）从案例中的资料来看，手机市场的细分情况是怎样的？

（2）各大手机厂商在各个细分市场上的分布情况如何？

（3）华为如何实施产品策略？

案例四 连锁酒店之痛

常出差的消费者对 7 天酒店应该不陌生，可是最近这家连锁酒店品牌却遇到了不小的发展危机。多家 7 天酒店加盟商在接受《中国商报》的记者采访时表示，非常后悔加盟了 7 天酒店，投资的钱全部打了水漂。值得注意的是，加盟商与 7 天酒店的纠纷只是连锁酒店跑马圈地加盟模式后遗症的一个缩影，目前这一现象在连锁酒店行业普遍存在。连锁酒店作为近几年来酒店业快速发展的代表之一，数量增长惊人。连锁酒店跑马圈地加盟模式功不可没，不过截至目前这一模式的弊端正在不断显现。用加盟模式发展的 7 天酒店就是其中最有代表性的一家。

近日，湖南一位 7 天酒店加盟商在接受《中国商报》的记者采访时表示，他在几年前加盟了 7 天酒店，在湖南长沙和株洲开设了两家酒店。可是他无论如何也没有想到，如今自己反而被品牌方告上了法庭。"2012 年 9 月，我与 7 天酒店集团签订了加盟协议，选址在株洲，当时合同里明明白白写着集团方会全权提供人力支持。可是 2016 年 3 月初，集团突然通知我们，根据国家《劳务派遣法暂行规定》，今年劳务派遣人员不能超过 20%，这意味着我们需要自己承担一部分员工的社保等劳务费用，也就是说我们的投资成本加大了。以前我们营业款的 7% 需要上交，成本加大后，我们希望这个比例能降到 4%。没想到集团不但不妥协，反而把我们告上了法庭！"加盟商气愤地说。

除此之外，该加盟商还表示，不久前在他不知情的情况下，7 天酒店在距离他开设的酒店不足 900 米的地方又开设了一家酒店。"而且据我所知，这家加盟店目前的消防证还没有办下来，没有在集团系统里正式上线，不用交 7% 的营业款，所以这家店可以随意调整房间价格，严重影响了我酒店的生意。"与此同时，多个加盟商还向记者反映，虽然 7 天酒店集团在加盟时强调，会对加盟商开店的选址、车位等进行指导，但这只是为了骗取加盟费，实际情况是品牌方根本不在乎加盟商酒店地理位置的选取是否合理，酒店后续出现问题，7 天酒店集团也常常不闻不问。

值得注意的是，7 天酒店加盟商反映的问题并不是个例，在连锁酒店行业，这是一个普遍现象。资料显示，过去十几年，加盟模式助推了连锁酒店的高速发展，市场上出现了一大批连锁酒店品牌，其中大部分属于如家、华住和铂涛，但是随着市场环境发生变化，加盟模式弊端凸显，经济型酒店最近几年陷入了发展困局。2016 年 5 月，三大经济型酒店集团之一的华住集团，被 200 多名加盟商上门围困，要求对方解决"近距离开店""店长管理能力差""霸王条款"等众多问题。2017 年以来，经济型酒店与加盟商的矛盾更是进入了"高发期"。记者在采访中了解到，一些酒店加盟商已经自发组成了维权群，希望通过法律途径来维护自己的合法权益。他们与品牌方的矛盾主要有近距离开店导致酒店业绩下降、品牌方不履行合同条款等。

为何品牌方与加盟商的矛盾频发？华美酒店顾问机构首席知识官赵焕焱在接受采访时表示，矛盾频发是由于连锁酒店一直采用跑马圈地加盟模式发展，导致供大于求，致使经营水平下降、净利润下降，加盟商感觉与品牌方不一致，希望改变现状。赵焕焱认为，这种矛盾在酒店业供大于求的情况下很容易被凸显出来，这是由经济型酒店过去采取的轻资产模式的特点决定的。品牌方"旱涝保收"，盈亏均由加盟商承担。自然，品牌方与加盟商的矛盾必将凸显。"像一些连锁酒店品牌基本是不投资、不租赁的，以收取加盟费为主，成本很低，属于不投资的轻资产模式，自己没有风险，投资者需要承担所有的风险。"

除此之外，有业内人士指出，从大环境来看，连锁酒店尤其是经济型连锁酒店成本上升、利润下降也是品牌方与加盟商矛盾频发的原因之一。"连锁酒店前期通过直营店树品牌，后期通过加盟收取加盟费来盈利是基本规律。但由于酒店面临产品老化、成本上升、品牌弱化的发展瓶颈，普遍遭遇盈利下滑的困境。"赵焕焱介绍，目前经济型酒店的物业租赁成本和员工工资相比 10 年前上升了 3 倍，但酒店住房价格却没有随成本上升而上升。高成本与低房价，压缩了经济型酒店的利润空间。"这两年经济不好，我前期投入的钱到现在只收回了一半。我现在差不多一个月亏损几万块钱，还要向品牌方支付营业款。我现在只希望快点开庭，还加盟商一个公道。"湖南加盟商无奈地说。

资料来源

http：//news. zgswcn. com/2017/0111/757360. shtml.

思考题

（1）从 7 天酒店与加盟商之间的关系来看，7 天酒店采用的渠道组织形式是什么？这种渠道形式的优缺点在哪里？

（2）如何解决 7 天酒店与加盟商之间的矛盾？

案例五　滴滴、快的与优步之间的"三国演义"

滴滴与快的的业务都于 2012 年推出、2013 年下半年出现爆发。随着腾讯对微信支付的推广与投入，滴滴成为移动支付突破口，并且于 2014 年 1 月接入微信支付，且在微信端推出滴滴打车入口；背靠阿里巴巴的快的也开始加大市场推广的力度，于 2013 年 8 月接入支付宝。双方的补贴大战一触即发。进入 2014 年，双方又将目标转向专车领域，快的率先将收购的大黄蜂整合之后推出专车业务"一号专车"，紧接着滴滴推出"滴滴专车"，使专车市场的竞争更加火爆。双方的补贴引发了行业内几家竞争者的跟随，包括易到、AA、神州专车等。2014 年末，各地政府监管部门发表声明，要对专车业务进行管理，"严禁私家车进入专车领域"。

2014 年上半年，滴滴与快的为争夺出租车市场发动"烧钱大战"，双方共补贴超过 24 亿元。下半年，双方又将重点放在专车上。此前两者之争，完全是它们身后的腾讯与阿里巴巴之争。

滴滴 2012 年 9 月融资 300 万美元，获金沙江创投 A 轮投资；2013 年 4 月 25 日，获腾讯产业共赢基金 1 500 万美元 B 轮投资；2014 年 1 月 2 日，获中信产业基金和腾讯产业共赢基金 1 亿美元 C 轮投资；2014 年 12 月 11 日，获中投公司、淡马锡、腾讯产业共赢基金 7 亿美元 D 轮投资。

快的 2013 年 4 月 10 日，获阿里资本、经纬创投 1 000 万美元 A 轮投资；2014 年 4 月 1 日，获阿里巴巴、经纬中国、一嗨租车 1 亿美元 B 轮投资；2014 年 4 月获老虎基金、阿里资本 8 000 万美元 C 轮投资；2015 年获阿里巴巴、软银中国、老虎基金 6 亿美元 D 轮投资。

短短的两年时间双方都获得巨额的融资，可见资本方对打车领域未来的认可。

2015 年 2 月 14 日，滴滴与快的宣布两家实现战略合并。滴滴 CEO 程维及快的 CEO 吕传伟联合担任 CEO。两家公司在人员架构上保持不变，业务继续平行发展，并将保留各自的品牌和业务独立性。滴滴和快的都认为，专车领域面临着各种新的变化及更多新的力量，在包括代驾、拼车、公交、地铁等更广泛的移动出行领域，双方均面临着各种挑战与风险。滴滴和快的作为行业的先行者，更需聚集移动互联网精英人才，顺应市场与用户需求来独立发展。同时，移动出行不仅深刻地改变了中国人的出行方式与习惯，更在许多方面对中国传统的交通出行领域提出了新的挑战。

与此同时，在 2015 年，中国优步（Uber）从不到 10 个城市的业务量，迅速扩展到现在的近 60 个城市，市场份额从起步时的仅仅 1% 增长了约 1/3。特别是在优步新近拓展的一线城市中，更是让业界看到了它惊人的市场潜力，比如优步在 2015 年 3 月初才正式进入有 700 多万人口的合肥，仅仅用了三周多的时间，就斩获当地超过半数的市场份额。6 月 2 日，优步确认获得了来自沙特公共投资基金总价 35 亿美元的最新投资，公司估值达到 625 亿美元。而中国优步高级副总裁柳甄表示，优步 G 轮融资截至目前累计高达 60 亿美元。有业内人士分析，优步获得全球私营企业最大一笔投资并且承诺支持中国业务的增长，无疑增添了它在中国与滴滴竞争的砝码，未来优步与滴滴的竞争将进一步升级。6 月 3 日下午，柳甄在 Converge 科技大会上表示，中国优步将利用全球资源和技术，继续专注于产品创新，以及用户体验和运营效率的提高。

2016 年 8 月 1 日，我国交通出行市场再现重大变局。滴滴出行宣布与 Uber 全球达成战略协议，滴滴出行将收购 Uber 全球在中国的品牌、业务、数据等全部资产。滴滴出行创始人兼董事长程维将加入 Uber 全球董事会，Uber 创始人 Travis Kalanick 也将加入滴滴出行董事会。双方达成战略协议后，滴滴出行和 Uber 全球将相互持股，成为对方的少数股权股东。Uber 全球将持有滴滴 5.89% 的股权，相当于 17.7% 的经济权益；中国优步的其余中国股东将获得合计 2.3% 的经济权益。对于两大网约车巨头的合并，分析人士认为，这意味着 Uber 全球放弃中国市场，占股 20% 与滴滴出行合并，滴滴出行将因此停止全球扩张的步伐，Uber 全球能坐稳全球老大的位置。

资料来源

(1) http：//tech. 163. com/15/0214/10/AIDHD560000915BF. html.
(2) http：//money. 163. com/16/0604/13/BONJLVN100253B0H. html.
(3) http：//money. 163. com/16/0801/17/BTD9N1PH00253B0H. html.

思考题

(1) 请分析网络经济的竞争特征。
(2) 如何解释滴滴、快的与优步由竞争走向合并的动机？

案例六 软文营销

狭义上，软文是企业花钱在报纸或杂志等宣传载体上刊登的纯文字性的广告。广义上，软文指企业通过策划在报纸、杂志、DM、网络、手机短信等宣传载体上刊登的可以提升企业品牌形象和知名度，或可以促进企业销售的一些宣传性、阐释性文章，包括特定的新闻报道、深度文章、付费短文广告、案例分析等。大部分报纸、杂志都会提供刊登广告及软文的版面。

20 年前，软文在中国的市场营销里扮演了十分出色的角色，曾以低成本为多个产品创造了市场奇迹，致使后来在诸多行业里，软文都是非常受青睐的营销利器。软文最辉煌的时期创造了脑白金神话，这使后来的医药保健品营销每与人言必谈软文。软文在 1999 年成就了脑白金，1999—2000 年也是第一个软文高潮，各企业开始重视软文并积极模仿；从 2002 年"清华清茶"的整版模式起，软文进入另一个高潮，专业软文写手和团队开始浮出水面。但是从 2003 年开始，软文进入了平稳期，被迫开始创新。

然而，时过境迁，随着消费者鉴别能力的增强，消费者对软文产生了极强的免疫力，导致软文的广告效果逐渐丧失。许多产品在投放了几个整版软文广告后仅能接到零星的几个咨询电话，有的甚至没有接到，白花花的银子打了水漂。因此，有人说软文营销时代已经结束，加之电视软广告、短信、电子邮件、户外广告、楼宇广告等多种新媒体形式广告的出现及勃兴，软文渐渐沦为"小辈"。

软文的可开发潜力较大，随着网络和娱乐文化的兴盛，未来软文的发展方向可以出新出奇，可以是"潜藏式广告"——把软文的功夫运用到各种营销方式的每个环节，比如，在商业大片中穿插软广告等，这些将是追赶电视软广告的生存法则和乐观出路。有的电视节目以访谈、座谈方式或者晚会形式，如春晚、元宵晚会等进行宣传，也可以归作软广告，再细分下去也可以归为电视软广告。软文，其实比电视软广告出现得早，从时间上可以说软文是"祖宗辈"了。

以下是一篇软文实例：

你一天吸几包香烟?

如果问你："一天不排泄有什么问题?"

也许你说："不会有什么问题吧! 不就一天而已吗?"

其实不然，一天不排泄人体会中毒的! 不信，你观察一下大便不正常的人，他们往往面色发黄、脸上长疮、脾气暴躁，深入了解还有小便发黄、大便发黑。这些都是中毒现象。

人体有 1 万亿个细胞，但人体肠道内寄生着 10 万亿个细菌，重达 2 公斤。提起细菌，许多人面泛恐惧。其实不用怕，人体内的细菌大多数是有益的，它们叫有益菌，人体离不开它们，它们具有以下作用：帮助分解食物，吸收营养；抑制有害菌，防止病毒进入人体；减少进入血液中的毒素；排除体内有害的废物。

包括大米和白面，几乎所有食物如果在人体停留时间过长，就会释放毒素。毒素较少时，肝脏可以清除；毒素较多时，肝脏就无能为力了。于是毒素随血液流向人体的各个角落，损害人体所有部件。当食物在肠道内停留超过 12 个小时，其释放出的毒素相当于吸 3 包香烟。这时肝脏只能袖手旁观，眼看着毒素侵害人体。

解决该问题的办法是帮助有益菌在人体肠道内占上风，使肠道处于年轻状态，减少毒素进入人体，及时排出不断产生毒素的大便。目前世界上最风靡的标准型脑白金（中国国家卫生部批准的脑白金是胶囊＋口服液剂型），不但可以使人体各细胞保持年轻状态，增强免疫能力，防治衰老引起的疾病，而且可以使肠道内的有益菌快速增殖。它见效很快，一般 2—3 天就有明显效果。这时人的排泄开始畅通，这标志着食物营养已被充分吸收，大量毒素尚未产生已被排出体外。

排泄不正常的人，劝别人不抽烟时，是否应该先问问自己："我戒'烟'了吗？"

资料来源

（1）http：//www. qianhuaweb. com/2015/1217/3094016. shtml.

（2）http：//www. shichangbu. com/2009/0216/11809. html.

（3）http：//news. sina. com. cn/s/2002 − 01 − 10/440293. html.

思考题

（1）请总结和归纳软文营销的特征。

（2）对企业来说，软文营销的优势是什么？

（3）从消费者的角度来说，软文营销有何危害？

案例七　苹果的成功与危机

苹果公司是美国的一家高科技公司，由史蒂夫·乔布斯、斯蒂夫·沃兹尼亚克和罗·韦恩等人于 1976 年 4 月 1 日创立，并命名为美国苹果电脑公司，2007 年 1 月 9 日更名为苹果公司，总部位于加利福尼亚州的库比蒂诺。

苹果公司 1980 年 12 月 12 日公开招股上市，2012 年创下 6 235 亿美元的市值纪录，截至 2014 年 6 月，苹果公司已经连续三年成为全球市值最大的公司。苹果公司在 2016 年世界 500 强排行榜中排名第九。2013 年 9 月 30 日，在宏盟集团的"全球最佳品牌"报告中，苹果品牌超过可口可乐品牌成为世界最有价值品牌。2014 年，苹果品牌超越谷歌（Google）品牌成为世界最具价值品牌。

2011 年 9 月，史蒂夫·乔布斯卸任苹果 CEO。在乔布斯 14 年的领导下，苹果强势复苏，重回辉煌。乔布斯亲自选择了苹果 COO 蒂姆·库克作为他的接班人，6 周后乔布斯便去世了。那么，在库克时代的第一个五年时间内，苹果发生了怎样的变化？和乔布斯时代的巅峰时期有何不同呢？

简单来说，苹果公司的利润飙升到了一个乔布斯很可能无法想象的高度。在库克的第一个五年任期内，苹果营收和利润几乎增长了一倍，分别增至惊人的 2 340 亿美元、530 亿美元。苹果公司近几个季度的营收和利润罕见地出现了下滑，但是在库克五年任期内的表现依旧令人钦佩。2016 年夏天，苹果售出了第 10 亿部 iPhone。和 Android 手机的总销量相比，这不算多，但是对于单一高端产品线来说，这无疑是现象级的。单是 2015 年第一财季，iPhone 销量就超过了乔布斯时代下 2011 财年的年销量。不过，需要再次指出的是，iPhone 销量近期一直在下滑。

库克对苹果核心产品的演化取得了巨大成功。2014 年，库克发布了两款 iPhone 6 机型，其中一款机型的尺寸和三星手机一样大。库克还推出了 13 英寸大型 iPad Pro，配备了可拆卸物理键盘和触控笔。2016 年，库克又推出了一款小尺寸 iPad Pro。这一系列产品线在企业市场表现出色，但似乎不足以扭转 iPad 销量整体下滑的态势。他还发布了一款加强版，基于应用的 Apple TV，进入一个竞争激烈并且有些混乱的机顶盒和智能电视市场。但是它只是苹果公司一款重要电视产品的剩余部分，该产品原本还包括一个新流媒体电视服务，这是苹果公司一直希望提供给消费者的。苹果公司对新款 Apple TV 寄予厚望，但是其销量落后于 Roku 和亚马逊设备，部分原因是它的起售价过高，存储空间较大的机型更是要价 199 美元。

然而，库克领导下的苹果公司尚未推出一款像乔布斯时代那样的新型、惊世骇俗的产品。与此同时，苹果公司的产品好像比以往更容易出毛病了。

在乔布斯去世五年之后，尽管苹果公司的利润飙升到了一个令人瞠目结舌的高度，但是，就其发展方向和前景来说，库克依然活在乔布斯的阴影中。

资料来源

（1）http：//finance. newssc. org/system/20170120/002101027. html.

（2）http：//mobile. 163. com/16/0901/12/BVSLEKVC00118023. html.

思考题

（1）苹果公司是如何走向成功的？

（2）就目前来看，苹果公司遇到的最大困境是什么？你有何对策？

案例八　傲慢的洋品牌

2013 年，全球知名车企奔驰在中国不断传出负面新闻：奔驰官方销售网站"摆乌龙"标错车价、业内售后服务综合评比得分垫底、公司高管在致中国经销商的信函中措辞不敬、车主因车内生产"毒空气"而结伴维权……这一切都让奔驰在中国的美誉度急剧下降。

无独有偶，作为德国汽车的代表——宝马也有类似的不良记录。由于刹车制动液存在泄漏隐患，可能影响刹车的力度，德国汽车制造商宝马在 2010 年 10 月 1 日宣称，已开始在全球范围内召回 35.08 万辆轿车，包括宝马 5、6、7 系轿车和 5 800 辆劳斯莱斯幻影轿车。所涉及召回车辆均使用 V8 或 V12 发动机，生产日期跨度为 2002 年至 2010 年。

然而，宝马中国并未主动通过官方渠道就此次召回情况向国内车主进行说明，例如，召回是否包括中国市场；如果包括，从何时开始等。联系 2010 年 8 月宝马在中国召回 5 系 GT（535i、550i）车的时间滞后美国市场一个月，有消费者指责宝马忽视中国市场，在此次召回事件中，差别对待中美消费者，歧视中国车主。宝马中国相关负责人在接受《中国经济时报》的记者采访时表示，宝马已经确认此次召回包括中国市场，相关公告将在近期发布，并称宝马中国已于 9 月 30 日向国家质检总局发出申请召回的函，此时间点与美国市场同步。

宝马中国确认，所需召回的车型为使用 V8 或 V12 发动机、生产日期在 2002 年至 2010 年的宝马5、6、7 系轿车以及劳斯莱斯幻影轿车。这与德国宝马公司此前发布的全球召回声明中所涉车型一致。对于此次召回在中国市场涉及的车辆数量等情况，该负责人表示，在国家质检总局未作批复前，不便公开。他说，目前宝马中国尚未收到与此次召回所涉问题相关的投诉以及事故报告。

就中国市场信息披露滞后问题，全国乘用车市场信息联席会秘书长饶达（已逝）表示，召回时间的差异未必表明跨国车企实行"重点区域优先"策略；产能、运输、管理、法律等方面均是影响召回时间的因素。他同时称，快速增长的中国市场是宝马保持销量领先的重要依托，宝马不至于如网友所指"忽视中国市场"。

德国的制造业向来以设计严谨、产品精良而著称于世，拥有 120 年历史的奔驰就是德国制造业的一个杰出代表。然而，奔驰在中国市场上的表现却与其显赫的名声不太匹配。奔驰在中国的销量不理想，与其产品定位以及营销策略失当有关，这一点可以理解，但是，奔驰在中国销售的汽车频频出现质量问题且售后服务较差，这不能不令人感到惊诧。在德国以及其他西方国家市场，奔驰从产品制造到售后服务，都是一流的水准，而这两方面在中国却大打折扣。何以至此？一个很重要的原因就是，奔驰的经营管理者没有拿出足够的诚意来善待中国消费者，面对发育尚不成熟的中国市场，他们骨子里有一种挟洋自重的傲慢。

毋庸讳言，目前中国的汽车制造业还不能和德国相提并论，后者在质量上与管理上都领先甚远。这种现实差距，难免让奔驰的经营管理者滋生某种优越感。从人性的角度看，有一点儿这种优越感也无可厚非，但切莫过度。倘若过度，这种优越感就会演变成傲慢，让奔驰的经营管理者带着一种恩赐而非与顾客共赢的心态来开拓中国市场，于是，"即便奔驰制造的汽车有点儿小毛病，也比中国本土制造的汽车质量好；即便奔驰的售后服务有瑕疵，中国的消费者也只能将就"的心理，就成了这种恩赐心态的逻辑衍生品。而从当前的种种迹象来推断，奔驰的经营管理者多少怀有这种不健康的恩赐心态。

"顾客就是上帝"的理念源自西方，包括奔驰在内的德国企业也是这一理念的信奉者与维护者。为何到了中国，奔驰所信奉的"顾客就是上帝"的理念就变了形、走了样呢？这恐怕与奔驰的经营管理者选择了不恰当的"本土化"有关。在中国，商品质量问题多年以来都是一个老大难，以次充好、以劣充优的行为屡禁不止，监管部门对此也打击不力。如此一来，将顾客视为欺骗对象的假冒伪劣产品的生产者常常活得很滋润。这种颇具特色的中国商业现象，难免产生熏陶效应，让一些免疫力不强的企业受到感染。外资企业进入中国，都有一个"本土化"的战略口号。在这个"本土化"的过程中，一些贪图小利的外资企业很有可能沾染中国商业文化中的坏习气。奔驰就是这种坏习气的沾染者。当奔驰在售后服务问题上与中国消费者扯皮，甚至百般推卸自己的责任时，我们看到的是一副三流痞子企业的嘴脸，那个令世人敬仰的全球标杆车企的形象荡然无存。

资料来源

（1）http：//finance.sina.com.cn/review/jcgc/20130702/031915980881.shtml.

（2）http：//news.xinhuanet.com/fortune/2010 – 10/14/c_12657302.html.

思考题

（1）在品牌危机发生之后，企业应该采取何种措施？

（2）"傲慢的态度"会给企业带来何种危害？

（3）中国企业该如何利用洋品牌的这些负面新闻？

案例九　乐视危机的背后

2016 年 11 月 30 日，乐视移动总裁冯幸通过公开信的方式，澄清了他被"下课"的传闻。随即最高法院关于合同期内单方面以"末位淘汰"形式解除劳动合同缺乏法律依据的规定，又让乐视此前澄清的今年严格执行 8% —10% 比例的"末位淘汰"陷入尴尬境地。

这段时间，乐视并非没有好消息传来。11 月 30 日，乐视创始人贾跃亭在微博宣布，乐视电视和手机将在美国的百思买、亚马逊等平台出售。此外，乐视还宣布与北美电信公司 AT&T 合作。但 12 月 2 日，尽管乐视网（300104.SZ）当天收盘价比前一日增长 2.18%，但依然未冲上 40 元大关。这背后，除了外界质疑的摊大饼模式问题凸显外，乐视眼下最重要的找钱工作看起来也进行得并不顺利。

手机业务的供应链危机是让乐视陷入一连串舆论困境的导火索。冯幸在形容这场供应链危机时称："3 个月前还是高歌猛进一片欣欣向荣，3 个月后风云突变。"11 月 6 日，贾跃亭首次公开坦承乐视遭遇的资金压力。他在公开信中说，开始让他警觉的是乐视手机乐 Pro 3 供货出现问题。"近几个月以来，供应链压力骤增，再加上一贯伴随 LeEco 发展的资金问题，导致供应紧张，对手机业务持续发展造成极大影响。"

此前有传闻称乐视手机欠了供应商上百亿货款，而数人打着白条幅向乐视要钱的照片也在网上流传。据华南证券此前披露，乐视手机对供应商仁宝及信利的欠款合计达 7 亿美元。冯幸在 11 月 30 日对外解释供应链危机时表示，乐视手机没有规模的服务型收入，且在获取用户的时候低于成本定价，自然就产生资金缺口，这个缺口就体现在给供应链的付款上。此前乐视手机 1S 曾被公布拆机成本，显示乐视每卖出一部手机就亏损超过 200 元。冯幸在解释乐视手机为何采取负利定价模式时说："我们的生态模式就是要用极致的硬件快速获取规模用户，用生态资源服务这些用户，快速产生服务型收入，用服务型收入反哺硬件，形成一个良性循环。"

11 月 8 日，乐视网发布公告称，预计乐视影业无法在 2016 年完成注入，同时拟继续推进本次重大资产重组项目，并选择 2017 年、2018 年、2019 年三年作为乐视影业业绩承诺期。乐视影业暂停重组。

9月21日，乐视汽车宣布已于上周正式完成10.8亿美元的首轮融资，11月中旬，有外媒报道称乐视投资的美国电动车制造商法拉第未来在美国内华达州的10亿美元项目停产，内华达州财务官员甚至称该项目为"庞氏骗局"。有报道指出，乐视汽车成立至今花掉的钱不止10.8亿美元。贾跃亭在接受媒体采访时称："包括这次融资的钱，加起来已经一百五十亿元。"而乐视汽车也被认为是导致资金链紧张的重要原因。10月13日，贾跃亭在微信朋友圈发布信息称，"粮草先行，生态战略第二阶段坚实起航，Mark一下"。随后乐视宣布获得了贾跃亭长江CEO班十余位同学的6亿美元投资，首期在12月到账3亿美元。

但是16.8亿美元的融资对于乐视汽车来说还是杯水车薪。全国乘用车市场信息联席会秘书长崔东树在接受采访时表示，单就汽车行业来讲，目前整车企业要造一款车投入的资金成本等加在一起，其实远远不止目前乐视汽车融到的16.8亿美元。"乐视汽车与整车企业最大的不同之处还在于有很多不确定性费用，"崔东树说，如果单从6亿美元（折合人民币约40亿元）来讲，可以建造一个15万辆/年整车产能的生产基地，但乐视这类互联网"PPT造车"零起步的公司可能面临着更大的资金压力。近日，乐视汽车控股的易到也被曝拖欠供应商货款，费用总额达5 000万元。虽然易到官方已经多次否认，但一些供应商向媒体的大量爆料还是产生了不小的影响，真是一波未平，一波又起。

2014年和2015年乐视影业营业收入分别为7.6亿元和11.4亿元，归属于母公司股东的净利润分别约为－8.91亿元和－1.02亿元。这也意味着，乐视影业两年净亏损9.93亿元。但扣除非经常性损益后，2014年、2015年，乐视影业净利润分别为6 444.84万元、1.36亿元。如今的财报显示，乐视网的收入来源主要有三块：电视终端业务、会员及影视发行业务、广告。截至2015年底，乐视电视已累积销售超过500万台。2015年财报显示，期内电视终端业务收入达到60.89亿元，在乐视网收入中的占比最高，达到46.78%。虽然，电视销量的提升带动了收入的增加，但负责生产硬件的乐视致新却一直没能盈利，且亏损面逐年扩大，2015年录得净亏损7.3亿元。

2016年11月，乐视爆发了严重的资金链危机。一时间乐视的负面新闻铺天盖地，乐视忙于四处扑火。一个月后，虽然媒体的声量有所减弱，但乐视仍然没有走出自身危机与外界质疑的阴影，导致股价暴跌、投资人质疑。2017年8月以来的公开信息显示，在资金链危机全面爆发后，贾跃亭时代的旧乐视体系正被接盘者快速"切割"，"新乐视"的面目更加清晰。除了业务架构和商业模式的重构之外，"新乐视"能否脱离困境依旧面临诸多挑战。就上市公司主体而言，即将发布的上市以来首份亏损财报，就是一次迫在眉睫的财务大考。如何清理庞杂的关联交易体系、应收账款的回款进展是否顺利、资产减值是否充分等，都是横亘在新旧乐视"切割"过程中的难题。

资料来源

(1) http://money.163.com/16/1203/01/C7ASL8CH002580S6.html.

(2) http://news.163.com/16/1118/02/C64D3EHV000187VI.html.

（1）乐视实施的是什么类型的经营战略？这种战略具有什么特点？

（2）你认为，是何种原因造成了乐视现在的困局？

案例十 相生相克——加多宝与王老吉的竞争

近年来广州医药集团以"虚假宣传"为由，多次将加多宝告上法庭，加多宝输掉了"怕上火""十罐凉茶七罐加多宝"等多条广告语知识产权以及不正当竞争的官司，近日加多宝广州系列广告语虚假宣传案迎来了终审判决。2016年3月7日，白云山发布公告称，广州医药集团、广州王老吉大健康产业有限公司收到广东省高级人民法院判决书。广东省高级人民法院就广州医药集团、广州王老吉大健康产业有限公司诉被告广东加多宝饮料食品有限公司（"广东加多宝"）、广东胜佳超市有限公司（"胜佳超市"）、广东胜佳超市有限公司石牌东分店（"胜佳超市石牌东分店"）虚假宣传及商业诋毁纠纷一案做出终审判决：驳回上诉，维持原判。早在一年半之前，广州市中级人民法院就已做出要求加多宝停止宣传虚假广告语，并立即销毁含有涉案虚假广告语的宣传物品等一审判决。

王老吉与加多宝在赔偿问题上开始了"真金白银"的对决。加多宝侵犯王老吉商标一案在广东省高级人民法院开庭，广州医药集团方面以加多宝侵犯王老吉商标使用权为由，向加多宝索赔29.3亿元，这也是中国知识产权领域金额最大的侵权索赔案件。业内认为，不论结局如何，对于加多宝而言此次诉讼将成为继商标案、包装案后的第三次打击。实际上，此次赔偿案是2012年王老吉与加多宝举世瞩目的"商标案"的延续。2012年5月，中国国际贸易仲裁委员会裁定：加多宝母公司鸿道集团从2010年5月3日起无权再使用"王老吉"商标。这也是双方对战的第一回合，王老吉获胜。此后，王老吉起诉加多宝，要求赔偿自2010年5月至2012年5月，因侵犯"王老吉"注册商标造成的经济损失29.3亿元。

明眼人都看得出来，这官司不管谁输谁赢，双方都是"赢家"，尽管双方的官司是无心插柳柳成荫，但消费者关注双方官司的本身就是很好的广告宣传。目前网上的评论大部分还是同情加多宝，毕竟国人有同情弱者的心理，尤其是王老吉赢了官司后仍"乘胜追击"。与王老吉没完没了的官司战，加多宝也在夹缝中暗自巩固市场地位，这或许是王老吉难以接受的。在双方持续五年的诉讼之争下，加多宝也从红罐变成了金罐。徐雄俊指出，尽管现在红罐属于王老吉，在加多宝失去红罐后，对其销售有一定的影响，但自2015年4月推出金罐以来加多宝市场反响超出预期。蒋军认为，对于加多宝而言眼下的关键是彻底去王老吉化，与王老吉彻底划清界限，重塑品牌形象。

加多宝方面表示，纠纷案件对其造成了一定的困扰，加多宝无意将精力耗费在司法纠纷上，希望把中国凉茶产业做大做强。多年的官司使得双方都是赢家也都是输家，显而易见的是销售额都在上升，凉茶市场的火爆还会持续下去，短期内双方谁都无法消灭谁，但为此都耗费了很多资源，杀敌一千，自损八百，对王老吉和加多宝各自的资源以及社会的资源是极大的浪费。

"比如说在 2012 年王老吉改名加多宝，那一年的广告费就投入了 50 亿元，2013 年则是接近 100 亿元，广告费都给了各大电视台。"在徐雄俊看来，从为社会创造价值的角度来说，这并没有创造出太大的价值。加多宝和王老吉两家是竞合关系，有促进也有资源的内耗，浪费了国家资源。现在两家应该把竞争变为合作，静下心来把市场做大。一些业内人士认为，加多宝应该感谢对手，因为对手的存在才变得强大，有竞争更要有合作，不管是加多宝还是王老吉，只有眼光长远才能把市场做大。

资料来源

（1）http：//business. sohu. com/20160319/n441063480. shtml.

（2）http：//finance. sina. com. cn/roll/20140226/014018329157. shtml.

（3）http：//finance. sina. com. cn/roll/2016 – 06 – 24/doc-ifxtmses0920842. shtml.

思考题

（1）对双方来说，诉讼原因何在？

（2）一直以来，加多宝输掉了多次官司，然而，它的利润却保持了持续增长。请解释原因。

第二章　营销策划案例

市场营销观念："米格雷斯"的绿化措施

瑞士是一个只有 800 多万人口的小国，它被德国、法国、意大利等国包围着。瑞士的国民人均收入之所以能在世界上处于领先地位，很大程度上是因为瑞士的企业对时代潮流非常敏感，总是有着自己鲜明的特点。在企业的"绿化"方面也显得特别突出。

根据竹原秋子的《环境先进企业》介绍，米格雷斯是瑞士最大的超级商场，在食品零售业中所占市场份额超过了 20%。它在瑞士拥有 500 多家连锁分店，并拥有某种类似生活协作组织之类的机构，瑞士 800 多万人中有 150 万人加入了这个机构。除了拥有为数众多的连锁店之外，米格雷斯还是一个拥有 13 个工厂（所销售商品的 1/4 是由本公司工厂制造的）及银行、旅行社、保险公司、加油站、出版社、运输公司、船舶制造厂等实体的企业联合体。米格雷斯的创始人哥特里夫·德特维拉的经营理念是："企业越大，所承担的企业事业外的义务就越大。企业必须在解决人的问题上做出贡献。"米格雷斯正是把环境问题作为人的问题用心对待，才很快形成了节能、节省资源、削减成本以及注意提高企业形象的商业精神，特别在商品的包装问题上对环境保护做出了巨大的贡献。

米格雷斯的事业开始于 1925 年。当时，米格雷斯主要是利用销售货车，在瑞士的一些小村镇销售白糖、大米、咖啡、面粉、肥皂、食用油等六种生活必需品。在销售时，米格雷斯并不是将这些生活必需品用秤零卖，而是将它们用包装袋定量包装后卖出的。为了有效利用销售货车上的狭小空间，如何设计出便于运送的包装袋就成为一个重要问题。

这种创业时期的经营方式，在 60 年后却与企业新的发展战略不相容了。米格雷斯经过调查发现，瑞士的垃圾中有 60% 是可以再利用的，从瑞士家庭中所排放出的垃圾有 1/3 是包装材料、包装袋以及容器类。在经过调查之后，米格雷斯开始大力宣传：减少包装！与此同时，全公司还开始考虑强化废物再利用及节约能源的问题。

1. 废弃不需要的包装

从化妆品开始，重新设计了包装。废除了牙膏盒等包装，仅仅这一项，每年就可以节约 25 吨包装纸。

2. 停止使用运输包装纸箱

为了代替这种运输包装纸箱，米格雷斯新设计了适用于各种货物的塑料制"通用容器"，并于 1989 年开始实验性使用。这一计划的实施，为米格雷斯免除了每年要处理 6 吨纸箱垃圾的任务。

3. 改进包装

通过加厚用于啤酒、苏打等产品包装的玻璃瓶，以便于回收、清洗和再次使用；并且将装液体洗涤剂的塑料容器设计成能够重新使用的形式。

4. 停止将铅罐作为包装材料，不使用铝箔包装巧克力

米格雷斯节省包装材料、节省资源，而节省能源的最终目标是用"单一"的材料使包装统一化。

米格雷斯在从 1984 年到 1988 年的 5 年间，为环境保护投入了约 1.85 亿美元资金，由此共获益 1 000 多万美元。当然其中并不包括因此而带来的企业形象提高以及获取消费者信赖感等用金钱无法衡量的收益。米格雷斯有一种信念：即使现在受了损失，未来也是属于我们的。正是在这个信念的鼓舞下，直到今天，米格雷斯也依然无愧于环保先进企业的称号，并在环保方面继续努力着。

资料来源

（1）万后芬. 绿色营销. 高等教育出版社，2001.
（2）万后芬等. 市场营销教学案例. 高等教育出版社，2003.

思考题

（1）米格雷斯的绿化思路在中国是否可行？
（2）从本案例看，商业企业该如何贯彻社会性营销观念？
（3）本案例对你有何启示？

案例二　营销环境：海尔沙尘暴里寻商机

海尔集团首席执行官张瑞敏曾多次提出：中国企业要参与国际竞争，就必须以速度取胜。也许这正是海尔成功的奥秘所在。在 2002 年春天的沙尘暴袭来之际，海尔再一次抓住商机，以迅雷不及掩耳之势推出新品，充分体现出以速度取胜的真谛。

自 2002 年 3 月下旬以来，我国北方大部分地区受到了沙尘暴或沙尘天气的影响，沙尘所到之处天空昏暗、空气混浊，居民即使紧闭门户，在粉尘飞扬的室内也很难呼吸舒畅。沙尘暴已经成为北方地区不折不扣的"城市灾难"，且越来越严重。但中国著名的家电品牌海尔却在此次沙尘暴中独具慧眼，在灾难中发现了巨大的商机。

海尔"防沙尘暴 1 代"商用空调，正值沙尘暴肆虐北方大地、人们生活饱受沙尘之扰而苦不堪言之时推出，可谓"雪中送炭"，该款产品能在有限的空间之内有效地将沙尘暴的危害降低到最小，筑起一道健康的"防护墙"。据悉，在海尔"防沙尘暴 1 代"商用空调推向市场的两周时间内，仅在北京、西安、银川、太原、天津、济南等十几个

城市就卖出 3 700 多台，部分城市甚至出现了产品供不应求、人们争相购买的局面。仅"防沙尘暴 1 代"商用空调在 2003 年 3 月的销量就达到了 2002 年同期的 147.8%。

当大多数人都只看到沙尘暴的危害时，海尔却看出了商机，根据市场的变化、人们个性的需求，迅速推出了最受北方地区欢迎的产品——"防沙尘暴 1 代"商用空调。为什么仅海尔能做到这一点呢？不难看出海尔在反应速度、市场应变能力、个性化产品开发、技术力量的转化方面具有强大的优势和实力。这也是海尔今天能发展成为知名国际化大企业，而其他企业难以企及的原因。

据环境监测专家称，2006 年我国北方地区沙尘暴形势比较严峻，而且是频繁发生。2002 年起，我国进入新一轮沙尘天气频发期，这也是五六十年代以来我国所遭受的最严重的沙尘暴侵袭。据悉，仅在 2003 年，我国监测网络就观测到 32 次沙尘暴现象，虽然我国已启动一系列重大环保工程来恢复沙尘暴源区和附近地区的植被和生态环境，力图从源头控制沙尘暴的发生，但这也并不能在短期内解决我国北方地区的沙尘暴问题。据当时的专家估计，即使国家环保措施得力，最快也要 15—20 年才能从根本上解决沙尘暴问题，而在这期间沙尘暴仍将频繁发生。

沙尘暴给人们带来的种种危害，使人们"谈沙色变"。沙尘暴使沙尘漫天，空气中弥漫着一股土腥味，外出不便，车辆、门窗、街道乃至整个城市都蒙上了层层灰尘。但由此也引发了一股"沙尘暴经济潮"，精明的商家看出其中蕴含的无限商机，采取了相应的策略，从而带动了车辆洗刷、家政服务、环卫清扫、吸尘器、空调、墨镜、口罩等行业的兴旺。如海尔集团便在沙尘暴再现之际迅速开发并推出了"防沙尘暴 1 代"商用空调，受到我国北方地区人民的欢迎，其销售业绩在短期内便得到了大幅度提升。

有了市场需求才有相应的产品产生，既然短期内我国北方地区无法从根本上解决沙尘暴问题，就只有采取种种防御措施，尽可能将沙尘暴给日常生活带来的负面影响降到最低。海尔"防沙尘暴 1 代"商用空调给处于沙尘之中的人们带来了重新享受清新生活的新希望。海尔这种采用多层 HAF 过滤网技术、具有独特的除沙功能和离子集尘技术的"防沙尘暴 1 代"商用空调，可以清除房间内因沙尘暴带来的灰尘、土腥味以及各种细菌微粒，经过过滤后的空气犹如森林中的空气一样清新，从而在人们的日常生活中为抵御沙尘暴的侵袭筑起了一道道绿色的"防护墙"。

在诸多"沙尘暴经济"中，海尔的"防沙尘暴 1 代"商用空调是一个较为成功和经典的产品。这种新产品一经推出便热销市场，是海尔充分把握天时地利的结果。把握住"天时"，海尔在沙尘暴出现伊始便恰到好处地推出了"防沙尘暴 1 代"商用空调。此种空调的推出也充分反映了海尔的"速度"优势，即"市场应变的速度""生产单位转化的速度"。利用了"地利"之便，海尔并不是盲目地将这种产品推向市场，而是精心地进行了市场定位、市场细分，借用当地营销渠道的优势，将这些产品推向受沙尘暴影响较大的华北、东北、西北以及华东部分地区，在第二次沙尘暴到来之际，很多用户已在使用这种除尘换新风效果好的空调，且深得消费者喜爱。

资料来源

（1）迈克·欧德罗伊德. 市场营销环境. 杨琳，译. 经济管理出版社，2005.

（2）比尔·费舍尔等. 海尔再造：互联网时代的自我颠覆. 曹仰锋，译. 中信出版社，2015.

（3）林志贤. 新海尔模式：制造业互联网革命. 企业管理出版社，2017.

思考题

（1）在当下雾霾问题日益严重的背景下，海尔以及其他家电企业应该如何适应新的营销环境以占得先机？

（2）如果你是海尔公司的营销主管，应该怎么做才能保持海尔的竞争优势？

案例三 市场购买行为分析：高速成长的国美

一、国美的成长历史

国美电器有限公司成立于 1987 年，是一家以经营各类家用电器为主的全国性家电零售连锁企业。

多年来，国美始终坚持"薄利多销、服务争先"的经营策略，把规模化的经营建立在完善的售后服务体系基础之上，从而得到了广大消费者的青睐。同时，国美在长期的经营活动中，始终把"创新务实，精益求精"作为企业的经营理念，在业务手法、服务措施、经营品种上不断创新、完善，不仅在消费者中留下了极佳的口碑，而且在行业内也树立了一个全国知名的品牌，随着企业发展，其影响力还在不断增强。

在国美的史册上记录着多个全国第一：国美 1994 年首创包销制，脱离中间商，商家与厂家直接对话；首家走出坐店经营的传统营销模式；首家推出特价彩电，击垮彩电限价联盟；首家走出北京，走向全国；首家与电影展开互动营销，开创了中国家电领域文化营销的先河。

二、国美的大规模采购策略

1. 首创包销制

国美于 1987 年 1 月 1 日成立时，只是北京珠市口一家 100 平方米左右的小店，经营进口家电。当时电器商品还处于供不应求的状况，国美的创始人黄光裕决定做长久生意，因而没有采取高价销售的撇脂定价策略，而是采用了薄利多销的低价渗透策略。

国美的独特之举还在于率先在《北京晚报》中缝做标价广告，借助广告这一现代营销手段引导顾客消费，并建立消费者与媒体的新型互动关系，走出了坐店经营的传统模式。标价广告为国美带来了滚滚财源，到 1992 年时，国美已经陆续开了七八家店名各不相同的门店。

1996 年以长虹为首的国产家电崛起，面对国产家电品牌势不可挡的发展趋势，国美开始了经营战略的调整，由先前单纯经营进口商品转向国产、合资品牌家电。当国产、合资品牌有了一定的销售业绩和销售经验后，国美决意创建新的供销模式：脱离中间商，与厂家直接接触，搞包销制。通常，销售商为了减少资金占压，与厂家合作时大多采用代销形式，即使同意经销，也不轻易承诺销售量。国美经过慎重考虑和精心论证，决定以销售量向厂家表示合作诚意。国美与多家生产厂家达成协议，厂家给国美以优惠政策和优惠价格，而国美则包销产品，即承诺经销责任，且保证相当大的销售量。这种越过中间商、与厂家直接贸易的营销模式，使国美在商品成本上获得了比较优势，带动销售量大增。

2. 频频抛出大额订单

随着全国连锁店数目和产品销售量的增加，国美频频抛出大额订单。

2000 年 10 月，国美推出千万元彩电采购大招标，厦华、索尼先后接标，国美分别与之签订了 1 800 万元和 2 564 万元的采购合同，彩电采购总量达 10 850 台。

随后，国美又开出亿元采购订单，分别与荣事达和 TCL 签订了 8 000 万元和 1.5 亿元的销售合同。

2002 年 2 月，国美在全国推出"差价补偿"承诺，以进一步突出规模销售所体现的价格优势，并受到消费者热烈欢迎。

2002 年 12 月，国美在北京召开"2002 年中国彩电高峰论坛"，推出国美彩电"新科技一族"，并与众厂家签订了总额为 32 亿元的彩电包销协议。

国美频频抛出大额订单，意味着中国"商业资本"的抬头，也引发了家电行业厂商供销模式的革命。

3. 开创会展型采购新模式

2002 年 12 月，国内第一次由流通企业举办的大规模家电业展览会——"国美家电博览会"亮相上海，借国内外著名厂家悉数到场之机，国美一举抛出 100 亿元的采购订单。这个巨大的订单占中国家电零售总额的 1/30，创造了中国家电史上一个新的纪录。以往家电连锁都是今天采购一个品种、明天采购另一个品种，不能产生规模经济。而国美的这种会展型采购模式，可使国美借会展之机成倍地扩大采购规模，从时间和空间上加快了流通速度，大大降低了成本，从而掌握了同业竞争的主动地位。

三、国美与家电制造商的博弈

1. 推出特价彩电，击垮彩电限价联盟

2000 年 6 月 9 日，长虹、康佳、TCL 等全国九大彩电企业聚会深圳，成立彩电限价联盟。一时间，业界哗然，媒体竞相报道，彩电价格成为全社会共同关注的焦点。很快，国美代表家电流通企业发出自己的声音。北京国美电器公司率先举起反对彩电限价的大旗。先是 7 月 8 日、9 日，在北京把厦华 29 英寸超平彩电卖到了 1 980 元，低于限价 610 元；继而 7 月 15 日、16 日又在京、津、沪三地把熊猫 29 英寸超平彩电卖到了 1 898 元，低于限价 692 元。两次"跳水价"都引发了消费者的抢购。

　　一时间，国美似乎成了彩电降价的代名词，关注率直线上升，风头远远盖住彩电限价联盟。国美的这一行动，令彩电峰会含辛茹苦垒起来的限价联盟顷刻轰然倒塌。这次的降价风暴像是在告诉人们：商家不再是生产、流通、消费各个环节中的价格执行者，而摇身变为价格的主宰者。

　　2. 鹬蚌相争，国美与格力对垒

　　2004 年 2 月，国美成都卖场抛出分别自行砍掉 480 元和 1 000 元的两款格力空调，引得成都格力遭遇其他经销商跟风降价甚至退货。格力怒不可遏，以断货逼宫国美。3 月，北京国美电器公司向各地分公司下发《关于清理格力空调库存的紧急通知》，要求各地分公司把格力空调的库存和业务清理完毕后，暂停销售格力产品，致使双方由来已久的纠纷完全暴露。就在这时，北京"两会"会场外格力董事长董明珠提出"公平、公正、真诚"的合作原则，致使双方合作彻底破裂。格力表示，"将把国美清除出自己的销售体系"，北京格力转投苏宁。

　　导致国美、格力分道扬镳的原因究竟是什么？种种迹象表明，双方矛盾的背后有着更为深刻的原因。

　　格力一直以"品质领先"著称于全球，是中国最具实力挑战洋品牌的空调企业，格力的成功就在于其多年来将主要精力放在技术创新与品质保证上。国美只是格力 1 万多家经销商中的一家，即使在其老家北京，国美销量也只占格力 5%；格力在全国有 20 多家销售分公司，其中 5 家公司与国美有合作，产品直接在国美销售。格力总部市场部有关人士透露，此次事件的"导火线"，是格力和国美之间有关 2004 年合作的协议没有谈妥。按照格力的说法，国美要求格力给国美的销售返点偏高，据说是其他经销商的 2—3 倍，并且要求在空调安装费上扣除 40% 作为国美的利润。格力认为，格力对所有经销商的政策都是一致的，国美不可能享受特殊待遇。

　　而对于国美来说，尽管格力在空调生产领域居领先地位，但在其销售中比重仅为 3%—4%，并不是合作最紧密的上游企业，此番将格力拉出来"祭旗"，就是希望能与格力建立新的供销关系，而长远目的是"敲山震虎"。国美一旦赢得此战，与其他品牌谈判时就会有更多的筹码。目前国美销售的家电产品以厂商直接供货的方式为主，这样做是为了节省中间成本，降低产品价格。但格力一直通过各地的销售公司向国美供货，在价格上不能满足国美的要求，国美因此无法实现其提倡的"薄利多销"原则。显然，国美希望利用自己的渠道优势迫使格力做出价格让步。

资料来源

（1）盛敏，元明顺，刘艳玲. 市场营销学案例. 清华大学出版社，2005.

（2）吴立. 市场营销经典案例. 高等教育出版社，2004.

（3）陈军君. "国美"是把剑. 中国营销传播网，2000 - 09 - 27.

（4）孔龙，刘宏君. 国美，称"王"，还是称"霸". 中国营销传播网，2001 - 11 - 26.

思考题

　　（1）国美是如何占领市场的？

（2）国美的营销策略有哪些高明之处？

（3）国美打价格战的底气来自于哪里？

案例四　竞争策略分析：直饮机市场能否飞出金凤凰

一、凤凰飞入直饮机市场

近年来，饮水机市场一直保持快速增长的势头，1997年，国内饮水机市场规模在100万台左右，2001年，整个市场规模已接近1 000万台。但直饮机尚处于市场开发阶段。目前，直饮机生产企业有安吉尔、捷康等。另外，还有"奇迪""欧臣"及"水管家"等区域品牌，以及像从韩国三星集团独立出来的世韩公司这样的洋品牌。

凤凰集团的前身是成立于1958年的园艺场——迎春果场。1989年，集团总裁陈玉书调任负责人，抓住了春兰集团在发展过程中需要土地兴建厂房的机会，以土地为资产与春兰集团合作，争取到了其配套产品的生产。通过与春兰集团的合作，学到了它先进的管理经验，产品多元化的发展格局，以及快速、规范发展，迅速做大做强的思路，实现了企业的跳跃式发展，积累了自主发展的资金。现凤凰集团下辖16个法人单位，产业涉及有色金属制造、家电制造、机电设备、房地产业、交通运输业、食品、园艺等，被列为泰州市重点骨干企业，是海陵区唯一一家培植为春兰式企业的企业。

二、凤凰的营销实战

凤凰直饮机启动全国市场的营销活动就像一场战役，各个环节是一个有机整体，均须密切布局。从人才资源配置，到市场资源调度、营销策略制定、营销方案执行；从样板市场选取，到公关活动组织、重点客户邀请、成功模式推广，凤凰直饮机在专业化营销团队的全程操作下，向消费者一步步走来。

（一）团队战

2002年，江苏凤凰集团与美国阳光集团正式联姻后，进军中国水家电市场已如箭在弦上。凤凰必须建立最强的、熟悉中国市场的营销团队，从而能在与韩国、日本等同类产品的竞争中建立自己的优势。

国内著名营销经理人刘小平在凤凰集团董事长陈玉书的诚邀下来到了凤凰制水，跟随他而来的还有一批经验丰富的营销经理，直接充实了凤凰制水的销售、售后等战线，夯实了企业的销售实力，使凤凰制水拥有了一个在市场推广与营销实战等领域的精英团队。

刘小平进入凤凰之后，针对国内饮水市场的混乱局面及桶装水危机的现实，提出

"国内饮水市场将三分天下"的观点，决心高举"中国水家电全面服务商"的大旗，为消费者提供优质、安全、放心的饮用水。

（二）样板战

对渠道经销商而言，销售是检验产品价值的唯一标准。产品值不值得做，关键看市场反应、消费者反应。凤凰营销高层与21世纪福来传播机构专家一致认为，必须为经销商们提供实证，让他们选择产品时安心、放心，这样才能建立信任关系，长久合作。考虑到城市的代表性，凤凰首战战场选择了江苏无锡。

负责首战的工作组成员顶着烈日跑完了无锡大大小小的街道、商场和建材市场、地产楼盘，跟当地经销商进行了认真研究，最终确定了整个市场行动方案。

1. 新闻开路，制造热点话题

无锡作为江苏省经济发展水平居前列的城市之一，当地消费者对新事物接受能力强，传媒也比较发达，加上当时正值无锡的梅雨季节，太湖蓝藻水污染即将到来，当地居民极为关心水质问题。为此，凤凰迅速选择以《江南晚报》《无锡日报》为主流宣传媒体，并联合无锡电视台、无锡交通电台等媒体展开了一场声势浩大的新闻战，针对每年都要发生的水污染问题，决心主打"水"文章，让广大市民关心水问题。企划人员相继策划了《今年无锡人喝什么水》《无锡即将迎来的水战》《谁来替代桶装水》等新闻专题抛砖引玉，倡导"健康好水自己造"，将凤凰直饮机介绍给广大市民，在无锡引起了强烈反响，凤凰直饮机由此走进千家万户。

2. 广告助威，让人过目难忘

无锡的出租车不仅多而且干净漂亮，是无锡人出行的主要交通工具之一。为提高品牌知名度，凤凰锁定当地最好的200多辆出租车并为它们安装车体广告，一时间，凤凰直饮机广告成为一道流动的风景线，成为街头巷尾的热点话题。

除此以外，在当地最繁华的商业街，凤凰大型户外广告及公交灯箱广告随处可见；在市内繁华地段，流动的街头广告秀——五人美少女凤凰连体广告组合更是吸引了大众目光，并成为当地新闻关注的焦点。凤凰还与当地交通电台合作，开通水家电消费热线；与当地有线电视台合作，播放健康饮水系列专题片及凤凰广告片，使得凤凰直饮机的形象无处不在，"健康好水自己造""凤凰直饮机——水问题解决专家"的品牌形象日渐巩固。

3. 体验营销，请您喝杯"农药水"

在进行立体化传播的同时，要让消费者感受到凤凰直饮机的神奇功能，还需一个最好的营销活动，让凤凰直饮机口碑相传。经过工作人员精心准备，6月的一个周末，集文艺演出、产品展示、品牌解答、饮水体验、专家解惑于一体的"好水，喝出健康来"系列主题推广活动如期举行。

在数万名市民的目睹下，凤凰直饮机的销售人员将农药、墨水、受污染的太湖水等无法饮用的污染水倒进水箱，经过凤凰直饮机的处理后，打开水龙头放出净水，示范人员在当众喝下水后还请消费者体验，上百位消费者勇敢地喝了第一杯"农药水"，并告诉大家："味道真好！"无锡各大媒体也闻讯而来，纷纷作了现场报道。"请您喝农药"

的照片一经媒体公布，凤凰直饮机顿时声名鹊起。

4. 终端创新，我好故我在

除对大众消费市场发动集中攻势外，凤凰还加大了在专业消费市场的推广力度。当地凤凰代理商联合当地装饰装修公司，针对购房及装修群体，提出了"新一代水家电"概念，与"智能家电""数字家电""网络家电"一样，成为购房一族的时尚之选。通过深入居民小区、建材市场及房展会，设立产品展示咨询台，吸引购房者的注意力，广泛收集消费意向资料，解答多数人关注的健康饮水问题等方式，使凤凰直饮机深入人心。

（三）公关战

凤凰要将直饮机作为产业来做，首要任务是建立自己的市场格局，区隔同类产品，方能存活下来。这既是对经销商负责任，也是对广大消费者负责任。在这一点上，21世纪福来传播机构与凤凰营销高层意见高度一致，并就此拟订了详细的行动方案。

2002年8月，聚集了行业精英的直饮机行业峰会——"2002年全国城镇居民健康饮水示范研讨会"在无锡召开，会议邀请到的嘉宾有行业主管部门、国家相关部委、中国消费者协会、全国40多家主流媒体、经销商代表，对整个中国饮水市场现状及发展趋势作了系统化描述及展望，指出直饮机将成为中国饮用水市场的发展主流，肯定了凤凰直饮机采用的先进的RO膜逆渗透技术。

2002年8月10日至20日期间，中央电视台、新华社、《人民日报》、中国新闻社纷纷作了"直饮机：中国城镇居民饮水市场新亮点"的专题报道。同时，《中国消费者报》《中国电子报》《经济观察报》《21世纪经济报道》也对此进行了追踪报道，声势浩大，影响前所未有。

资料来源

（1）陆刃波. 家用饮水机市场分析. 国务院发展研究中心信息网.

（2）李媛. 整合优势冲进领跑者行列. 中国经营报，2002-09-23.

（3）万后芬等. 市场营销教学案例. 高等教育出版社，2003.

思考题

（1）分析凤凰进入直饮机市场时的机遇和风险。

（2）凤凰应如何寻找并确定自己的竞争优势？

（3）凤凰成为行业的领先者后，其最重要的任务是什么？

案例 五 价格策略：吉利轿车渗透定价

1. 吉利抢占中国轿车市场先机

尽管吉利进入轿车领域的资历很浅，但它"为中国百姓造车"的气魄却给中国轿车市场带来了极大的冲击，引发了一波又一波的轿车价格战。

吉利以汽车、摩托车制造为核心产业，在动力机械、装潢材料、农业机械制造和商贸、房地产、教育等领域都有广泛投资。

1997 年，吉利以民营企业的身份进入了汽车制造行业。1999 年，吉利在宁波投资成立了宁波美日汽车制造有限公司，生产吉利·美日家庭轿车。2001 年 4 月，吉利与豪情成立浙江吉利汽车工业股份有限公司。吉利投资 10 亿元进军汽车制造业，在中国汽车制造业中撕开了一道民营资本的口子。

2. 修正传统成本导向定价方法

吉利采用的价格策略虽然以成本为基础，但它不是局限于传统的成本导向定价方法，而是先寻找顾客可接受价格，以便能有效拉动需求，然后确定销售量以估计单位成本和相应的利润，以此来制定合理的、具有吸引力的价格。

吉利低价策略的奥秘还在于它能有效降低成本。刚开始，吉利的生产能力是一年2.5 万辆，避免了一次投入几十亿或上百亿元。宁波美日汽车制造有限公司年产 15 万辆的规模，也只投资 10 亿元，是同规模企业投资的十几分之一。吉利在新车型、新技术的开发和配件的配套协作上，采取全球资源"技术共享，为我所用"的策略，为此省下了汽车行业最花钱的开发成本。控制投资、优化组合资源形成了吉利的成本优势。

另外，吉利不开发配套体系，而是广泛利用大厂的过剩资源。国家定点的轿车企业配套企业生产能力普遍过剩，于是吉利通过招投标，与国内 400 多家配套企业建立了协作关系。零部件能通用的就通用，不能通用的，就请它们为吉利开发，节省开发成本，而且，这些厂家生产技术相对成熟，能够保证质量。吉利付款及时并采取现金交易，使其获得配套企业的优惠价格。同时吉利专门成立了机构，对外协厂进行质量监督。

目前吉利已经初步建立了"三大一小一外"的采购平台，"三大"即一汽、东风、上汽三大集团配套的零部件企业，"一小"指浙江省内的配套企业，"一外"指国际化采购，比如采用韩国、日本的机械加工件等。不随便增加不经济的固定投资，减少沉没成本的投入，充分利用外部更高效率的资源，也能最大限度地减轻吉利的成本负担。

3. "捆绑式销售"节省变动成本

在汽车销售上，吉利采用"捆绑式销售"法，在全国各地以区域经营的形式，由经销商买断产品，企业只同经销商发生支付关系，而不直接同客户发生营销关系，这样也节约了营销成本。吉利在价格上采用拉的方式吸引消费者的购买，在渠道上使用推的方式，营销对象主要是经销商，因此大大减少了渠道和营销的复杂性。

因此，低成本是吉利低价策略的基础，但吉利并不是简单地采用成本导向定价方法，而是采用和企业的营销战略相辅相成的长远策略。吉利瞄准了中国这一市场空白，用富有竞争力的价格拉动需求，把整个市场的"蛋糕"做大。

4. 从消费者角度分析：跳出价格战，创造差异价值

面对中国购车消费者，吉利并没有一味设定高价格标榜高价值，亦没有盲目设定低价搞倾销，它放弃了以往民营企业的普遍做法——以利润目标、销售收入和市场份额的标准来制定价格，几乎不考虑所设定的价格消费者是否愿意接受或可以承受——而是采取了细分市场，以不同的产品和分销渠道满足不同价值标准的消费者的做法。

吉利在制定"全国市场最低价位"这一定价策略时，仔细地考虑了这些问题：消费者愿意支付多少价格？我们的产品在消费者看来能值多少？怎样才能提高我们产品的经济价值？如何创造差异？如何通过更有效的途径让消费者相信我们的产品是真的"物美价廉"？

5. 最有效地向细分市场的消费群传达产品的价值信息

在回答了为什么可以制定低价，如何提高经济价值以后，还必须面对如何将这些信息向目标消费者进行传达的问题。在国外，人们十六七岁开始买二手车，等积累了相当的收入以后再去购买新车。而在中国，却恰恰缺乏一种满足大众消费水平的车型，汽车行业的巨头们的定位与巨大的需求之间存在市场空隙，这恰好是一个机会，如果能有一种很低端的产品去迎合消费者的热切心理，从而通过满足这批消费者的需求来抢占中国市场，这无疑是"过渡"时期的最好策略。因此，为成功打入轿车市场，吉利采取了定位在"过渡车型"的策略，选择不进入中高档车市场，而是从低端经济型轿车做起。由于定位为中低端消费者突破购买障碍初次购车的过渡车型，吉利有效地向这部分目标消费者传达了产品的价值信息：过渡车型、价格全国最低、外形好、物美价廉、满足您以车代步的愿望。

资料来源

http：//202.116.83.77/hope/azhu/Article/ShowArticle.asp？ArticleID＝133.

思考题

（1）阅读案例，分析渗透定价策略的优劣势。

（2）吉利的渗透定价策略对你有什么启示？

案例六 产品与品牌策略：农夫山泉的记忆点创造法

1999年，农夫山泉的广告开始出现在各类电视台上，而且来势汹涌，市场也随之出现了越来越热烈的反应，再通过跟进的一系列营销大手笔，农夫山泉一举成为中国饮用水行业的后起之秀，到2000年便顺理成章地进入了三甲之列，实现了强势崛起。中国的饮用水市场历来竞争激烈、强手如云，农夫山泉能有如此卓越的表现，堪称中国商业史上的经典。而这个经典的成就首先启动于"农夫山泉有点甜"这句蕴含深意、韵

味优美的经典广告语，一出现就打动了每一位受众，令人们牢牢记住了农夫山泉。为何会有如此非同凡响的效果？原因正在于它极好地创造了一个记忆点，正是这个记忆点征服了大量的受众，并使他们成了农夫山泉潜在的消费者。

如何成功地建立记忆点呢？具体操作原则如下：

1. 创造显著的差异性，建立自己的个性

创造差异性是突显自己产品的存在的首要因素，没有差异点，就不会产生记忆点。"农夫山泉有点甜"对此做出了很高明的处理。当同类产品都在表现各自如何卫生、高科技、时尚的时候，农夫山泉不入俗套，独辟蹊径，只是轻轻却又着重地点出产品的口味"有点甜"，这显得超凡脱俗、与众不同。这样就形成了非常明显的差别，使自己的产品具有了鲜明的个性，重要的是让电视机前的消费者感到耳目一新。一个广告能达到这样的效果，这个产品也就成功了一半。

2. 力求简单，只要一点，容易记忆

消费者的记忆能力是有限的，而市场中各种产品的信息相对而言是无限的。要让消费者记住你的产品绝非易事，绝不是轻易就能够做到的。面对铺天盖地的产品信息，消费者只愿意也只能够记住简单的信息，越简单越好，简单到只有一点，最容易记忆。农夫山泉在这一点上同样掩藏不住其非凡的智慧，仅仅用了"有点甜"三个再平常、简单不过的字，而真正的点更是只有一个"甜"字，这个字十分富有感性，那是描述一种味觉，每个人接触这个字都会有直接的感觉，这个感觉无疑具有极大的强化记忆的功效，而记住了"有点甜"就很难忘记"农夫山泉"，而记住了"农夫山泉"就很难对农夫山泉的产品不动心。农夫山泉就是以简单取胜——简单，使自己能够轻松地表述；简单，也使消费者能够轻松地记忆。

3. 符合产品的特性，突出产品的优良品质

名副其实才能盛名不衰，越是真实就越有力量。企业要始终知道这是在为自己的产品做广告，为自己的产品做广告就是为自己的产品特性做广告，广告要符合产品的特性，否则就不是在为自己的产品做广告；广告中的核心记忆点更要以高度的准确性切中产品的特性，否则就是一个失败的记忆点。失败的记忆点是无法经受市场考验的，也是无法取得消费者欢心的，这必然导致品牌的失败。记忆点必须是广告的核心点，更是产品优良品质的凝练和升华，通过记忆点使消费者知道并记住产品的优点，这是产品成功的基础。

"农夫山泉有点甜"在这一点上表现得无可挑剔。农夫山泉取自千岛湖 70 米以下的深层水，这里属国家一级水资源保护区，水质纯净，喝一口都能感到甘甜。正是这样，用"有点甜"来形容可谓恰当至极，因为它符合产品的特性；更可谓精妙至极，因为它突出了产品的优良品质。

4. 建立面的纵深，配合、烘托这个点

这个记忆点绝不是孤立、单薄的，孤立、单薄的内容经不起记忆的筛选。相反它背后必须有一个宽阔的信息纵深面，而点正是面的浓缩，虽仅是一个点，却挟带大量的信息。记忆一触发这个点，必会带动后面的大量信息，正所谓"牵一发而动全身"，所以只要记住并激发这个点，就会自然地记起背后广阔纵深的面的信息，这些信息正是企业绞尽脑汁要告诉消费者的。农夫山泉的广告策划人员显然深悉这一点，那个著名的广告绝非一句"农夫山泉有点甜"就完事大吉，而是先展现一幅非常美丽、淳朴的千岛湖的风景画面，青山绿水，又重点突出纯净的湖水，接着是几个非常富有人情味的人物描写，然后再用大量的镜头细腻地表现了一个农家小孩饮用了湖水后非常甜蜜、纯真的微笑，最后才是一句话外音"农夫山泉有点甜"。这最后一句点题之语是点，前面所有的描述都是纵深面，没有前面的纵深面，这个点绝不深刻；没有后面的点，这个纵深面也绝不能让人记忆深刻。这个点在整个纵深面所营造的绝妙意境的高潮时分自然而然、如约而至地降临，一下子就深深地扎进了观看者记忆的海洋，观看者牢牢地记住了这一刻、这一点，也记住这一点背后纵深面的广阔信息。

资料来源

周玉泉，张继肖. 市场营销学. 清华大学出版社，2007.

思考题

（1）分析农夫山泉品牌记忆点创造法的成功之道。

（2）你从案例中得到什么启示？

案例七 分销策略：佩珀公司的分销苦旅

提到饮料行业，您脑海里一定会闪过百事可乐和可口可乐，可是，您曾经听说过佩珀公司吗？十之八九您会疑惑地摇摇头。实际上，佩珀公司早在 20 世纪 80 年代初，就已经由美国得克萨斯州一家制造浓缩饮料的小公司发展壮大为非可乐类饮料世界排名第一的大公司。就整个饮料行业来讲，它排名第三，仅仅位于百事可乐和可口可乐之后。1982 年，该公司的总营业收入超过 25 亿美元，并创下了连续 27 年盈利的纪录。说到这里，您或许会觉得奇怪：佩珀公司业绩既然如此骄人，现在又怎么会声名稀落，十人九不知呢？是的，任何公司都曾经走过弯路，佩珀公司也不例外。

是什么原因使佩珀公司的饮料曾经那样畅销呢？质量上乘、广告促销、在全美无人不晓，这些固然是成功的原因，但光有这些不够，它成功的最主要原因是其分销战略。

饮料营销中销售通路最重要。人们往往认为是制造商创造了满足消费者需求偏好的方法，而零售商是影响消费者选择饮品的重要力量，但常常忽略了饮料业中分装厂商的影响。佩珀公司把浓缩饮料卖给分装厂商，分装厂商将饮料稀释后装瓶，并辅以广告促销，推销给零售商，再由零售商卖给消费者。佩珀公司就是借助这种通路，源源不断地将产品销往市场。多年的苦心经营使佩珀公司和全美 500 多家分装厂商建立了密切的关系。分装厂商的销售人员经常与零售商保持密切联系，他们制作本地的促销广告，要求零售商将他们批进的佩珀饮料放在最显眼的柜台处，有时还运用折扣、特殊陈列品、优惠券和免费样品等手段来促进佩珀饮料的销售。分装厂商很了解当地的市场情况和零售商的需要，以至于他们还能帮助佩珀公司制订各地区的营销方案。尽管这些分装厂商同时也经销可口可乐或百事可乐等，但他们中的大多数都把佩珀饮料看作最佳品牌的饮料。可以这样说，佩珀公司的昔日辉煌，确实离不开分装厂商的鼎力相助。

但是，成也萧何，败也萧何。或许，佩珀公司并未意识到是什么决定了它的成功。1982 年，佩珀公司改变了依靠分装厂商在当地做广告促销的做法，转而实行全国统一的集中营销方案。公司削减了地方的销售人员，减少了对分装厂商的业务支持，并用全国性的广告活动取代了过去由分装厂商在当地做广告促销的做法。公司预计，采用全国统一的集中营销方案，可以大大增加公司产品的影响，从而刺激消费者的需求。但事与愿违，当年佩珀公司产品的销售量下降了 3%，到了秋季时该公司亏损 4 000 万美元，其市场排名也由第三位降至第四位。分装厂商与公司的关系也日益疏远，他们开始对公司采取防备态度。在分装厂商心目中，佩珀饮料的特殊地位已经消失，它不过是一个普通的品牌而已。一位分装厂商毫不客气地说："佩珀公司只有先抓住了分装厂商，才能抓住消费者。"这一说法非常正确。

资料来源

张广玲. 分销渠道管理. 武汉大学出版社，2005.

思考题

（1）佩珀公司过去成功的主要因素是什么？
（2）如果你是佩珀公司的营销主管，你将如何摆脱现在的困境？

案例 八　促销策略：番禺香江野生动物世界整合营销传播

香江野生动物世界（以下简称"香江"）于 1995 年底正式立项，首期项目 1996 年8 月正式动工，开发土地 133 公顷。1997 年底正式对公众开放。

"香江"正式对公众开放之时，正值东南亚金融风暴对我国经济冲击影响加大之时，市场疲软，形势不容乐观。然而它却在开业的第一年创造了几项旅游界的奇迹：首创日接待游客 8 万人次和日接待春游学生 3 万人次的两项中国同类旅游点第一；首次实现开业仅一年就接待游客超过 300 万人次的最高纪录。

"香江"为什么能取得如此巨大的成功？除广东省制定"1998 年把旅游列为增创广东发展新优势的支柱产业，重点加以扶持，特别是把'广东人游广东'作为扩大内需激活市场的一项重要内容来抓"的良好政策环境之外，"香江"最成功之处在于其"整合营销传播（IMC）"策划。

1. 由环境入手

野生动物园作为旅游景点来说，不单是人们观赏珍稀动物的场所，更应该成为人们放松、娱乐的休闲胜地。因此，包括园区规划、综合娱乐和服务设施在内的游园环境设计就显得至关重要，它既是一个景点的个性特点所在，又是无处不在、影响深刻的向消费者传递营销信息的传播媒介。

走进"香江",你不但可观赏到各种珍稀动物,还可见到花开满园、果坠枝头、瓜挂棚架。让长年居住在钢筋混凝土中的现代人真正领略到大自然的"野趣",这正是设计者在窥探了现代人的心理后想要达到的目的。每一处不经意的天然风情,都凝聚着设计者的独特匠心:游览区内均为原野风格的平房建筑,亭台水榭、泉林环绕、草木扶疏、景色幽雅。园区在保有果园风貌的同时,重点投资园林绿化,体现动物、树木、花果为一体的大自然景观。园区绿化面积超过90%,人们步入这绿树婆娑、竹影兰香的世界,能不流连忘返吗?

2. 锁定白虎焦点

营销研究表明,锁定焦点可以带来较好的广告效果。现代人处在一个瞬息万变的信息环境中,想要使他们对所有信息都过目不忘是不可能的。因此,能否引起消费者的注意是广告营销成功与否的第一关键,也是广告创作的第一原则。作为香江营销策划者的雨金公司深知这一原则,提出"只说一件事"的营销主张。于是,惹人注目的白虎成了香江的代言人。园内动物品种达300多个,而且"国宝级""世界级"的珍禽异兽也有好几十种,甚至由日本引进的白狮的珍稀程度更胜于白虎。如果把所有信息都传达给消费者,诉求力就会大打折扣。选择白虎也是经过精心考虑的,白虎的珍稀程度自不用说,它在中国传统文化中,还是吉瑞的象征。在异国的宗教传统中,虎还是神圣和威武的象征。更令人称奇的是,繁殖能力低的白虎在香江创下一年内生三胎,甚至一次产六仔的世界纪录。至此,白虎形象已深入人心,让人们一说起白虎就想到香江。雨金公司为其度身制作的门票和全省最大的户外立柱广告牌都以白虎为主角,真可谓"借虎生辉亦风流"。

3. 巧借传媒做公关

一个好东西产生了,如何让大家知道并记住它呢?现代社会的广告手段日新月异:促销、公关、直销、CI、包装、媒体不一而足。无论是哪种广告手段,想要达到让消费者认可、接受的目的,都是一笔巨大的投入。而精明的营销策划是"自己不做广告,叫别人替我做",香江的策划者们善于捕捉广告的"黄金时机",精心策划了一系列能够引起社会大众强烈关注和积极参与的公关活动,发挥舆论的强大影响力,借势生辉。在此过程中,处处体现了香江的策划者们敏锐的洞察力和过人的胆识。地处番禺大石的香江何以有这样大的魅力时时牵动大众的视线呢?对此,舆论起了不可估量的作用。

"香江"本身就是个惹人注目的焦点。它有很多的第一:中国唯一由私营企业投资管理的大型国家级野生动物园;中国唯一实行大规模动物种群自由放养的野生动物园;国内唯一的白虎白狮展览场;世界最大的鳄鱼养殖场,拥有两条三人多长、世界最大的鳄鱼。如此众多的第一引起媒介的广泛重视。

4. 热衷公益树形象

一个不败的企业,不仅要追求短期的效益,更要有长远的打算。香江自创立之初就把资助和举办各类社会公益活动放在经营决策的重要位置。香江身体力行,自开园以来,就一直实行对幼童、高龄人士和残疾人士免票进园的优惠措施,以半价优惠来园参观的青少年学生也超过20万。

把野生动物园办成科普教育和环保教育基地，既是经营的需要，更是一项造福千秋的公益行为。香江把这作为动物园一个极其重要的功能，绘声绘色的导游讲解、图文并茂的动物说明牌和科普宣传栏，以及聘请专家授课的动物学堂，使游园的客人切身感受到了保护动物、保护生态环境的重要性。

"香江"集天然、野趣为一体，突出"动物与环境""动物与人"的回归自然主题，以"保护野生动物，保护自然环境"为宗旨，充分体现了"绿色营销"的观念。园内集中了动物保护、研究、养殖、科普教育等项目，为此配备了许多科技人员，还邀请了国内外专家营建动物学堂，让游客在游乐之余对生态平衡多一点了解，对生存环境多一些思考。香江在高起点上树立自身长远形象、公众形象，通过关注公益赢得消费者的青睐。

资料来源

两岸整合营销传播资讯. 中国营销传播网，2015 – 05 – 16.

思考题

（1）解析"香江"整合营销传播的成功之处。
（2）通过本案例说明现代市场营销观念演变的历程。

案例九 目标市场营销策略：方太厨具认准定位

1. 公司背景

茅理翔先生是宁波飞翔集团公司和宁波方太厨具有限公司董事长。茅先生于 1996 年在一片反对声中和没有人愿意冒风险共同投资的情况下，毅然决定投资 3 000 万进入抽油烟机行业。

茅先生先组织人员分别到广东、上海等地进行市场考察，对国际、国内的厨房设备生产厂家以及国内外用户的购买能力等情况作了详细调查。调查结果表明抽油烟机市场需求潜力巨大，随着国民生活水平的提高，尤其是中国住房改革的热潮，抽油烟机正大步进入现代家庭，中国年产抽油烟机当时仅为 300 万台，而需求量却达到 600 万台，由此可以推断，抽油烟机市场正处于成长期。而且，茅先生在进一步的用户家庭走访中了解到，市面上流行的抽油烟机大部分是模仿国外的产品，风量和吸力达不到理想水准，不适合中国老百姓做饭油烟大的特点；而且由于设计结构不合理，普遍存在滴油、漏油的弊病，使老百姓对抽油烟机怨声载道，很多人认为还不如用一个换气扇好。因此，抽油烟机市场增长已经开始呈现回落趋势，一些小厂纷纷关闭，玉立、老板等知名品牌的销售量也开始严重下滑。看来，投资抽油烟机的市场风险非常大。茅先生经过审慎分析后认为，市场已现的颓势并不是因为中国不存在抽油烟机的市场，而是因为没有真正适合中国老百姓的好产品。而市场上现有的抽油烟机在式样、油路、拆洗、风量、噪音、耗电量等方面大有改进的空间。茅先生认为，将市场上现有抽油烟机的六大弱点改为六大优点,可以成为方太进入抽油烟机市场的切入点和产品研发思路。为了研制新一代抽油烟机,他不惜重金从全国各地招聘了 20 多位中、高级工程师,是国内第一个将工业设计理念引入抽油烟机设计的人。1996 年茅先生在市场上率先推出"罩电分离拆洗更易"的方太产品,也即深罩型、大圆弧流线型抽油烟机。产品一炮而红、供不应求,当年销售了 3 万台。消费者的反应证实了茅先生最初的设想,消费者不买抽油烟机的真正原因不是不需要,而是没有合适自己的产品。初步的成功给了茅氏父子极大的鼓舞和更加坚定的信心。看来,方太即使作为抽油烟机行业的市场后入者,只要准确把握住消费者需求这根脉搏,仍然可以大有作为。父子俩乘胜追击,进行更加深入的市场调研,将开发出更贴近目标市场需求的产品作为企业的奋斗目标,先后推出了电脑控制型、人工智能型、智能调速型、VFD 显示型、煤气自动报警型等高科技抽油烟机,以及适合上海等地小厨房的特点、具有一定的功率和吸力的介于深型与薄型之间的"亚深型"的抽油烟机。用一路飓风、扶摇直上来形容二次创业初期的方太再合适不过了,它在短短两年半的时间内跃居为抽油烟机行业市场占有率第二名。

2. 中国抽油烟机行业市场结构分析

2013 年中国抽油烟机行业市场保持健康发展,国产品牌大放异彩,在市场上的零售份额再创新高。各大主流厂商也坚持品牌定位,在高、中、低端市场均有所建树,一方面可以满足不同消费者的需求,另一方面也避免了由价格战引起的恶性竞争。欧式抽油烟机由于其外形简洁轻薄、时尚且富于变化,同时经过本土化的改造之后,基本上都采用了大功率离心风轮,吸力强劲,并且与欧式厨房风格搭配,受到年轻消费者的青睐,市场份额高达 50%。另外,近吸式抽油烟机由于其油烟净化率极高也受到消费者和厂商的重点关注,其市场份额迅速增长。

2013 年中国抽油烟机行业市场上,华帝以 19.1% 的关注占比夺得品牌关注榜冠军,老板则以 0.1% 的劣势屈居亚军,方太保持季军位置不变,关注占比为 13.0%,前三家品牌累计关注比例过半,达 51.1%,在很大程度上影响着市场的走向。从关注排名的变化来看,在 2013 年,华帝、万和、帅康和万家乐的关注排名均有所上升,而老板和海尔则分别下落至第二位和第五位,另外,康宝跻身品牌关注榜,名列第十,关注占比为 1.9%。从关注占比的变化来看,华帝和老板的关注占比较 2012 年均有所上涨,其中,华帝的涨幅最大,达 5.2%;其余品牌的关注占比变化相对较小。2013 年中国抽油烟机行业市场上,在用料、外观方面相对更加美观的欧式抽油烟机依旧最受消费者关注,其关注占比保持在四成以上,为 40.5%。近吸式抽油烟机以 30.0% 的关注占比排在第二位。中式和侧吸式抽油烟机的关注占比则相对较小,分别为 15.4% 和 14.1%。

抽油烟机行业市场的消费者购买产品时首先考虑的因素是排油烟效果,其次是价格、外观、噪音、售后服务、拆洗等因素。抽油烟机消费者满意程度的调查表明,有 49.8% 的人认为所使用的抽油烟机不能将油烟完全排净,消费者对油污的清洗处理存在着抱怨,对抽油烟机噪音的处理也不甚满意。2013 年中国抽油烟机行业市场上,3 001—5 000 元以 31.3% 的关注占比成为年度最受消费者关注的价格段,紧随其后的是 1 001—2 000 元与 2 001—3 000 元价格段,关注占比分别为 28.0% 和 23.9%。可以发现,此三个价格段的关注占比累计达 83.2%,是市场的主流价格段。

　　抽油烟机行业需求旺盛，进入行业的技术门槛较低，生产成本不高，行业平均利润较大的特点吸引了众多的企业进入该行业。目前，国内抽油烟机市场呈现一派混战的局面，共有生产厂家 400 多家，品牌近 300 个。但大多数品牌规模较小，一些杂牌也混在其中，从而使整个市场的品牌分布显得十分杂乱。生产区域主要集中在浙江和广东，其中浙江省的抽油烟机产量约占全国的 70%。经历了价格、质量、服务等角逐，不断优胜劣汰，一些全国性知名品牌如帅康、方太、老板已在市场占有一定优势，在消费者心目中的认知度和信任度均明显提高，市场占有率也显著提高。

　　3. 抽油烟机行业竞争情况

　　一直以来，抽油烟机线下市场的竞争激烈程度相对较低，几大巨头的强势使市场的品牌格局相对稳定。不过随着一些大家电企业对该领域的深度介入，市场已经初露整合调整的迹象，这种状况同样出现在线上。随着大品牌影响力的提升，抽油烟机在线上的品牌集中度还将增强。与线下类似，国内品牌在线上处于绝对垄断地位，零售量排名前十位的品牌中没有一家国外品牌。稍有不同的是，线下的品牌集中度比线上高出不少，这也说明几大抽油烟机巨头在线上的话语权仍低于线下。在抽油烟机新能效标准出台后，一线龙头厂商的线上市场份额或将越做越大，具备一定技术研发能力的二线品牌对主流品牌的挤压还有一定的承受力，但不具备规模优势的小品牌恐怕面临出局的危险。

　　作为抽油烟机行业线下的龙头，2013 年老板电器抽油烟机的零售量和零售额在线上都保持领先地位。2013 年前三个季度，老板电器抽油烟机在电商渠道的销售额同比增长将近 180%，全年增长了 140% 左右，占公司整体销售额比例接近 20%。仅在"双 11"期间，老板电器抽油烟机的电商销售额就是去年同期的 4 倍。以京东渠道为例，老板电器作为京东最早的厨电行业合作伙伴，2013 年的销售额达 1.6 亿元，成为京东厨电板块的销售冠军。同时老板电器在天猫、苏宁易购等重要电商渠道，也取得了厨电销售第一的佳绩。值得一提的是，牢牢占据高端抽油烟机行业市场榜首位置多年的老板电器不遗余力地在线上、线下推动行业升级，大吸力产品的普及成为 2013 年抽油烟机行业市场的最大亮点之一。数据显示，大吸力抽油烟机已经成为近年来增长最快的抽油烟机品类。老板电器大吸力抽油烟机以占六成的市场份额稳居行业第一。

　　计划通过高端产品提升线上销售比重的另一个国内抽油烟机巨头方太，在与老板电器的线上角力中落了下风。方太在 2011 年下半年成立电商部门，当年线上就实现销售额 6 000 万元的目标。2013 年方太在线上延续了高速增长，但市场占比出现小幅下降。华帝是国内较早接触电子商务的企业，早在 2008 年初就上线了 B2C 网站。不过当年由于经销商的抵制，华帝电子商务的发展颇为曲折。为拓展电商渠道，华帝在内部成立了新兴渠道部，针对网购、团购进行布局。为了避免线上销售渠道与经销商渠道冲突，华帝在线上启用了专用产品线，避免与线下产品线重合。2013 年华帝喊出三年内年电商销售规模达 10 亿元的目标。

　　4. 方太的定位选择

　　方太的主要策略可以简洁地总结为三大定位：专业化、中高档、精品化。厨具专业化是行业定位，瞄准中高档是市场定位，精品是产品质量定位。这三大定位是方太总结过去五年高速发展得出的经验。茅先生希望这三大定位能够成为方太未来发展坚持的战略方针，他为方太提出的口号是：做专、做精、做强，然后再做大，方太品牌要成为厨房专家的品牌。打赢了抽油烟机这一仗后，方太又迈开了在其他厨具行业发展的步伐。2001 年方太投资 2 980 万元建设年产 30 万台中高档嵌入式灶具生产基地，后又推出海贝消毒碗柜和集成厨房。目前，公司具有年产抽油烟机 100 万台、燃气灶 30 万台、消毒碗柜 10 万台、整体橱柜 1 万套的生产能力。方太正在努力向专业厨具生产商的方向发展。

资料来源

欧阳严明．企业战略管理：方太厨具案例．博锐管理在线，2004 – 08 – 21．

思考题

(1) 试分析消费者需求特点与方太定位的关系。

(2) 试分析方太是如何与竞争对手区隔的？

(3) 你认为方太的定位策略会如何发展？

案例十 电子商务：新媒体时代下的"全民营销"

网易云音乐铁了心要将自身平台上累积的优质 UGC 内容贴满全世界。在"乐评专列"和"音乐专机"之后，这一次他们找来了农夫山泉，将精选出来的 30 条评论贴到 4 亿瓶农夫山泉的瓶身上。就在不久之前，网易云音乐刚刚进行了一轮品牌升级，将"音乐的力量"定为升级之后的口号，而这次和农夫山泉的联合营销成为品牌升级后的首次大规模推广活动。这款被称为"乐瓶"的全新包装产品，与原有包装最大的不同是瓶身印上了网易云音乐标志性的黑胶唱片图案以及精选的 UGC 评论。消费者还可以通过扫描附着在瓶身上的二维码，直接跳转到相应歌单，完成整个音乐体验的过程。

这 4 亿瓶农夫山泉从 2017 年 8 月 7 日开始在北京、上海、杭州等全国 69 个城市首发，与此同时，京东也从当天 12 点开始同步联合发售。在地铁乐评之后，利用饮用水这一渠道进行推广，成为网易云音乐的首选。贝恩的《2017 年中国购物者报告》显示，在快消品行业整体下滑的过程中，瓶装水品类的增速仍然十分迅猛，农夫山泉在过去一年甚至实现了超过 20% 的增长。实际上，快消品的整体衰落与其跟不上消费者的快速变化高度相关，但农夫山泉算是其中的一个异类。在过去的几年间，它持续地在营销层面发力，先后推出过多款颇具设计感的包装，并且进行过大量的创新尝试，例如与视频网站合作推出可以直接"跳过"的前贴片广告，颇受消费者好评。最新的一个例子是，它旗下的维他命水冠名了综艺"爆款"节目《中国有嘻哈》，成为今年综艺冠名中的一匹黑马。

显然，农夫山泉对年轻人市场的重视与网易云音乐一拍即合。在网易云音乐总计超过 3 亿的用户规模中，24 岁以下的用户占比达到了 54.8%，这是一个不低的数值。因此，当网易云音乐向农夫山泉表达合作意向时，双方迅速达成了共识。虽然对于瓶装水生产商而言，瓶身算是最为核心的资源，但基于可见的利益，农夫山泉也在沟通过程中迅速决定开放这一资源。毕竟对于它来说，营销活动本身可能带来的曝光量以及网易云音乐对年轻群体的覆盖，也颇具吸引力。与以往的"乐评专列"和"音乐专机"不同，此次合作有着更强的联合营销属性，农夫山泉和网易云音乐共同组成了一个10人左右的团队。虽然没有广告公司的参与，但整个活动仍然包括了视频广告、乐瓶设计和AR扫码等多个环节。AR扫码是此次活动的亮点之一，当消费者扫描瓶身的黑胶唱片图案后，手机界面就会出现一个沉浸式的星空，点击其中出现的星球就会弹出随机乐评。当用户发现那些被触动的乐评之后，就可以拍照甚至同框合影，并将图片即时分享到社交平台上。通过AR扫码增加可视化体验，让营销更有味道，也更能激发用户情感。将AR扫码与音乐结合在一起，在国内营销界也算是首例。为AR扫码提供技术支持的网易洞见是网易内部一个专注于AR技术研发的团队，为企业提供终端导购、品牌推广、创意体验等服务。当与农夫山泉达成了合作意向后，网易云音乐就向网易洞见提出了跨部门合作的请求，并提供了设计概念图纸和方向，随后一个全新的AR营销案例就迅速实现落地。

　　网易云音乐此次和农夫山泉的合作，不是单纯的包装焕新，而是一次视听结合的、给予用户更完整体验的联合营销。它带给营销界的另一启示在于，快消品包装本身有多大的广告营销价值，以及如何将这些价值挖掘出来。显然，快消品的核心优势在于多年积攒下的渠道优势。借助与经销商的良好关系，厂商们普遍能够迅速实现在全国范围内的铺货，这是新兴的互联网企业难以达到的。对于网易云音乐而言同样如此，当4亿瓶"乐瓶"被放上了中国大小城市的超市货架，它必然能够覆盖很多原本无法触及的人群。通过农夫山泉的下沉渠道，将辐射到三四线城市用户，达到更深广的领域。根据QuestMobile发布的移动互联网2017年Q2报告，网易云音乐今年6月的新下载用户已经达到了1 905万人，同比增长109.77%。但考虑到已经保有了3亿用户，单靠一二线城市用户下载的增长很难让快速增长持续较长时间，因此通过这样的营销活动寻找增量市场是明智的决定。

　　为消费者创造出更舒服的营销氛围和场景，让他们对营销信息抱有更为积极的态度，会成为未来借助快消品包装进行营销的重点。网易云音乐和农夫山泉想清楚了这一点，这次合作也就水到渠成了。

资料来源

　　（1）陈亮途．全民营销：如何用互联网思维做好口碑传播．中信出版社，2015.

　　（2）申晨．全民社交．北京联合出版公司，2015.

　　（3）陈炳祥．跨界营销："互联网+"时代的营销创新与变革．人民邮电出版社，2017.

思考题

　　（1）在跨界营销中要考虑哪些因素？

　　（2）在全民营销的新媒体时代，如何发掘和利用消费者的创造力，提升企业营销宣传活动的实际效果？

第三章　消费者行为学案例

案例一　宜家，用"五个沟通"征服消费者

"为大多数人创造更加美好的日常生活"是宜家自创立以来追求的目标，其始终秉承"为尽可能多的顾客提供他们能够负担、设计精良、功能齐全、价格低廉的家居用品"的经营宗旨。中国市场已在宜家全球战略中享有举足轻重的地位。

品牌的竞争力源于消费者的认知，而要强化消费者的认知，就必须与消费者进行全面而又深层次的沟通。宜家的做法是五个强化：

第一个强化消费者认知的是品牌定位。宜家的产品定位于"低价、精美、耐用"。比如"低价"，在宜家的卖场里以"价格"为宣传的资料比比皆是。在客厅区，宜家会醒目的告诉你："一个完整的客厅只需要 2 599 元"，并标明每一款家具的价格，加起来正好是 2 599 元。另外，还有"限时优惠"的大字会刺激你。当然，宜家所做的并不止这些，而是与消费者进行更深入的沟通——"为什么宜家有如此物美价廉的产品"，随之从几个方面为消费者提供满意的答案。如：宜家的货品量巨大，可以为顾客提供更多的优惠；宜家采用平板式包装，可以降低仓储和运输费用；顾客要自己动手组装宜家的家具，由此就节省了组装费，等等。通过全面深入的沟通，宜家在消费者的心上打下了深刻的"低价"印记。

第二个强化消费者认知的是产品沟通。由于消费者对家具产品是处于信息严重不对称的状态，家具的质量是消费者在购买家具时最为关注的因素之一。然而，消费者并不能从家具的表面了解到产品的质量是否可靠，以床垫为例，宜家会通过图示，将产品进行分解，告诉消费者产品使用了什么样的材质、它能承受的重量。剩下的就是消费者如何根据自己的身高和体重来选择合适的床垫了，另外宜家还会提醒消费者"躺下来试试"，甚至还会"搬"出它的设计师的相片——向消费者承诺产品的品质。

第三个强化消费者认知的是终端沟通。家具的终端是目前家具最重要的传播媒介和品牌的表现机会。但终端的沟通，并不是陈列、促销、现场气氛营造等外在形式这样简单，而是一个综合的系统工程。比如，在情人节期间，宜家会推出"三色"系列产品组合，名曰"红色恋情""橙色友情"和"蓝色亲情"，让整个卖场沉浸在色彩的海洋中。如在"红色恋情"系列产品中，宜家准备了红色的地毯，红色的窗帘、蜡烛，还有红色的靠垫和壁灯，营造出的浓浓人情味，让消费者倍感亲切。在宜家的终端里，如果你因带了小孩而感觉购物不便，可以把孩子放到儿童乐园里；如果你渴了，可以来一

杯咖啡或者一瓶饮料；如果你饿了，可以来一份正宗的欧式甜点；如果你累了，可以在沙发上歇一歇……宜家的点点滴滴都能让你感动。

第四个强化消费者认知的是媒体沟通。宜家做的广告并不多，在与消费者的沟通中，更为倚重的是《美好家居指南》——产品目录手册。邮寄产品目录手册是宜家与消费者沟通的"撒手锏"。宜家的产品目录手册由来自全球的150位专业家居设计师和摄影师参与制作，并向宜家的消费者群体免费赠阅。产品目录手册全部采用彩色印刷，将宜家的产品有机地结合在一起，并给每一种产品起了一个好听的名字，便于消费者识记和查询。产品目录手册为消费者选择宜家产品提供了更为直观、简洁的方式；其融商品信息、家居时尚、家居艺术为一体，并能指导消费者如何布置个性化的家居生活环境。宜家产品目录手册是深入人心的品牌渗透，效果也是其他传播手段所难以企及的。在与消费者的直面沟通中，产品目录手册更易打动消费者的心，因为它传递的不仅仅是产品的价值和性能，更重要的是它激发了消费者的需求欲望。

第五个强化消费者认知的是服务沟通。服务沟通分为售前、售中、售后，通过多方面的沟通让消费者对产品产生兴趣、进行了解、产生好感、增强信任，直到促成购买。家具产品由于其独特性，服务沟通显得更为重要。在服务沟通的工作中，重中之重是做好售后服务。比如，消费者购买产品后不满意可在60天内无条件退款；建立好客户档案，跟踪消费者对产品使用的满意程度，定期或不定期地加强与消费者的联系。通过与消费者的服务沟通，赢得消费者的信任和好感，树立和巩固自己的品牌形象。

资料来源

谭维金. 解读宜家成功思路　五大沟通成就商业模式. 价值中国网.

思考题

（1）试论述消费者的心理活动过程。你对"打造品牌的过程就是不断强化消费者的认知的过程"这句话是如何理解的？

（2）结合案例，谈谈你对宜家用"五个沟通"强化消费者的认知、增强品牌竞争力，从而赢得市场的看法。

（3）关于服务，宜家还需要做些什么改进？

案例二　工薪阶层购买汽车的信息收集

基本信息：李先生，西安人，33岁，年收入15万元左右。

家庭成员：妻子和2岁的儿子。

爱好：休闲时间开车外出游玩。

对车的要求：喜欢SUV，价格在15—18万，要求汽车具备安全、自由自在、豪迈的感觉。

因为打算买一辆 SUV，李先生和妻子参观了西安的车展。这是他第一次去逛真正意义上的车展。进入展厅，各种 SUV 让他目不暇接。由于来之前李先生做了功课，了解到 17 万左右的车价，只能买国产品牌的车，所以他在展馆里看的都是自主品牌车型。

海马品牌的展台紧挨着展厅门口，看的人不少。展台上挂了一个大大的条幅，展示了本次展会上订购了海马汽车的消费者姓名和车型。李先生仔细看了看海马 S7，认为虽然高配车型看起来样式还可以，价格也不太贵，在他的预算范围内，但是不知道该车性能如何，在西安市场上这款车似乎也不多见。

由于李先生对 SUV 的信息了解还不够，打算多看看，于是他来到东风风神 AX7 面前。李先生觉得 AX7 的优点是外形很硬朗，挺帅的，坐进去感觉空间特别大，在同级车里应该是最大的，后备厢空间也足够大，但内饰做工一般，后排座椅的头枕偏高，头靠上去有点不舒服，而且 2.0L 高配版车型都没有配置驾驶员电动座椅调节。高配版 AX7 报价 14.97 万，在现场不能够试驾让他有点小遗憾。一旁的销售员总是问今天订不订车，她急切的心情让李先生很反感。

李先生看的第三台车是长安 CS75。他仔细看了 CS75，觉得内饰还可以，配置也不错，1.8T 发动机，动力是够了，就是不知道发动机质量是否稳定？在西安能见到不少 CS75，它的上市时间长，而且在百度贴吧里的口碑还可以。李先生认识两位 CS75 的车主，他们都反映这车还行。综合比较下来，CS75 虽然外形像路虎，但感觉还是挺有特色的，发动机好像是自己研发的。

李先生又看了奔腾 X80，这个品牌有家 4S 店离他家不是很远，此前闲逛进去看了一下，店里的销售服务态度也非常好。一汽奔腾做的汽车金融不用付全款，只要付 50% 车款，不用麻烦的手续就可以提车。在展会上，李先生试驾了 X80，行驶过程中有一个很高的坡，还有一个侧倾斜角度非常大的路段。他感觉车要翻了，但是并没有，后面还试了石子颠簸路。试驾下来李先生觉得这车还算可以，没有特别不舒服的地方。

长安马自达 CX－5 这款车，之前李先生没太关注过，不过认为其看起来挺好的，样式中等，报价 15.98 万元，而且是合资品牌车，品质有保证，价格接近他想买的国产车里的高配版。

看完车展回到家，李先生的妻子觉得朋友家购买的都是小轿车，所以她还是喜欢轿车多一些；而李先生一直坚持 SUV，因为他最看重的是车的空间，可与此同时他心里也在犯嘀咕：买个国产 SUV 划算吗？为什么不去买个合资品牌的小轿车呢？而且合资品牌里面很少有 17 万元左右的 SUV，买合资品牌的车就会超出预算很多。

中国很多老百姓都买合资品牌车。第一，它质量可靠；第二，市场保有量大；第三，车辆保值，要再出手卖也容易；第四，在现阶段中国社会，车在中国不只是交通工具，而且是身份和地位的象征，通俗地说就是面子问题。买个合资品牌车多有面子，如果是进口车，那就更有面子了。李先生觉得他应该代表了一部分像他一样收入不高的，又想挑选一辆称心如意车的购车者的纠结心理状态。

再看看如今的中国汽车市场，无论是哪个领域、哪个价位的车型，都有同行竞争，品牌之多，让消费者不好选择。那么多车型看得李先生眼花缭乱，具体该买哪款车呢？李先生觉得还是多问问朋友、同事，再考虑考虑。

资料来源

　　彭波. 一个典型二线城市汽车消费者的解读. 上海汽车报, 2015 – 12 – 06.

思考题

　　（1）李先生的购车行为属于哪种类型的购买行为？

　　（2）从李先生选车的过程中，归纳出中国消费者购买大件耐用消费品时是如何处理信息的、何时从哪些方面搜集相关信息、哪些信息来源影响大些。

　　（3）结合该案例讨论，消费者购买私家车的动机和决策的特点是什么？

案例 三　斯沃琪手表的成功之道

　　斯沃琪（Swatch）是世界上腕表保有量最大的腕表品牌，也是全球知名的时尚腕表品牌。Swatch 品牌定位于时尚、运动、音乐和艺术创造。Swatch 手表一直以来向消费者传达着高质量、低成本、时尚与纪念并重的理念，就如它所代表的含义一样 Swatch 手表是一份珍贵的纪念品、一段历史的回忆，更是一份情感的寄托；同时还带给人们一种全新的观念：手表不再是一种昂贵的奢侈品和单纯的计时工具，而是一种"戴在手腕上的时装"。

　　首款 Swatch 手表凭借其革新的理念、创意的设计和进取的精神而一鸣惊人。如今，Swatch 也始终锐意创新，不断推出令人惊喜的时尚款型、系列和特别款手表。从诞生伊始，Swatch 就与艺术和艺术家紧密相连，而手表本身也迅速成为世界各个领域当代艺术家们的创意画板。

　　因为 Swatch 手表能很好地迎合现代消费者的心理需要，因此很受潮流年轻人的喜欢。另外，Swatch 手表的促销技巧也充分显示了该产品对人们心理需要的深入熟悉与了解。举例说明如下：

　　（1）每年都推出新式手表，以至于人们都焦急地等待新产品的出现。许多人拥有的 Swatch 手表不止一款，因为他们都希望在不同的时间、场合佩戴适合的手表以传递信息给不同的人。据说有一位商人拥有 25 块 Swatch 手表，每天都根据西装、领带及衬衫搭配不同的款式。

　　（2）所有的 Swatch 手表在推出 5 个月后会停止生产。因此即使最便宜的手表都具有收藏价值。而且它每年分两次推出数目有限的时髦手表设计版本，且只生产 4 万只，而收藏家的订单却常常达 10 万份之多，于是公司只好举行抽签活动来决定谁能成为幸运者。

　　（3）在里斯本博物馆专门设有数目有限的 Swatch 手表陈列台，并有防弹玻璃的保护。这种设计常常给游客以强烈的刺激，让人觉得佩戴这个品牌的手表将得到世界时尚和尊贵的认可。而公司将自身拥有的几百万美元的"Swatch 情感经历"进行展览，并在全世界周游展出。

　　2015 年 10 月 14 日，Swatch 在上海非常隆重地召开了首次全球新闻发布会，发布了一款叫做"Swatch Bellamy"的全新"支付手表"。对于该表，首先要弄清楚以下几点：

（1）它只是一款额外附带了支付功能的、普通的功能性石英手表。

（2）它的支付不需要联网在线、不需要下载和使用任何APP、不需要耗费手表电量，它就是手表上多了一张微缩的、可以进行酷酷"闪付"的信用卡。

（3）购买它，只需要几百元人民币，这让你在获得一只喜欢的Swatch手表的同时，还额外多了一个很牛的NFC（近场通信）非接触支付功能，也就是说，有了这块手表，你的兜里就不必再装信用卡了！

（4）最重要的是这块表不需要充电、不需要每天担心它黑屏死机，如同以往的Swatch手表，一块小小的薄片电池可以让你不用操心电量，连用好几年。

（5）它的支付功能是和中国最重要的银行卡联盟组织——银联进行合作。这是什么概念？就是Swatch通过与中国权威银行卡机构银联的合作，打开了巨大的中国市场，就这一点，就让很多正在急于实现或尝试实现中国地区支付功能的类似产品和手机厂商难以与其相比。

钟表行业NO.1集团下属品牌无可比拟的技术实力优势，加之银联、交行、非接触支付方面权威技术公司的强强联合，Swatch这款支付手表的安全性将是令人信任的。首先它不需要联网在线的NFC闪付模式本身就避免了相对危险的网络潜在风险，安全性更强。

Swatch手表的用户有很大一部分是年轻人，这一人群喜欢轻松、便捷、时尚和不一样的东西。所以Swatch Bellamy手表一经推出，再加之如此亲民的价格和佩戴Swatch手表的习惯马上受到年轻人的青睐。很多年轻人使用这种酷酷的、特别时尚的支付方式，在朋友面前展现和炫耀最先进的"一闪即过、不用复杂支付动作"的炫酷支付方式。

资料来源

斯沃琪支付腕表将改变我们的生活. 中国钟表网，2015 – 10 – 22.

思考题

（1）90后的消费者心理和消费特点有哪些？

（2）结合案例分析，Swatch是如何针对其特点开展营销，从而取得巨大成功的？

（3）你对Swatch在中国推出Swatch Bellamy的全新支付手表感兴趣吗？说说理由。

案例四 女性专属信用卡解析

随着中国经济的不断发展，内需增加迎来消费热潮，汽车、房地产、家电、服装、餐饮等行业成为消费热点。银行信用卡市场也发挥出了行业消费的潜能作用。银行纷纷与各行各业进行多赢合作，推出五花八门的信用卡业务来拓展市场，为消费者带来更多实惠、更多畅想。

研究调查发现：女性更倾向于采用刷卡消费的方式来代替现金消费，刷卡消费次数高，而且女性通常情况下负责包括衣食住行等在内的家庭日常开销，这也使得其成为刷卡消费的主力军。目前，女性客户尤其是高端女性客户更加受到银行的关注和追捧，中国银行、广东发展银行、华夏银行、民生银行、招商银行等联手美容、健身、服饰等行业，竞相推出专门针对女性审美和消费习惯而设计的女性信用卡，并努力升级各项服务，以扩大女性市场的份额，找到新的利润增长点。

比如中国银行与万事达卡国际组织宣布联合推出国内首张采用特殊镜面设计的钛金女性主题信用卡——中银钛金女士信用卡。这是首款面向都市中高端白领女性发行的符合国际标准的信用卡，秉承着中国银行一贯为客户提供全方位、高品质金融服务的宗旨，其旨在满足现代女性消费者追求品质、时尚、健康的诉求，并充分展现"Love Yourself 爱自己，更美丽"的新生活、"新钛度"。此卡一经推出，立刻得到女性消费者的青睐。

世界各地的银行出现了一股努力迎合女性消费者品位的潮流，他们推出的信用卡除了可以带香味，还能由客户上传自拍照，甚至还可以镶嵌钻石。

女性信用卡的优惠服务表现在：

（1）实惠的增值服务。如广发真情卡、中银钛金女士信用卡等的实惠增值服务，其中就包括赠送女性健康保险、重大疾病保险、购物保障保险、旅游意外保险等。

（2）有回报的消费。女性信用卡积分可兑换美容券、电话卡、加油卡等，这种有回报的消费，让众多女性朋友在消费的同时，受到很多回报赠送。

（3）享受优惠多。很多女性消费的场所都会特别针对女性信用卡做一些特别的打折促销活动。另外，银行也会不定期地搞一些特惠活动，赠送消费券或小礼品。

然而目前女性信用卡营销存在着六大难题需要破解：

（1）定位模糊。女性只是一个族群概念。女性信用卡的目标是定位于高端客户，还是定位于普通大众？是满足时尚，还是追求现代？从目前各家银行的市场营销来看，它们只是对卡类做出了女性区分，并未对女性人群进行分析和准确定位，因此，营销中往往就会出现吃力不讨好，或者是事倍功半的效果。这首先是营销定位不对——自己定位模糊就难被别人定位。

（2）主题不清。由于定位模糊就导致营销主题不清。市场缺少鲜明的营销主张，不能产生强有力的社会影响。因而在市场营销中就有人会问广发真情卡是有真情的人才能办卡还是银行在宣称对客户真情服务？让人看不清。中信的魔力卡是卡有魔力还是办卡的人有魔力？让人看不明白。招行的瑞丽卡让人在审美疲劳中从众随行。由于营销主题不清，在越来越多女性信用卡问世之后，反而使女性信用卡走向迷茫。

（3）营销单一。提起营销，习惯的思维就是花钱做广告。其实，让我们回过头想想昨天看过的电视，能清晰地回想起的广告不会超过一个，甚至很多广告你根本没记住。在信用卡的营销中往往会出现错误的观点"广告决定论"——企盼广告能毕其功于一役，而忽略多样式的宣传促销。

（4）服务不一。由于信用卡服务是一个系统工程，涉及每个细微环节的统一服务的落实执行，而柜台、Call Centre、网站、一线市场、后台等每个环节稍有不慎都会被投诉，影响品牌。

（5）功能简单。女性信用卡不能只做卡版的更换和名称上的变化，也不能仅停留在透支、刷卡消费、积分有礼、通行国内外、退税服务等一般服务，更多的功能服务等待完善，因此应充分研究需求，开拓女性市场。

（6）文化不浓。文化创造品牌，而女性信用卡在营销中浅尝辄止，开发不足，不能折射出浓厚的文化底蕴，因而产品未能实现向品牌的飞跃。

我们研究发现，由于不同的区域经济环境、文化环境有很大差异，因此女性信用卡营销不应该千篇一律，应该根据消费者不同的消费习惯和消费文化进行营销。

资料来源

（1）中行携手万事达卡推出首张镜面钛金女士信用卡. 中国经济网，2009 - 04 - 22.
（2）孙祺然. 女性信用卡营销需要突破六大难题. 成功营销，2007（7）.

思考题

（1）结合案例分析影响女性信用卡销售的因素有哪些？
（2）应该如何充分考虑目标女性的心理因素及购买动机，实施合理的营销手段？
（3）由于不同区域经济环境有很大差异性，如何根据消费者的生活方式来进行女性信用卡的营销？

案例 五 消费者的观察与营销

2015 年 1 月 1 日，马睿思出任宝洁大中华区总裁一职。到华后，他挑选了一位消费者李小姐进行了长期的随访调查。9 个月后，马睿思已经能清晰地描述李小姐的一些生活习惯的细节。

李小姐今年 29 岁，本科学历，是一家贸易公司的经理。她三年前结婚，她先生在 IT 公司工作，是一名软件工程师，他们的家庭月收入在 25 000 元人民币左右。她白天上班前会使用洗面乳、爽肤水、精华液、日间润肤霜、防晒霜、粉底，最后化妆；晚上睡觉前，她会使用卸妆液、爽肤水、精华液、夜间润肤霜、眼霜；每周做一到两次面膜。现在李小姐有一个刚出生不久的宝宝，因此她每周至少为宝宝准备 22 片纸尿片；对宝宝的衣服，她使用特别为宝宝设计的洗衣液。李小姐至少有一半的购物都是在网上完成的，包括宝宝、丈夫以及自己使用的产品。

马睿思表示，不管世界怎么变，如果你想取得成功有一点是永远不会变的，那就是服务好消费者。

第一，在每一个关键时刻做到最好。

在电商时代来临之前，这些关键时刻分别是在她接触到品牌、了解产品或服务的信息，并开始初步形成购买的概念的时候；她在商店看到货架上的商品，并做出了最终选择的时候；以及购买了产品，并使用产品的时候。这每一个时刻都是我们让她高兴的机会点，要赢得消费者的欢心，需要在每一个关键的时刻都给她好的体验。

随着中国消费者的生活习惯和消费行为越来越多地向互联网转移，消费者购物方式、地点、渠道、获取信息方式也都发生了翻天覆地的变化：消费需求从单一的产品功能延展到身份象征、情感诉求、品牌形象等；接触品牌信息的渠道正进入全时在线、多屏数字化时代；购买习惯及付费方式从商场、传统零售业发展到在线平台。马睿思说，宝洁也必须紧随消费者的脚步，寻找最能打动消费者的时刻，最能赢得消费者的方法，并将这些点对点的创新植入日常经营的每一个环节，从而赢取每一位消费者的心。

第二，跟随消费者变化的脚步。

由于消费者非常愿意在网上分享她的使用体验，因此，确保积极的产品体验会为宝洁创造一个良性循环，在关键时刻去影响更多新的消费者则非常重要。比如现在牙刷行业跟消费者的关系非常弱，大部分人都不会太多地考虑购买哪个牌子的产品。宝洁旗下的欧乐 B 开发了比手动牙刷拥有更优异性能的电动牙刷，然而目前仅有 2% 的中国消费者使用电动牙刷，宝洁的挑战在于如何说服人们改变他们的习惯并改用电动牙刷。

马睿思在调查李小姐的几个月时间里发现，她先生对数码产品、科技、汽车非常感兴趣，他非常愿意尝试新鲜事物。这启发了宝洁如何针对这些技术爱好者，布局欧乐 B 电动牙刷在中国市场的营销。为了制造更多关于电动牙刷的舆论，宝洁在目标消费者经常出没的上海 CBD 区域放置了一个神秘的集装箱，邀请人们体验每分钟 48 800 转的感觉，因为尝试新事物也是目标受众很重要的一种生活方式，这很快引起了很多人的关注和线上讨论。然后宝洁请到了中国史上首位 F1 赛车手来揭幕这款新产品，这在目标人群，也就是对速度、汽车、运动感兴趣的人群中进一步产生了更强的口碑，并在所有接触到消费者的渠道中，包括社交媒体，线上、线下活动，媒体报道，都确保有链接到电商平台的渠道，让消费者可以直接进行购买。由此，欧乐 B 蓝牙智能电动牙刷在中国取得了耀眼的成绩。

资料来源

宝洁大中华区新总裁如何讨好中国的新"老板".网易财经，2015 - 09 - 14.

思考题

（1）为什么宝洁大中华区总裁马睿思走马上任后，会选择一位消费者实施长期的生活细节的观察？

（2）结合案例谈谈你对宝洁欧乐 B 蓝牙智能电动牙刷在中国取得了耀眼成绩的看法。

案例六　购买跑步机的故事

张先生和张太太都是普通工薪阶层，张先生每月的工资都用来付按揭的房款，张太太的工资每个月有 6 000 元，用于家庭的日常开支。因为两人没有孩子，二线城市的开销也不算大，所以两人偶尔也可以出去"潇洒"一下。今年一月，农历新年将至的时候，各大商场纷纷推出了打折优惠措施，让利销售的宣传铺天盖地，于是夫妻俩相约去商场逛逛。

商场里人头攒动，到处都洋溢着过年的气氛。夫妻俩逛到四楼，看到某品牌跑步机正在搞促销活动。张先生一眼看中了，虽然以前从没想过要买跑步机，但看着东西不错，还赶上打折，想想买回去也用得着，就开始做妻子的思想工作。"老婆，现在雾霾这么厉害，在家使用跑步机已经成为一种潮流，而且平时工作忙也没时间出去锻炼身体，我们也买个跑步机吧，趁现在打折便宜，平时买要花四五千元呢。"想着要花掉近三千元，张太太犹豫不决。一旁的促销人员耐心地介绍着跑步机的好处和特点，"平板式跑步机是让人主动在上面运动，所以使用感就像普通跑步一样。它的电子表可帮助训练者记录下时速、时间、心率、热量、节拍、距离等指标，使您随时了解自己的训练情况，可以进行有目的的调整，长期看比去健身房还划算，这可是我们难得的优惠活动啊……"。最后，夫妻俩还是买了它。

第二天，跑步机送上门，夫妻俩才发现房间里无处安放。最后腾出一个小角落，安装好机器。张先生迫不及待地上去跑了两分钟，张太太也上去试了试。两个人感觉都不错，机器的性能很好，都说这回可买到了好东西，占了大便宜。可在随后的时间里，过年期间大事小事不断，夫妻俩深感疲惫。春节过后两个人又开始了紧张的工作，一天天的忙碌让他们根本顾不上跑步。周末到了，张先生正式开始用跑步机锻炼，上去跑了一会儿，觉得没感觉，也没成就感。

直到现在，这个高档消费品仍静静地摆在角落里，完完全全成了一个装饰品，从跑步机变成了"摆设"。回头想想，张先生感觉非常不值得。他说："东西摆在商场里面总感觉挺好，可真正买回家里，用过之后就没什么新鲜感了。心里老是想着锻炼身体等有时间、有心情再说吧，就这样用过一次之后就一直放在那里。"尽管不是自己主动提出的倡议，但张太太也仍然感到后悔。她说："没用也就算了，我家里地方本来就不大，再放这么个东西，空间就显得更窄了，花那么多钱买的东西，送人也不是，扔了更不可能，现在想想，真是花钱给自己买罪受。"原本可有可无的消费品，就因为一时冲动而买了回来，真正有用也罢，但事实上，很多人在没有心理准备的前提下购买的消费品都不是生活必需品，最后往往沦为"摆设"。

资料来源

王晓明. 把"激情式消费"拉到"理性地带". http：//www. jl. xinhua. net.

思考题

（1）消费者原本并无购买跑步机的打算，最后却实施了购买行为，试分析影响消费者购物情绪的因素有哪些？

（2）针对该个案，谈谈你对消费者购买心理活动的认识。

（3）用态度转变理论解释案例中男主人公由最初的感觉不错到最后的感觉非常不值的心理转变。

案例 七　以场景来触发消费者的购物欲望

　　电商的发力，令不少超市的生意或多或少受到影响。为了应对电商对超市的冲击，吸引顾客从线上回流到线下，近年来商家在店内的场景化建设和顾客消费体验方面下了很多功夫。最近，不少消费者反映，如今到超市逛逛，除了购买商品之外，超市的一些场景、一些商业上的做法也很有趣。

　　一家大型超市最近打造的消费场景主题是"我们踏春去"。与之前商家所提出的打造"一站式购物"口号相比，现在这个场景更容易被消费者所接受。它预设的就是三口之家在阳光明媚的日子里进行短途旅行所需要的产品，例如防蚊贴、帐篷、休息垫、旅行袋、小推车、雨伞等都被安置在同一情景中。不少顾客在围观的同时，也会将家里所欠缺的商品放进篮子里。据防蚊贴促销人员介绍，自从打造了这种场景，同类产品的销售额比之前大概增长了25%。

　　深圳 KK MALL 的 BLT 超市里也布置了不少场景：有和朋友聚会、喝咖啡的角落，有透明厨房烘焙区域，有儿童成长购买片区，也有白领健康饮食柜台……

　　例如白领健康饮食柜台，这里的沙拉品种比较丰富，一盒沙拉里大概有五六种时令水果，而且分量恰到好处，每逢中午，不少喜欢吃健康餐的女性白领基本人手一盒。而且在这些沙拉附近，摆放着不少商家精心选择过的产品：帮助消化的乳酸类饮料，在女性白领中好感度比较高的纸巾，还有小勺、牙签等商品，种类丰富。有工作人员介绍，这种联想式消费模式是经过很多次试验得出来的宝贵经验。因为购买这些健康沙拉的，大部分是周围的女性白领，她们崇尚健康，当然也会将"减肥"挂在嘴边。这个群体其实对自身的要求比较高，例如她们希望沙拉早点消化，所以乳酸类饮料自然会成为她们的选择；有的白领是在室外就餐，而且很可能和同事一起进餐，所以她们有可能会一起购买纸巾、小勺、牙签等商品。而且通过一些数据分析发现，购买沙拉的顾客，有很大比例会购买其他相关产品。商家希望打造这种联想式消费模式，一方面可以给顾客带来良好的服务，另一方面也可以提升超市的总体业绩。

　　例如喝咖啡的角落，营造的是国外小资情调，在这个角落的人喜欢看咖啡蒸漏过程，喜欢聊时尚的话题，会带最新的咖啡品种回家，会在这里形成自己的社交圈子。所以，超市在赚钱的同时，也在给顾客传递一种全新的生活方式。

　　为什么现在超市里会出现这么多所谓的场景化体验？因为顾客需要。不少顾客都觉得这种形式的消费情景非常有趣，因而逗留的时间也会更长。某运动能量饮品供应商表示，由于竞争激烈，一般的品牌推广已经很难刺激到消费者的神经。某大型超市负责人也认为，场景化建设应该成为超市业近一段时期需要调研的项目，未雨绸缪地计划好一些场景进行铺开和预热，对顾客、供应商和超市本身都会带来很多的好处。

资料来源

陈勇坚. 一切都为讨好消费者　超市兴起"联想消费". 南方都市报，2016 - 04 - 01.

思考题

（1）描述一下都市白领的消费心理。

（2）结合案例谈谈你对超市进行场景化体验的看法？你在实体店购买商品时有类似的体验吗？

（3）运用联想式消费模式打造"懒人经济"，商家应注意些什么问题？

案例 八 中老年人对移动支付的态度

如今，不会网购的人似乎落伍了。足不出户就能享受到网购的便利，一些中老年人禁不住诱惑，纷纷"试水一把"。然而，因为网购要通过支付宝、微信支付等方式进行付款，一些对网络支付功能不熟悉的中老年人便遭遇了支付"困境"。

家住吉祥小区的黄康东先生今年 56 岁，他告诉调查人员，他知道支付宝是什么，但不会使用。他说，2015 年"双 11"的时候，他想上网购买一件衣服，但因为不知道如何使用支付宝而没有购买成功。

继微信宣布与家乐福中国合作在线下超市推行微信支付后，近日，支付宝也与家乐福中国合作推行支付宝支付。阿里与腾讯的移动支付之争升级，争抢线下零售商资源。这次腾讯带着微信支付"杀入"线下支付平台，据他们自己说，在"互联网+"的趋势下，越来越多的传统行业想改变其消费场景，给用户带来更多便利，以此吸引更多的用户。但是更多的用户在哪里？调查显示，中老年用户便是他们最大的拓展用户。之所以这样说，是因为现在玩微信的中老年人不少。2015 年春节期间，他们就打出"教父母抢红包"的宣传，"双 12"期间联合超市、便利店、面包店等推出的 5 折优惠活动，也是旨在争抢"大妈"。

另外，对于支付宝、微信等电商而言，与超市、商场合作也是在争夺并引导用户从PC 端往移动端迁移，培养用户使用手机支付的习惯。

用支付宝、微信等支付商品货款，对于商家来说，既不用准备零钱，又不用找零钱，收款效率会提高，很是方便。而对于消费者来说，平时出门未必需要带钱包，只要带上手机就可以了。

调查人员在世纪联华西湖文化广场店观察到，10 位在收银台结账的消费者，只有 3人使用支付宝或微信。80 后消费者雷小姐便是其中一位，她告诉我们，自己住在超市附近，平时常来购买一些水果、蔬菜和零食。她表示，"因为离得近，平时拿了手机和钥匙就过来买东西了，不用再拿现金，感觉挺方便"。

"年纪轻的比较容易接受吧，像我们不怎么会用手机，也没支付宝什么的，还是现金支付最方便。"在超市购物的周女士 50 多岁，她笑称移动支付是年轻人的玩意儿。这一点，调查人员从超市工作人员处也得到证实，使用支付宝或微信支付的消费者以 80后、90 后的年轻人为主，中老年消费者很少用。但是，消费者陈先生年纪不大，看上去 30 多岁，他不常用的原因很特别，但又是客观存在的现实。他说，自己也曾使用支付宝在超市里支付货款，但使用体验并不理想。"如果排队的人不多，确实会快很多，但人一多，其实一样要等很久。"另外，陈先生还表示，在支付时如遇网络不稳定等情况，支付所需时间会更长，"有一次买单的时候，怎么支付都不成功，等了很久最后还是用现金付掉了"。为了避免浪费时间，他比较愿意选择现金支付。

一些商店也可使用支付宝和微信支付。一家销售水果的商店，就有支持支付宝支付的模式，收银台上有一块牌子，上面写着"使用支付宝支付可以享受优惠"的字样。正在店里购物的市民刘向洪先生告诉调查人员，他的手机并没有安装相应程序，自己也不会操作，所以只能现金交易，无法享受优惠了。而另一位市民李贵珍阿姨则认为，下载使用支付宝太麻烦了，自己年纪大了不会弄，而且还要绑定银行卡，有点不安全。该店店主杨小姐告诉调查人员，为了鼓励和帮助中老年顾客使用支付宝，他们采取了很多办法，包括在收银台张贴宣传单，指导中老年顾客安装使用支付宝，甚至派员工为中老年顾客讲解支付的操作步骤，但收效不大。

资料来源

（1）网购，中老年人遭遇支付困境 . 新浪网，2015 – 12 – 21.
（2）阿里与腾讯移动支付之争升级：争抢线下零售商资源 . 电商报 .

思考题

（1）如此便利的支付方式，为何中老年消费者的接受程度不高呢？
（2）结合案例讨论一下，改变中老年消费者对移动支付的态度的途径有哪些？
（3）目前我国移动支付的问题有哪些？该如何改进？

案例九　心理定价

1. 苹果手表的定价

苹果手表在问世两年前已经吸引了全世界的目光，2015 年 3 月 9 日所有设定全盘托出。在一片眼镜落地声中库克发布了总共 38 款手表的价格，分为 3 000 元以下的屌丝版、4 000 到 8 000 元的小资版和 8 万到 12 万的土豪版（对应运动版、普通版和经典版）。

苹果手表的做法是先从各大奢侈品品牌挖人，巴宝莉、伊夫圣罗兰（YSL）、豪雅手表（Tag Heuer）都不能幸免，亮出进军奢侈品行业的架势。然后宣布全 18K 金表身，这让全世界都相信苹果要做奢侈品了。上市前夕，苹果花巨资在各时尚杂志和秀场上亮相，中国超模刘雯在中国 Vogue 上的代言让所有人都疯狂了，苹果手表已经找到了消费者——中国土豪。苹果给一个电子消费品套了一个黄金马甲就定了个奢侈品的价格，合理吗？不合理，但苹果压根儿就没有想让你买，只是让你觉悟：有了一个 12 万元的版本，你还在奢望 2 000 元就能买块苹果手表吗？有了一个贵得离谱的土豪版把苹果手表锚定成了奢侈品，苹果接下来开始建立扭曲的参照系了。

然而消费者一定会注意到虽然苹果手表的价格高于其他竞争对手两到三倍，但重要的功能几乎没有差别。理智的消费者一般只会恋恋不舍地抚摸几下，然后默默走开。但有了土豪版，情况就完全不一样了。如果导购在你试用小资版的时候，轻轻在你眼前放一块12万元的土豪版苹果手表，并告诉你除了外壳，其他都和你手中6 000元的小资版一模一样，你是否会拿了小资版赶紧刷卡走人？当消费者的价值体系被土豪版践踏得粉碎之时正是小资版性价比凸显之时，最后小资版成为销量奇迹。

2. 打印机的定价

西蒙顾和为一家打印机厂商做过价格评估。他们提供了三款打印机，价格分别为200美元、300美元和400美元，其中第二款卖得最好、销量最大。西蒙顾和建议客户增加一款打印机，第四款打印机并不是一款全新的产品，只是在第三款的基础上加了一两个功能，但是价格为600美金。销售结果显示，当增加了第四款打印机后，第三款打印机的销量大幅度上升。

3. 杭州甘其食包子的两次涨价

"天啊，房租、人工都在涨，我想涨价！可是顾客因为这两块钱不来了怎么办……"开始，杭州甘其食的菜包从1.0元涨到1.5元，人气依旧爆棚。而当包子从1.5元涨到2元时，就没那么顺利了，销量明显下降了很多。街坊邻居普遍觉得包子有点贵，不划算，即使给老顾客发放了0.5元的包子抵用券，也没能挽救局面。

资料来源

(1) 贵到离谱？请君入瓮的苹果手表定价策略. 虎嗅网.

(2) 避开1个误区，get 4个技能，就能让顾客多掏腰包依然爱你. 世界经理人网.

思考题

(1) 苹果手表和打印机的心理定价方法分别是什么？它们各自的特点有哪些？

(2) 杭州甘其食包子第一次涨价50%没有影响销量，第二次涨幅33%，为什么消费者会产生认知失衡？如果商品必须要涨价，该如何运用技巧？

(3) 试举一些心理定价方法，并谈谈你的感受。

案例十　"显摆"的感染力

叶小姐（某广告公司的文案创意人），今年26岁，每天早晨到公司，她一定要打开MSN、微博和55BBS之后才开始一天的工作。休息间隙，叶小姐喜欢在茶水间和一帮同事谈论一些生活话题："你知道吗？我刚在立顿的淘宝旗舰店买了8周收腹的立顿立雅茶，因为我在电影《杜拉拉升职记》中看到吴佩慈在喝。""原来你也看了《杜拉拉升职记》啊，明星们都是喝这个保持身材的。""我告诉你们，唯品会、美丽购有打折信息了，有些还是很不错的牌子。""我知道万豪酒店在搞'万豪礼赏——万友引力'活动，可以免费领取水疗 SPA 优惠券，想想在春季做个水疗 SPA，养生的同时，也是种绝佳的享受呢，恢复一下气色，人也会跟着精神起来。"

而回家之后，叶小姐依然要打开 MSN、微博和 55BBS。不同的是，白天在公司，她看别的姑娘们"显摆"，晚上回来则"显摆"给别的姑娘看。

55BBS 是国内的生活消费类社区之一，在以北京为主的北方地区有着广泛的影响力。而在其他城市，各自的"55BBS"也同样享有盛誉，杭州的 19 楼、上海的篱笆网都是深受"晒客"喜爱的交流平台。这些在生活中普普通通的姑娘们，既不是意见领袖，也不是行家，只是在网络上发布与她们生活息息相关的图文——省吃俭用买下来的奢侈品、楼下小铺的外贸半袖、同商家砍价的心得、某商场的名品特卖会……久而久之，参与者的购物行为开始受到影响。一些网友会根据 55BBS 上的"晒帖""按图索骥"，设定自己的购物目标和路线。"晒帖"固然能提供方便的购物经验，却也不能忽视"晒帖"在情绪上的感染力——那些"晒帖"帖主在论坛博得的赞扬和羡慕，很容易被看帖者转嫁到产品的价值里。而越来越多的网友在"按图索骥"的同时，也开始频频发布自己的购物心得。

比如深受 55BBS 影响的叶小姐，白天"学习"别人如何花钱，晚上也不会忘记把自己"采购生涯"里的得意之作编辑成帖子发到论坛上，供姐妹们评头论足，汲取经验，或者在此得到一种认同。

如果说爱美是女人的天性，那么爱让别人发现自己的美就是天性中的天性。但如果你穿着一身新衣服或是背着一个省吃俭用几个月才买来的名牌包包去上班，却没有人发现并加以赞扬时，别否认，你的心中一定会飘过一丝不快，但在 55BBS 上，却可以让叶小姐得到超乎想象的关注与认可。

资料来源

罗东．"显摆"的感染力．21 世纪商业评论，2010（8）．

思考题

（1）结合案例，谈谈叶小姐"显摆"的最深层次原因是什么？

（2）消费者行为学认为，分享是人的天性，因而社区文化就是鼓励分享的，但是分享就会有风险，说说你的观点。

（3）分享的愿望对购买行为的推动有时甚至会超过这件产品本身的使用价值，企业该如何利用互联网社交平台、论坛？

第四章　客户关系管理案例

案例 一 **酒店行业如何用 CRM "拢" 住客户**

如何才能增加、保持酒店良好的销售额？这可能是很多酒店经营者考虑的最重要的问题，尤其生意不好的酒店更是如此，但有些生意好的酒店经常忽略了这个问题的重要性。其实现代消费者是很善变的，酒店行业的市场竞争也愈加激烈，有很多以前生意很好的酒店如今却门庭冷落。

那么如何增加、保持酒店的销售额呢？是不是只要为客户提供可口的菜肴、良好的就餐环境就可以了呢？根据国外酒店的成功经验，把握客户消费心理、重视培养忠实的客户、提供能够满足客户个性化需求的服务，已经成为酒店提高客户回头率、增加酒店销售额的法宝。

许多国际知名酒店早已将视线焦点落在了客户关系管理（CRM）上。CRM 是一种旨在改善企业与客户之间关系的新型管理机制，目标是通过提供快速和周到的优质服务吸引和留住更多的客户，提高客户的忠诚度，以使这些客户在任何时候、任何地方都会选择在同一家酒店进行消费，最终为酒店带来利润增长。这一策略的执行涉及关系型营销、CRM 信息技术的创新性使用以及经营运作上的卓越表现。下面就酒店比较关心的几点进行简单的阐述。

1. 创建单一的客户观

酒店行业作为服务业的典型，每天要接待来自四面八方的客户，发现并留住具有消费能力的客户，就能为酒店创造稳定收入。这种行业的固有特性决定了在酒店业实施CRM 有别于其他行业，对客户服务的关注比起市场营销更为重要。

卓越的客户服务关系建立在对客户认知的基础上。作为酒店一线员工，他们可以通过 CRM 系统提供的资料，使客户觉得被厚待。作为酒店管理者，他们对客户的宏观认知可以使其对酒店经营方针做出更好的决策。

国际知名的希尔顿酒店在定制客户体验方面具有丰富的经验，酒店通过建立客户档案，记录客户的偏好，能够为客户提供量身定做的服务。用希尔顿的话说，只要每年有十分之一的老客户光顾，酒店就会永远客满。

为了建立完善的客户信息数据库，酒店需要对信息技术进行必要的投资。其目的是要从不同的信息渠道中搜集客户数据资料，对数据进行综合，并储存起来留作以后分析之用。其中部分的数据来自中央预订系统和酒店信息管理系统，但更多的要依靠酒店员工关注客户的需求而获得。客户信息数据库里面的资料包括客户的基本资料、联络途径、过往的消费记录、每次入住和离店的时间、酒店名称、房间类型、订房渠道、特别服务、个人喜好、取消预订的记录、投诉和处理记录、累积消费积分、奖励记录、忠诚度评估等。

2. 多层次的客户智能分析

许多人都知晓"巧妇难为无米之炊"的道理，却又忽视了即使有米，也未必人人都能煮出好吃的饭的道理。CRM 也是如此，酒店在收集客户的消费习惯时，不能只限于简单的资料堆积，而忽视了对已有客户信息的细分及对客户生命周期的管理。

酒店需要关注客户，但同时更要清楚地知道，各个客户的价值贡献率是不一样的，根据客户特征、购买行为和价值取向实现对客户的分层管理，就是要分离出那些对于酒店具有高价值贡献率的客户，使酒店能集中精力服务于大客户和有潜力的客户，提高客户价值贡献率和公司收益，为酒店增加潜在的机会。

根据"精细营销"的策略和方法，分析已有的客户资源，制定相应措施对 CRM 系统存储的客户信息进行分析，要遵循帕列托 80/20 规律，把精力放在对酒店贡献最大的20% 的客户上。根据客户在酒店的消费金额用"客户金字塔"法来分类，将客户群分为 VIP 客户、主要客户、普通客户与小客户。

CRM 系统充分考虑到了酒店营销的需求及特点，为酒店销售人员，特别是酒店营销管理人员的管理及决策提供了强有力的工具。通过系统自动生成的经营统计分析、趋势预测、客源结构分析、竞争对手分析、销售费用分析、客户及销售人员业绩分析等各种数据，为管理者进行市场定位、制定销售预算及营销策略、掌控核心客户并进行内部管理等诸多方面提供了有利的依据。

3. 一对一的营销与服务

酒店业是与"情感"有密切联系的行业，因此实施 CRM 的意义更加深远。被誉为"美国酒店大王"的斯坦特就说过："酒店业就是凭借酒店来出售服务的行业。"这是颇有见地的见解。优质服务是酒店生存的基础，CRM 系统就是提供这种服务的有力竞争武器。通俗地说，CRM 系统让酒店知道目标客户最主要的需求是什么，然后针对客户差异制定出和客户需求相一致的营销与服务计划，让客户感到自己不再是千人一面的无名氏，而是有价值的客户。客户对酒店的满意和忠诚，带来了消费额和消费次数的增长，酒店是最终最大的得益者。

用上述的客户智能分析方法掌握了客户层级的分布之后，酒店营销部门就可认真规划，根据客户不同的价值制定相应的关怀和优惠措施，一方面可留住有价值的老客户；另一方面可提高这些客户对酒店的满意度和忠诚度，吸引他们多来消费，升级成为"金字塔"的上层客户。

资料来源

（1）朱海斌. 酒店行业如何用"CRM"拢住客户. 支点网，http：//www. topoint. com. cn/hyeh/view. asp? id =5566&cc =2&pg =2.

（2）路小北. 用 IT 的发展战略服务于酒店业的发展战略. 赛迪网，http：//industry.

ccidnet. com/art/12/20050425/243215_1. html.

思考题

（1）以酒店业为例，分析客户关系管理对服务业的作用。

（2）市场细分的层次有哪几个？CRM 以哪个市场细分的层次为主要目标？

（3）阅读本文，归纳 CRM 实施的步骤。（你认为服务业应该如何开展 CRM?）

案例（二）　迪士尼世界重新定义 CRM 应用

随着游客数量的下滑，迪士尼世界正在雄心勃勃地推出下一代采用实时界面的 CRM 技术，目的是使游客获得新的游览体验并提高迪士尼的经营效益。

在迪士尼乃至美国露天游乐场行业中，漫长的排队时间、昂贵的票价等问题，是最让游客倒胃口的事情。近几年游客数量的下滑和营业额的下降，使迪士尼主题公园的经营受到了沉重的打击，与此同时，迪士尼的经营成本却在不断上升。显然，迪士尼现在的目标是用更少的钱办更多的事。迪士尼公司即将迎来"数字化 10 年"，迪士尼的首席信息官 Berry 正着手制定一种有风险但又十分前卫的技术策略，旨在帮助迪士尼提高经营效益。

Berry 的任务是，大胆地将 IT 技术综合运用于企业经营，也就是要将全球卫星定位系统、智能传感器、无线技术和移动通信设备等结合起来，其目标是建立一个以 IT 技术为核心的更加人性化的环境，缓解游乐场里的拥挤状况，创造全新的游客体验。

1. 牵着游客的鼻子走

目前，新策略最直观的体现是一个 10.5 英寸高的玩具娃娃，名叫 Pal Mickey，这个玩具娃娃的鼻子里装有一个功能强大的红外传感器，它实际上是游览迪士尼的导游。由于预先录制了 700 多条信息，因此 Pal Mickey 总是有话可说，它不仅能够为儿童讲笑话，或者让排队等候的小孩不停地玩电子游戏而不至于厌烦，而且还能为孩子的父母解除"必须知道公园的所有信息并要确保没有漏掉任何景点"的负担。

技术人员把玩具娃娃 Pal Mickey 说成是一种试验，目的是缩小游客的静态数据与动态行为喜好之间的差距。有关研究人员认为这是个新概念，也是 CRM 演变过程中的一个开发重点。

2. 对安全的担心

掌握游客位置的问题使得某些游客担心他们的隐私数据被滥用，一些怀疑论者警告大众，这种劝诱性技术会突破隐私界限，尤其是当看上去使用非常方便的时候，更是如此。"它会是一种可怕的技术吗？"迪士尼公司的高层主管们承认，人们对此存在担心是正常的，Pal Mickey 可能被视为一种游客跟踪设备。但是迪士尼公司坚持称，由于他们考虑的是如何使 Pal Mickey 具备更好的交互操作特性，因此 Pal Mickey 的目的只是为游客提供帮助，使他们游览迪士尼时能够得到最大的方便。

就目前而言，迪士尼公司肯定地认为游客将会把 Pal Mickey 看作一种方便游客的措施。这个玩具娃娃能够提供相关的实时信息，这将使游客感到非常吃惊，比如，当你步行通过冒险乐园时，Pal Mickey 就会告诉你"海盗正在附近偷偷地活动"，然后你就会发现船长 Hook 和 Smee 正在为一群孩子签名——这证明它是一种乐趣，而不会引起游客对隐私泄露的担心。

3. 靠数据带动盈利增长

除了 Pal Mickey 以外，迪士尼公司打算推行"迪士尼目标"游客体验新策略，同时在前台和幕后充分利用信息技术，使游客在游乐场的体验实现个性化。他们首先建立一个规模巨大的客户信息数据库，该数据库的信息可以随时更新，公司可以对这些游客数据进行分析和鉴别，从而优化游客从酒店到游乐场的假日生活体验。迪士尼公司还能实时地收集有关数据推断游客的购物行为和个人喜好，游客一旦进入游乐场，迪士尼公司就能通过游客的手机为游客提供与他们的预定内容相关的最新信息。

与"迪士尼目标"相关联的另一个举措是建立了一个名为"魔幻聚会"的网站，专门用来鼓励相距遥远的家庭成员在网上共同计划他们在迪士尼的下一次聚会或集体活动，以增加团体游客的预订量和游乐场的收入。

迪士尼的"迪士尼目标"并没有到此为止，Berry 和他的同僚们还推出了交互式位置感知项目，帮助迪士尼经理人降低经营成本和后勤部门的后端成本。他们通过运用全球定位系统和移动技术，根据游客的实时需求而不是根据固定的游览路线来控制车队的运行，以消除排队现象和减少等候时间，降低过高的经营成本。

今后迪士尼世界的发展前景如何呢？迪士尼公司称，他们将设法扩大数字图像的服务范围，另外，有些迪士尼观察家预计会推出更多根据经验来实施的新技术，包括"进入游览区时再付款"的计价方式，迪士尼将不再向游客收取一次性费用，而是连接到迪士尼游客数据库的数据智能卡上，使迪士尼公司能够为游客提供多层次的价格结构，这些方法将向选择最佳和最热门的游览路线的游客收取较高的费用。采用数据智能卡的目的是吸引回头客，根据游客游览迪士尼乐园的频率给他们一定的奖励。

4. 巨大的风险

这项策略能够奏效吗？相关专家称，这是一项很难实施的策略，它的风险很大。他们认为，迪士尼公司新的 CRM 策略是对将来企业与游客打交道的方法进行的一种试验。以 Pal Mickey 和其他举措为第一步，迪士尼公司试图在更长远的发展过程中重新定义 CRM 的功能，将它用作游客体验的共同创造者，以帮助企业寻求和实现经营效益。要实现这种根本性的变革并不是一件容易的事情，从具体的工程设计到如何衡量目标群体对该系统的接受程度，这些问题都需要很好地解决。

与此同时，有分析师警告说，公司管理层必须非常关注他们的产品。仅仅依靠技术是无法解决问题的，更重要的是必须保持持续的吸引力。主题公园需要解决的问题是必须不断进行投资。

未来学家 Saffo 指出："迪士尼唯一真正面临的风险是必须了解何时实现数字化，何时实现人性化，这里面包含着迪士尼公司定义的下一个 CRM 时代所面临的最大挑战。"他又说："可以肯定的是，要实现该技术是困难的，但是真正的考验还在于要懂得什么应该加以控制，什么应该顺其自然。但无论如何，迪士尼公司的经验将使我们懂得 21 世纪应该如何为客户提供服务。"

资料来源

http：//www.ctiforum.com.

思考题

（1）结合旅游业的状况，分析为什么迪士尼会开展 CRM 实践？

（2）归纳总结迪士尼开展 CRM 时采用的主要策略（技术策略）。

（3）结合迪士尼的案例，分析 CRM 与信息技术的关系。

（4）通过阅读本案例，从一个客户的角度，你认为未来 CRM 发展的趋势如何？

（5）你认为隐私问题对于 CRM 有何影响？企业应采取何种策略应对这些影响？

案例三 X 电信客户关系全生命周期的服务营销策略

X 电信通过建立客户关系管理系统，在对客户各方面的信息进行详尽分析之后，就能准确地区分客户关系所处的全生命周期阶段特征，从而采取相应的服务营销策略。

1. 客户关系识别期的服务营销策略

X 电信通过市场调查，感知客户需求产生的刺激和动机所在，然后帮助客户分析问题、提供解决方案，通过引导那些对客户决策产生影响的因素以及为客户提供广泛的信息，来影响客户的最终评价和最终购买。需要指出的是，对于不同类型的客户，信息采集的方法是不同的，对商业客户与公众客户需要以客户群为研究对象，对大客户、重点客户、集团客户，需要花成本进行相关的调查研究，以发现个性化的需求信息，了解客户的消费习惯和消费趋势。客户为了测试企业的工作绩效或履约能力，会尝试性地下一些订单。只要企业有形产品的性价比高于同行业的平均水平，客户一般会感到满意。客户的满意来自于主观价值与期望价值的吻合。满意是购买后客户感知价值评估过程的开始，也是客户与 X 电信之间关系的开始。而针对这一时期客户的潜在期望，X 电信可以实施频繁的市场营销，即通过数量折扣、功能折扣等方式进行，目的是让客户在竞争的情况下主动重复使用 X 电信的服务。频繁的市场营销可使客户每重复购买一次就能够得到更大的优惠。在重复购买的情况下，客户才可逐步形成对 X 电信的认识和评价，使企业在关系延续的情况下再度吸引客户。

另外，企业通过调研分析，初次确定重点客户，向其提供特殊待遇来进行销售诱导。例如吸引客户成为客户俱乐部的会员等，使重点客户感受到 X 电信的关怀，享受到 X 电信提供的意料之外的有价值的附加产品。当客户主观感知价值大于比较水平时，即客户的基本期望得到满足而潜在期望部分或者全部得到满足时，就会驱动客户不断重复购买。这有助于客户关系向发展期发展。

2. 客户关系发展期的服务营销策略

在这一阶段，X 电信与客户关系距离缩短，但客户需求和价值倾向还没有明晰，客户群体稳定性较差，关系发展仍有可能背离同向趋势。因为此时客户关系还没有固化沉淀，在购买决策时，客户还会花一定的时间对竞争对手的产品进行评价对比，竞争对手也会采取各种促销组合与 X 电信抢夺客户。因此，客户关系发展期的服务营销策略，主要体现在满足客户的基本需求，推出好的商品与服务，提高服务价值，树立 X 电信的品牌和形象，并为客户提供好的服务支持。具体策略表现在如下几个方面：

（1）基础产品和服务：为所有的客户提供高质量的基础通信服务是对电信运营商的最低要求，对于不同价值的客户设定不同等级的服务质量优先级仍然是 X 电信理应考虑的策略之一。

（2）品牌形象树立：由于服务质量日益无差异化，当前运营商间的竞争更多地体现为品牌之间的较量，对新客户更需要传达业务品牌所代表的理念。

（3）业务创新与引导：业务创新是实现价值创造的关键和最有效手段。对于 X 电信来说，可以开拓以宽带为重点的数据和互联网新业务，也可以开发基于互联网的内容和应用业务。

（4）个性化服务及时响应：对高价值客户提供的个性化服务应尽量向通信服务领域以外的方面拓展，这样，客户才能感受到真正的"与众不同"。

3. 客户关系稳定期的服务营销策略

在这一阶段，客户已经对 X 电信非常了解和熟悉，而 X 电信的产品和服务也成为客户生活中不可或缺的部分，因而客户对 X 电信有一种潜在的归属感，希望成为 X 电信的一部分。要满足客户的这种心理，应采取客户组织化策略，将客户视为企业的一部分，让他们参与到 X 电信活动中来，听取他们的建议。此外，对于企业类用户，X 电信可以参与到客户的业务活动中，通过双向联系使 X 电信与客户之间的关系更为紧密。X 电信也可通过自身的优势为客户的发展提供帮助，例如向客户投资、解决渠道问题等。

4. 客户关系衰退期的服务营销策略

客户关系衰退期的服务营销策略指的是客户关系进入衰退期，针对客户关系的不同衰退原因，采取不同的策略，以此来充分挖掘客户潜力，实现企业收益最大化，并尽可能地降低不满意客户给 X 电信带来的不良影响。对应的策略有四种，即急救策略、应对策略、完善策略和放弃策略。

（1）急救策略：这是对高度重视客户所采取的策略。因为原因的频发性高，企业应该高度重视，而且原因的可控性也很高，X 电信完全可以通过自身的努力扭转局面，把衰退的客户关系恢复到稳定状态。

（2）应对策略：这是对足够重视客户所采取的策略。因为原因的频发性比较高，企业应该给予足够的重视，但是可控性比较低，所以应对策略应该是在努力减少不利于 X 电信的影响向外扩散的同时，帮助企业由被动局面转化为主动局面。

（3）完善策略：这是对适当重视客户所采取的策略。因为原因的频发性比较低，一方面需要对这些原因进行完善，避免由于对这些原因的忽视导致日后越来越多的客户流失。另一方面，通过一定的完善策略可以降低这些原因在客户中的影响。

（4）放弃策略：这是对顺其自然客户所采取的策略。因为原因的频发性低，重视程度可以降低，而且可控性也低，企业努力之后改变的效果也不会很好。所以，不妨采取放弃策略，以免浪费企业资源。

X 电信在客户关系全生命周期的各个阶段，应坚持以客户的需求为中心，在细分市场和客户的基础上，针对客户群的需求，制定差异化的服务标准，针对客户关系所处的不同阶段状态，采取相应的服务营销策略。

资料来源

（1）胡涛.基于客户生命周期理论的电信营销策略.企业改革与管理，2013（5）.

（2）周可喜.基于客户关系全生命周期管理的湖南电脑服务营销策略研究.中南大学，2005.

思考题

（1）归纳客户生命周期不同阶段的特点，以及不同阶段的营销策略。

（2）在经济与管理理论中还有哪些生命周期理论？

案例四　麦德龙的数据库营销

麦德龙（METRO）成立于 1964 年，目前拥有店铺 3 600 多家，雇员 17 万人，为世界第二大零售商。

一、麦德龙仓储式超市的基本特点

麦德龙仓储式超市是将销售和仓储合二为一的零售业态。它省去了传统零售企业独立的仓库和配送中心，经营中实现了快速补货，保证了超市低成本、高效率的运作。

1. 营业场所选址

麦德龙仓储式超市通常设在大城市城乡接合部的高速公路或主干道附近。这样既避开了市中心及市区的拥挤交通，又因土地价格相对便宜，减少了投资风险。同时，选址还适应了城乡一体化的发展趋势，提前占据区位优势。它的商圈的辐射半径通常为 50 公里。

2. 超市建筑设计

麦德龙仓储式超市从外观看就像一个现代化的大仓库，其营业面积一般为 15 000—20 000 平方米。外部设有几乎与营业面积相等的停车场，内部结构比较简单，通常采用高 4.5 米的工业用大型货架。货架下半部分用于商品的陈列展示，与普通超市无异，而其上半部分则用于相应商品的存放，起到了储存的作用，从而使销售和仓储合二为一。货架间距较大，便于存取货物的叉车通过，完成迅速补货的工作。

3. 商品定位

商品内容丰富，品种齐全，通常在 20 000 种以上，可满足客户"一站式购物"的需求。如麦德龙商品种类中食品占 40%，非食品占 60%。食品类商品以时令果蔬、鲜肉、鲜鱼、奶制品、冷冻品、罐头、粮食制品、饮料、甜点为主，品种相对稳定。非食品类商品则按季节和顾客需要定期调整，涉及范围较广，不仅包括日常生活用品、办公用品，还包括小型机械工具类产品。仓储式超市摆设的绝大多数商品都是捆绑式或整箱销售，除家电类、机械类产品外很少有以单件摆设展示的商品。

二、麦德龙仓储式超市的营销策略分析

仓储式超市实际上就是以零售的方式从事批发业务。超市既是服务中心又是配送批发中心，这种差异化的市场定位使麦德龙成为专业客户的超级仓库。

1. 有限的目标顾客

绝大多数普通超市的目标消费群是无差异性的，即服务对象是全体普通消费者，消费者短期内的重复购买率高，但每次的购买量不大，多为临时性、随机性消费行为。而仓储式超市的目标消费群比较明确，麦德龙针对"有限"客户，即只对工商领域的经营者、群体消费层实行会员制，会员必须是具有法人资格的企事业单位。

2. 直邮广告促销

麦德龙仓储式超市一般不通过大众媒体进行广告宣传，而是利用直邮广告进行促销。它们每两周向所有会员邮递一份"麦德龙邮报"。邮报是一份详尽的全彩页的商品目录，介绍了超市半个月内商品的最新价格、新增商品以及近期开展促销的商品信息。邮报不仅使会员及时了解商品信息，而且帮助企业有效地降低采购成本，保证客户采购的透明性和公正性。

3. 特色化商品营销

面对零售业内逐渐增大的竞争压力，麦德龙不是单纯以低廉的价格吸引顾客，而是从商品入手，以独家商品、特色商品及自有品牌商品吸引顾客。在每个麦德龙仓储式超市里都有一些诸如奶酪、芝士、黄油、咖啡、咖喱粉等进口商品和一些跨地域的特色商品。此外，麦德龙的自有品牌商品除了日常生活用品还涉及五金工具等。

4. 企业套餐服务

麦德龙利用"顾客节"表明企业对小型工商业顾客的重视，重申以顾客为合作伙伴、与顾客共同发展的服务理念，从而赢得了顾客的好感和信任。麦德龙帮助顾客选择最合适的商品，让他们"用最少的钱，配最全的货"。这其中有为小型装修队选配所需电动工具和手动工具提供的商品建议清单；有为小型餐饮业准备的各种套餐餐具；有为企事业单位准备的福利套餐商品建议目录，等等。

5. 销售模式

麦德龙在进入中国之前，曾对中国市场做过长达六年的市场调研，在对市场分析预测的基础上选择了现付自运制（Cash & Carry，简称 C & C）。现付自运制是顾客在超市内自由挑选商品，结算时只能使用现金，不能赊账或使用信用卡等，超市不向顾客提供

资金账期，购物后顾客自己将商品运回。这种模式适应了快速高效的销售需要，大大降低了超市的营运成本。

三、麦德龙的数据库营销

麦德龙是实行会员制的商业企业，会员入会不需要交纳会员费，只需填写客户登记卡，其主要项目包括：客户编号、单位名称、行业、地址、电话、传真、地段号、市区、邮编、税号、账号和授权购买者姓名。将此卡记载的资料输入微机系统，就有了顾客的初始资料，当再次发生购买行为时，系统就会自动记录顾客购买情况。

麦德龙从客户管理数据库中获得各种有用信息，据此及时调整市场营销策略。

（1）顾客最后一次购买的时间。由此判断顾客光顾的频率，如果顾客长期没有光顾，就要调查原因，是对上次的购买不满意还是有其他竞争对手进入。

（2）顾客每次的平均消费额。这组数据能够说明顾客结构和顾客定位，以确定企业是否有足够的潜在市场。

（3）顾客的地域分布。一般来说，商业企业附近的客户应是主要顾客群，如果不能很好吸引这部分顾客，企业则存在生存危机。

（4）顾客所处的行业、单位及住所。通过这种分析，可以了解顾客的具体组成，并对顾客群进行细分，便于有针对性地开展广告、促销等活动。

（5）顾客在一定期限内购买额之间的比较。通过这种比较，可以知道顾客购买态度的变化，如果购买量下降，企业要予以重视。

（6）根据不同的商品类别细分顾客。比如将顾客划分为食品顾客组、家电顾客组、服装顾客组等，了解他们对不同商品的需求状态，决定各种不同商品的规模结构等。

资料来源

（1）何罡，王波. 麦德龙行销策略. 商业时代，2003（24）.

（2）郭抒主编. 数据库直销. 首都经济贸易大学出版社，2000.

思考题

（1）阅读本文，归纳麦德龙开展数据库营销过程中体现出的主要数据库营销特征。

（2）分析归纳麦德龙的营销策略。

（3）通过互联网、图书馆等途径，查找其他国内外零售企业的数据库营销资料（查找一家零售企业即可），并对比分析它们的数据库营销策略。

案例 五 数据库营销变味——保险推销

不管你是在开会、出差、开车、谈判还是在准备晚餐，推销保险的电话就像幽灵一般如影相随，让人不胜其烦。

据调查，大约有80%的人收到过通过手机、固定电话、传真、短信和e-mail发来的销售信息，而其中约一半的人表示对这种方式的接受程度和信任程度并不高。不过，这样一个并不乐观的数字却没有妨碍和阻止保险业务员们电话推销的"执着"和"不懈"。

作为国内一家著名保险公司北京分公司下属东城支公司的业务员，去年刚刚入行的李亮每个月会收到由公司发下来的100个车主的手机和电话号码，而他的任务就是每天打电话给这些客户，推销自己的车险。"反正不管你烦不烦，车险到期了，你是一定会买的。一个月中，100人里只要有10%左右的客户能买我的车险，我就可以完成每月6万的任务了。据我所知，现在几乎所有的车险业务员都是通过这样的方式推销的。"李亮如此说道。

比起车险电话推销10%左右的成功率，卖寿险、医疗险等其他险种的业务员的成功率通常只有0.5%—1%。做了近十年保险推销的高向东认为，仅靠电话推销成功率并不高，且会损害现在的保险市场。在他看来，保险是一个专业性很强的行业，通常要做到5年以上才能学会如何在较短的时间里判断客户的需要，制定出适合的方案，并且能够给客户讲解清楚。而现在的保险业务员仅仅是通过打电话的方式跟客户接触，缺乏足够的专业知识和对客户心理的了解，结果保险市场因为被过度开垦，导致市场资源被严重破坏，大家谈"保"色变。而国外的数据表明，电话推销中最重要的是销售人员专业而又有礼貌。

这样的例子不仅仅出现在保险业，很多产品销售、服务行业在跟客户打交道的过程中也常常会出现类似的情况。"在国外，对于数据的来源是非常谨慎的，在拿到客户资料的同时，还要明确说明资料可能的用途，并征得客户许可。许可营销是数据库营销的必要条件。因此，国内的企业对于数据的提供、转移和使用要非常谨慎。"实力传播互动传播部总经理吴湘玲特别提示。

一般人对一个陌生的电话通常都存有戒心，所以做电话推销时最好是通过熟人介绍。此外，客户在电话中怕花太多时间，所以推销员在打电话前要知道客户的类型是什么，做好呼出的脚本设计。同时，要合理安排外呼的时间，因为不是所有的客户都有时间随时接听电话，要避开客户可能会很忙的时间。博瑞艾科市场研究公司研究总监梅峰分析道："无论是手机、固定电话、传真、短信还是e-mail营销，必须要有高质量的数据库，要有更多的关于机主的信息，而且必须不断更新，仅仅知道一个号码，是不足以支撑电话推销的。"而且企业应该了解"电话推销是有局限的，要更多地利用营销组合的力量，而不仅仅是某一种营销方式"。

由广泛到精确是营销水平提升的标志。引起消费者反感的电话常常是同他们消费需求无关的，或者是在不恰当的时间打来的，要解决这些问题，就需要加强对客户的了解，实现精准化营销。比如在进行邮件营销时，不应把所有的邮件地址群发一遍，而应对邮件数据库精心维护，并用多个变量加以分类。在发送邮件中加强互动性，根据用户反馈不停完善、更新数据库，这样，邮件营销可以大大提高对相关目标客户的覆盖，同时减少漫无目的的垃圾邮件，避免引起客户反感。

梅峰还认为：数据库营销是指通过收集和积累消费者的大量信息，经过处理后预测消费者有多大可能去购买某种产品，有针对性地制作营销信息，以达到说服消费者去购买产品的目的。所以得到数据后应该进行深入的数据处理，寻找理想的消费者，再通过有效的营销活动，使数据库不断得到更新，从而及时反映消费者的变化趋势，使数据库适应企业经营需要。

资料来源

(1) http：//insurance. hexun. com，2015 – 09 – 19.

(2) 郑海. 论数据库在营销运用中需要注意的几个问题. 江苏商论，2007（29）.

思考题

(1) 本文谈到的"数据库营销变味"的主要根源在哪里？

(2) 阅读本文，你认为应该如何开展数据库营销？

案例六 大众汽车的关系营销

随着汽车制造业的发展，汽车市场的潜能被逐渐填满，巨大的产能引来激烈的竞争。汽车企业不得不运用各种营销手段来提高销量，获取利润。"价格战""广告战"随处可见，效果却不尽人意。一些汽车企业经历了从"产品导向"向"客户导向"转型的艰难过程。到底怎样的营销才能吸引客户、留住客户并提高企业竞争力？这是每个汽车制造企业都要深思的问题。

大众汽车集团是欧洲最大的汽车公司，成立于1938年，总部位于德国沃尔夫斯堡，是世界汽车行业中最具实力的跨国公司之一。集团目前拥有十大著名汽车品牌。在竞争激烈的市场上，大众汽车集团一直在开发和扩展其关系营销活动，把它当作顾客联结战略的一部分。"二战"后公司第一任总裁亨尼驰·诺德俄夫说："一辆汽车只有在伴随它的服务好的时候才是好的，我们的市场重心从汽车转向了顾客，因为前者不如后者要求高。于是我们开始以'全面产品'的观点想问题，我们一直在追求增值服务，即能为顾客增加产品价值的服务。"

大众汽车集团深知汽车是耐用消费品，客户的二次购买受到首次购买的影响甚大，汽车企业可从老客户的维修和保养、新客户介绍、置换汽车等方面逐渐建立起一种持续的合作、互惠关系。当然，企业因产品和细分市场的不同，可以建立与其适应的不同层次的关系营销，但必须实现客户在"忠实度阶梯"上的提升。与此同时，借助数据库营销将服务拓展至合作伙伴，搜集全面的客户需求信息，包括生活方式、消费习惯、社会主要关系、购买和服务历史等，精心设计服务体系，让客户感受到企业的用心和重视。多年来，大众汽车集团一直在汽车行业的服务发展领域领导潮流，包括服务保证、紧急计划、交通保证、顾客俱乐部和免费电话等竞争者没有的服务，这也成为顾客购买大众汽车的理由。

此外，大众汽车集团深知在今日的市场竞争中，是否拥有客户、善待客户、为客户提供更好的服务，是衡量一个企业是否具有竞争优势的条件。于是大众汽车集团领导高瞻远瞩，针对全国营销网络建立了一整套客户关系管理系统，目的是将"以用户为中心"的理念落实到具体的服务工作环节中，准确把握住客户的需求，提供高质量的客户服务，巩固并增强服务网络的整体实力。作为汽车行业的龙头老大，大众汽车集团培养客户忠诚度的精准应变无疑是整个行业的标榜和楷模。大众汽车集团利用汽车行业客户关系管理系统使大众汽车集团的广大用户享受到专业化、高品质的服务，客户关系管理系统的应用将有助于其加强与用户的沟通，深入了解用户需求，并通过及时调整产品与服务来满足用户的需求。

资料来源

（1）刘炽.提升客户忠诚度，汽车业倡导关系营销.服务外包行业咨询网，http：//www.51callcenter.com.

（2）赵荆璞.大众的客户关系管理.吉林大学，2005.

思考题

（1）大众汽车通过多种方式来开展关系营销，请问这些方式分别属于关系营销的哪个层次？

（2）如何理解"我们的市场重心从汽车转向了顾客"？

案例七　麦肯锡的知识管理

在知识经济时代，知识的重要性日益显现出来，如何对知识进行有效的管理也成为当下的热点。知识管理的研究经常与知识密集型企业联系在一起，它是知识密集型企业制胜的法宝。咨询公司作为典型的知识密集型企业，其核心竞争力就是知识管理。麦肯锡（McKinsey）作为全球有名的专业管理咨询公司之一，年营业收入高达60亿美元。事实上，麦肯锡不仅为世界各地的企业带来知识，其自身的知识管理也为全世界的企业树立了典范。

在麦肯锡的发展过程中，公司一直十分重视知识管理。但是麦肯锡深知对知识进行管理相对来说比较容易，但要形成知识管理的文化和价值观却很难。

麦肯锡非常重视员工的协同合作，而公司也就是被那些创造了密切关系、能够胜任而不会离开公司的合伙人所拥有。公司还制定了一些政策来增强公司的竞争力，并使知识从高级管理者流向低级管理者，比如，公司招聘优秀毕业生，将他们和高级管理者编在一个团队里，并通过晋升或淘汰的机制来开展他们在公司的工作。麦肯锡对人力资源配置的目标之一就是"建立一个能够吸引、培养、激发、激励和留住杰出人才的企业"。麦肯锡因此要求选择最优秀的人才加入公司。咨询业分成三个层次：战略咨询层、操作咨询层和特定咨询层，这三个层次决定了麦肯锡的用人标准。

麦肯锡在内部知识管理的交流和共享方面，使用了人性化的网络互动系统，共享知识资源。麦肯锡通过员工培训，使员工与其他成员组成知识网络团队，加快了知识信息资源的流动和共享。麦肯锡定期将公司从客户服务过程中提炼出的实践经验整理出版成内部刊物，积极推动知识传播和共享。他们频繁阅读大量咨询杂志，以促进企业内部正确决策；通过建立内部信息网以便于员工进行知识交流，利用各种知识数据库、专利数据库存放和积累信息，从而在企业内部营造有利于员工生成、交流和验证知识的宽松环境；制定激励政策，鼓励员工进行知识交流；通过放松对员工在知识应用方面的控制，鼓励员工在企业内部进行个人创业来促进知识的生成。麦肯锡的知识管理主管 Jane Kirkland 说："麦肯锡的成员已经形成了把最高优先权让给知识的习惯，知识在员工之间积累、分享，同时，知识的价值也随着知识的积累和分享在增加。"另外麦肯锡还建立了科学的知识开发能力评价系统，定期对研究人员的知识开发能力进行评价，通过有针对性的回馈，提高员工能力，促进知识创新。

麦肯锡作为全球第一大管理咨询公司，对自身所处的咨询行业有着充分的认识：管理咨询行业是一个以知识和服务创造价值的行业，这个行业的人员把知识作为产品，服务于客户。因此，麦肯锡将"协助客户取得积极的、持久的和重大的业绩改进，建立一个能够吸引、培养、激发、激励和留住杰出人才的企业"作为公司的使命，并以此设定了公司知识管理的目标：发展独树一帜的知识信息资源，使公司人员更好地成长、发展，在客户中形成独树一帜的影响力。另外在知识创造方面，麦肯锡将年收入的10%作为知识创新的费用，公司设立了信息与研究部，负责管理公司知识资源网络和进行知识创新。信息与研究部由五个分部组成：按职能分类的知识信息资源中心、以分公司为对象的信息与研究部门、按行业分类的知识信息资源中心、地区性知识信息资源中心和特别创意组。每个分公司、每个地区、每个行业和每个职能的交点上都形成了专业的研究创新能力，再加上特别创意组人员突出的创新能力，最终构成一个既有深度又有广度的知识创新网络。

麦肯锡同样注重了解外部信息，例如在公司的杂志中，经常有关于用户、竞争对手等利益相关者的动向报告。而且麦肯锡能够倾听不同行业或者专业领域内专家的意见，并把这些当作自己的财富。麦肯锡还经常就经济热点、新的经营模式和行业进行专题研究，研究一些领先者的实践活动。

资料来源

（1）薛梅．浅析麦肯锡的知识管理．现代物业（中旬刊），2010，9（6）．

（2）韩靖. 麦肯锡的知识管理之道. 企业改革与管理，2015（8）.

思考题

（1）麦肯锡的知识管理为什么能够获得成功？

（2）为什么麦肯锡认为形成知识管理的文化和价值观对其更为重要？

（3）就麦肯锡的例子而言，你是如何理解："知识在员工之间积累、分享，同时，知识的价值也随着知识的积累和分享在增加"这句话的。

案例八　咨询公司的知识管理

W 咨询管理公司，总部位于北京，深圳与武汉有其分部，主要业务包括企业发展战略咨询、企业管理模式设计、人力资源管理与 IT 企业技术创新管理咨询等，咨询师有一百多人。

拥有上百咨询师的咨询管理公司在国内属于比较大的咨询管理公司，W 公司的组成人员大部分都是有多年工作经验的 MBA，在业界有一定的知名度。总经理王政是名校毕业的 MBA，有多年的企业咨询经验和公司管理经验，事业心较强，有危机感。王政认为虽然自己的企业在咨询行业的发展势头不错，但中国加入 WTO 后，国外咨询巨头大举在中国排兵布阵给中国的所有咨询企业带来很大压力。王政和他的副总们经过多次讨论，认为国外咨询巨头和国内新生本土咨询企业的最大差距在于国外咨询巨头有成熟的知识管理体系，有成熟的规范及管理咨询的经验和知识库积累，而一个强有力的知识保障系统是咨询企业的核心竞争力所在。于是，王政决定在 W 公司实施知识管理。

W 公司成立了以王政和主要的项目经理为主的知识管理实施项目组。项目组确定了知识管理的目标：对知识的共享、积累，并在此基础上充分利用知识和创造知识，其中第一步的工作是知识的共享、积累和应用。

首先 W 公司完善了自己的企业管理制度，任何项目组在为客户提供咨询的过程中必须注重咨询中的过程管理，形成相应的文档。但由于咨询公司的工作特点，咨询师大多时候是在出差的过程中工作，工作强度大、节奏快，而公司却要求所有的咨询过程都要形成文档，这成为咨询师的额外性工作，大部分咨询师对这些工作很抵触。部分咨询师虽然提交了项目的过程文件，但由于时间的限制这些文件的质量可想而知。

W 公司实施知识管理的第二个重要步骤是建立自己的知识管理信息系统。作为咨询公司有着自己的便利，著名的管理信息化提供商 L 公司愿意无偿为 W 公司提供自己的知识管理信息系统。W 公司的知识管理实施项目组没有采纳 L 公司的建议采用所谓的整套知识管理系统，而是选择了自己企业最为需要的知识库系统和方便员工交流的社区系统，项目组的计划是通过知识库系统先对公司的客户案例和行业资源进行管理，因为这是咨询企业最有价值的知识；社区系统鼓励大家共享知识，尤其是能让企业内的高手把自己的秘诀和经验传授给新手，既起到一个知识分享的作用，也可以作为新员工学习的地方。

W 公司原来的客户案例和行业资源是在局域网上保存，例如客户案例作为一个文件夹存在，里面根据客户的行业再分成不同的文件夹，然后就是客户案例中的主要文件。虽然不太方便，但老员工都可以找到。采用知识库系统后，客户案例的管理就复杂了很多，首先是客户所属行业分类，其次是客户咨询的类型分类，还有时间的分类，等等，分类特别细，员工们的共同感觉是不像原来那么方便了。虽然有搜索引擎，但由于原来的各个文件和案例命名不统一，想要查询某个文件也很不容易。而且知识库的操作也很不方便，因此员工们都不愿意去新增加知识。至于社区系统，效果也不理想，因为企业的高手平时很忙，而且对他们也没有什么激励，所以很少有高手到社区中发表有价值的文章和介绍自己的经验，导致整个社区光顾的人很少，没有起到项目预期的作用。

面对以上的情况，项目组认为是对员工知识共享没有激励手段所致，于是就制定奖惩办法，将在知识库系统和社区系统里的个人贡献与员工的绩效考核和经济利益挂钩，对知识的贡献者给予一定的奖励。这个奖励的出台仿佛有了一定的效果，知识库系统和社区系统里的内容都多了起来，但遗憾的是员工们贡献的知识质量却没有了保证，良莠不齐！而最想得到的公司顶尖人才的知识却没有得到，里面充斥着许多低水平的内容和讨论。项目组于是又想成立一个知识审计的小组，对知识进行审计来保证员工贡献知识的质量。

王政听了公司有关人员关于知识管理项目实施的报告，亲自看了知识管理的实施效果，陷入了沉思。

资料来源

田志刚. 知识管理案例：Wisdom 咨询公司. http：//www. e－works. net. cn.

思考题

（1）分析咨询企业的知识管理需求（咨询企业开展知识管理的特点）。

（2）W 公司知识管理存在的问题有哪些？

（3）如果你作为 W 公司的总经理，你决定如何改进知识管理？

案例九 移动通信行业高价值客户流失预测

随着国内外运营商经营力度的逐步加大，我国的移动通信企业现在正步入生存的关键时期。由于运营商寡头局面的形成，移动通信客户有了越来越多的选择，流入流出的数据十分活跃；每月注册客户数与在网活动客户数相差悬殊，涌现大批零次话务客户；业务与收入总量增长相对趋缓。因此，分析客户流失原因，吸引潜在客户入网，增加现有客户满意度和消费水平，降低客户流失率，充分占有市场是移动通信企业在激烈市场竞争中制胜的关键。

客户流失分析作为经营分析系统中的一个重要主题，主要任务是根据流失客户和没有流失客户的性质和消费行为，进行挖掘分析，建立客户流失预测模型，分析哪些客户的流失率最大，流失客户的消费行为如何，客户流失的其他相关因素，为市场经营与决策人员制定相应的策略、留住相应的客户提供决策依据，并预测在该策略下客户流失情况。通过建立客户流失预测模型，企业能够预测客户离网的可能性，并通过对客户离网原因的分析，提出相应的挽留政策。

1. 商业问题目标化

随着电信企业之间竞争的加剧，电信运营商不断推出新的业务，希望能够争取到更多的市场份额。但同时，这也在很大程度上加大了客户的不稳定性，客户流失情况也逐渐凸现出来。客户的流失对企业来说有着重要的影响，是移动通信运营商必须尽快解决的问题。

针对这种客户流失的情况进行分析，并制定如下的商业目标：首先，通过对预测出的可能流失的客户进行挽留服务，降低总的客户流失率。然后，依据获得的流失客户特征，分析出原因和流失特点，有针对性地采取措施。

客户流失的种类较多，包括主动流失、被动流失、内部流失和外部流失四种情况。主动流失，由于客户自身原因自愿与运营商解除服务合同；被动流失，运营商由于某种原因而决定停止向客户提供服务；内部流失，指客户解除服务合同后，继续选择了本运营商提供的其他产品和服务；外部流失，指客户解除服务合同后转向竞争对手。

其中，最让人重视的就是高价值客户的外部流失，它是电信运营企业最不愿意看到的一种流失，也是企业客户流失分析的重点。

2. 数据理解

在这一部分中，由于高价值客户对企业具有十分重要的意义，因此我们将已有分析得到的高价值客户群体作为观察对象，对这部分客户进行流失预测。我们选取已得到的动感地带高价值客户群体来建立模型，选定时间窗为 3 个月，如果这些用户在此时间段发生流失，就定义为已流失的用户，否则为非流失用户。

为了建立客户流失模型，根据移动通信行业经验，我们需要的数据包含两大类，即客户基本信息和客户通话行为信息。

客户基本信息包括用户的性别、年龄、在网时间、职业、爱好、籍贯、入网品牌与号码、注册服务等。这些资料在客户登记入网或客户调查等过程中得到，是对客户个体特征的描述，并永久保存在客户资料数据库中。不同背景的客户有不同的社会行为特征和爱好。

客户通话行为信息包括两类：一是基于用户通话清单设计的多个统计变量，例如，工作日通话时间、费用；周末通话时间、费用；IP 通话时间、费用等，这些数据可以在计费中心客户消费话单和账单中获取。二是客户通过投诉渠道或客户服务界面进行的有关缴费、服务投诉/建议的情况。

3. 数据预处理

在明确我们可以使用的数据源之后，我们需要对数据进行预处理，具体过程包括数据清洗、整合、格式化，以消除数据中的噪音部分。数据预处理的细节包括：在用户状态中仅选取正常状态的用户，去除数据源中的极值和超出范围的部分；选择在研究期间全部在网的客户。同时我们需要对所拥有的数据进行分析挖掘，以确定我们建立模型需要的关键变量。

我们对变量选取的原则是：

（1）选取数据质量好的变量，要求 85% 以上的数据符合要求。

（2）在某些变量中，个别类别所占的比例极小，我们将这些类别合并为一类来考虑。

4. 数据挖掘结果与相应对策提出

最终，模型生成了如下 6 条打分规则：

（1）当 $ZM\_Count < 3.5$，$FM\_Time < 89.5$ 时，流失率为 14.6%；

（2）当 $ZM\_Count \geqslant 3.5$，$FM\_Time < 89.5$ 时，流失率为 6.7%；

（3）当 $IP\_Time \geqslant 62.5$，$OnDays < 107.5$ 且 $FM\_Time \geqslant 89.5$ 时，流失率为 9.2%；

（4）当 $HR\_Count \geqslant 62.5$，$OnDays \geqslant 107.5$ 且 $FM\_Time \geqslant 89.5$ 时，流失率为 2.1%；

（5）当 $YY\_Count < 84.5$，$IP\_Time < 62.5$，$OnDays < 107.5$ 且 $FM\_Time \geqslant 89.5$ 时，流失率为 8.4%；

（6）当 $107.5 \leqslant OnDays < 310.5$，$HR\_Count < 62.5$，$FM\_Time \geqslant 89.5$ 时，流失率为 5.9%。

其中，ZM_Count 为月平均周末通话次数，FM_Time 为月平均繁忙时段通话时间，IP_Time 为月平均 IP 通话时间，$OnDays$ 为在网时间，HR_Count 为月平均呼入次数，YY_Count 为月平均语音使用次数。

仔细研究这 6 条打分规则，我们可以发现繁忙时段通话时间（FM_Time）、在网时间（$OnDays$）、周末通话次数（ZM_Count）和目标变量流失倾向有很显著的关联。凡是繁忙时段通话时间越长、在网时间越长、周末通话次数越多的用户其流失倾向越低，反之客户的流失倾向较高。

所有的客户都按模型的打分规则获得了一个代表其流失倾向的分值。移动运营商可以将客户按分数高低排序导出前 30% 的客户名单交于市场部，市场部针对这些名单，通过打关怀电话、设计优惠套餐等多种方式来最大限度地降低客户流失率。

资料来源

（1）程毅. 基于数据挖掘技术的移动客户流失研究. 湖南大学，2012.

（2）朱浩刚，孙煜鸥，戴伟辉. 基于数据挖掘的移动通讯业客户流失管理. 计算机工程与应用，2004，40（1）.

（3）吕巍，李玉峰. 移动通讯行业客户流失预警及挽留模型构建与应用. 移动通信，2009，33（18）.

思考题

（1）根据案例归纳概括数据挖掘的流程。

（2）设计可主动挽留顾客的营销策略。

案例十　上海通用的客户关系管理实践

上海通用是我国最大的中美合资企业，采用的 CRM 系统和柔性制造系统，不仅使顾客可以自由定制中意的汽车，而且可以查询"定制汽车"完成的进度。

1. 项目背景

汽车行业是竞争最为激烈的行业之一，越来越多的生产厂商意识到必须加快从生产型企业向服务型企业转变，以客户的最新要求来指导生产，这也是上海通用所进行的"柔性化生产"的根本意义。不过，生产要做到柔性，就必须准确把握客户的真实需求。

通用汽车公司信息化程度高，通常都有上千个业务系统在同时运转，由于所拥有的信息多，各种信息又分散在底下的各个部门，数据没有集中和整理，导致信息整合十分困难，难以准确了解客户的需求信息，进而提供系统一致的服务。

在上海通用，由于系统自身设计的问题，原有的呼叫中心系统已经成为实施新战略、推进新业务的瓶颈。例如，产业链的各个环节互不相连，实际上形成了几个相互隔离的客户信息孤岛；信息不能实现共享，客户资源严重浪费。

由于汽车的销售工作都是由零售商直接完成的，因此上海通用需要从整体上突显自己的品牌优势，全面树立公司整体形象，不断提高自己满足客户需求的能力、赢得客户的能力。通用汽车公司认为通过在全球范围内实施 CRM 系统，能够有效地管理客户信息，并且赢得更多的客户。

2. 项目确立

上海通用实施 CRM 系统是在总公司的统一部署下进行的。这是因为企业规模大，在诸如 CRM 等管理实践上的投入也很大，风险也相应较大。对于大型企业，如果中途更换管理软件供应商简直就是"地震"。在考虑了产品功能、软件结构、厂商自身的管理水平等因素后，通用汽车公司选择全球最大的 CRM 厂商 Siebel 的产品。

3. 项目实施

上海通用请在实施 CRM 方面非常有经验的 IBM 公司提出解决方案并负责项目的整体实施。IBM 公司通过对上海通用的调研，提出了实施 CRM 方案的要点：统一规划、分步实施。

上海通用 CRM 项目的实施分为四步：

第一步，集中管理客户信息。虽然上海通用在过去积累了很多的客户数据，但是站在 CRM 的角度来分析，就会发现有些数据是残缺的或者无用的，例如汽车动态过程的数据空白，该数据如果缺失，就无法对车辆进行完整的了解，也无法向客户提供更有针对性的服务。对厂商而言，汽车动态过程中的信息比购买信息更为重要，因为这种信息是提供服务的基础。

第二步，提高机构内部协同工作的效率。使各部门既能够协同工作，又能提高效率。

第三步，开拓新的客户接触渠道。例如开通了"8008202020"免费咨询电话呼叫中心，为客户提供新的个性化的接触渠道。

上海通用的呼叫中心由三部分构成：①客户支持中心。这个中心设在上海，对所有人开放，通过"8008202020"免费咨询电话来实现。②技术支持中心。这个中心只对上海通用的维修站开放。技术支持中心配备了汽车维修经验丰富的工程师，负责解答来自全国各地通用维修站的各类问题。③操作平台。这个平台只对上海通用的零售商开放，是为零售商下汽车订单而设置的，按照区域来进行管理。通过这个平台，可以掌握零售商所订购汽车的动态情况。

第四步，对客户信息进行挖掘。对采集的客户信息进行分析，并对客户进行分类，据此实现个性化营销。

4. 项目实施中的难点

在整个项目实施过程中，鼓励用户（销售代表、零售商、维修商）使用这个系统是最大的一个挑战。合作伙伴是实施 CRM 系统过程中非常重要的部分。上海通用的销售体系是通过零售商直接面对客户，CRM 系统的终端需要安装在国内所有通用汽车的零售商那里，并且实现全国联网。

从零售商的角度来看，他们往往感到使用 CRM 系统是被动的，认为汽车生产厂家让他们收集客户信息资料，对厂商是有益的，但是对零售商而言，好处还看不到，他们希望得到经济利益的刺激。但是使用经济手段，又会使企业内部的利益分配出现问题，卖得很火的汽车问题不太大，但是对销售不是太好的汽车，可能会有问题。是对不同汽车采取不同的激励办法，还是将同样的激励办法用于所有的汽车，都需要进一步的研究。在上海通用，负责 CRM 实施和应用的部门自己无法制定和实施经济激励手段，还需要通过上级与有关部门进行协商。

5. 实施效果

经过一段时间的实施，基于呼叫中心应用的信息采集和发布机制已经相当成熟，客户信息量日益丰富；在汽车销售、汽车服务方面整个销售体系已经可以协调运行，尤其是百车通以及客户支持中心这两个客户接触渠道，让广大的潜在客户和现实客户在同公司打交道时非常直接和方便，客户请求信息也可以即时传达到本地零售商和维修单位。有了丰富的客户信息，就可以对它们进行挖掘。上海通用利用所获得的各种信息，已经分析发现很多意义重大的客户行为模式。例如，经过对以往数据的挖掘，上海通用发现汽车展览会是吸引潜在客户的重要手段。有 30% 以上的客户是通过这种途径了解了通用汽车，并且成为购买通用汽车的客户，于是上海通用就在汽车展览会中进行汽车的预定。通过对潜在客户的研究他们还发现，喜欢听歌剧的人对通用汽车有兴趣，于是上海通用就在上海大剧院做促销活动，效果很好。

资料来源

（1）何荣勤 . CRM 原理、设计、实践 . 电子工业出版社，2003.

（2）田同生 . CRM 在通用 . IT 经理世界 . 2001（15）.

（3）王广宇 . 客户关系管理方法论 . 清华大学出版社，2004.

思考题

（1）通过分析上海通用 CRM 项目的实施背景，其 CRM 项目的需求是什么？

（2）上海通用在项目的实施过程中，为什么采用系统实施商与系统提供商分离的做法？

（3）上海通用实施 CRM 系统是在总公司的统一部署下进行的，简要分析这种方式的优缺点。

（4）简要归纳上海通用实施 CRM 的成功要素。

第五章　品牌管理案例

案例一 海尔的"市场导向"变革

　　海尔自创立以来，十分重视管理创新。20世纪80年代，便以"砸冰箱"为开端，全面推行质量管理。1989年底，探索形成独具特色的"OEC管理法"。从1998年开始，海尔借助信息技术，在OEC管理基础上，以索酬（S）、索赔（S）和跳闸（T）为手段，以流程再造为核心，以追求顾客满意度最大化为目标，以订单为凭据，重新整合管理资源与市场资源，形成每一个人（流程）都有自己的顾客、每一个人（流程）都与市场零距离、每一个人（流程）的收入都由市场来支付的管理运营模式。

　　2001年，海尔推行SBU理论（战略经营单位），建立全员SBU经营机制。海尔不断创新，逐步形成了应对互联网时代的管理模式：以自主经营体为基础的人单合一管理。人就是员工，单就是用户。"自主经营体"是人单合一双赢模式下企业的基本创新单元，分为三类三级。

　　三类"自主经营体"——研发类经营体的任务主要是创造一流的产品资源，用户类经营体的主要任务是创造用户资源，制造类经营体的主要任务是模块化供货。三类"自主经营体"之间以用户需求为驱动横向协同。

　　海尔成立2 000余个"自主经营体"，每一个"自主经营体"都是网状组织上的一个节点。节点和节点之间没有高下之分，只有对用户的契约承诺，以便创造更大的用户价值。

　　三级"自主经营体"是从纵向分类，具体为一级"自主经营体"、二级"自主经营体"、三级"自主经营体"。一级"自主经营体"直接面对市场为用户创造价值，二级"自主经营体"为一级"自主经营体"提供资源和流程，三级"自主经营体"对内负责机制驱动经营体协同优化，对外负责战略性机会的发现和创造。

　　企业原来的职能部门（FU），包括战略（CS）、财务（FIN）、人力（HR）、流程系统创新（PSI）、法务（LEG）等部门，在传统正三角的组织结构颠覆为倒三角的组织结构后也发生了改变，从原来职能管理的角色转变为三类三级"自主经营体"的一部分，融入"自主经营体"后，这些职能部门融合为一个有机体，和"自主经营体"统一目标。

　　建立基础体系，将项目分解到人，让人人都有目标；然后提供资源平台，让人人都有市场资源；最后每一位员工自主经营，成为老板。

资料来源

海尔人单合一的前世今生. 经济参考报，2015 – 09 – 25.

思考题

（1）海尔的做法可行吗？此种变革有没有行业限制或对企业自身条件有何要求？

（2）变革可以为海尔带来何种优势？也可能会遭遇什么样的问题？

案例二　苹果让用户变成粉丝

史蒂夫·乔布斯是苹果公司的创始人之一，1985 年被排挤出局，1996 年又重回苹果公司，并于 1997 年再次成为苹果公司 CEO。今日的苹果公司，已涵盖手机、计算机、平板电脑、数字音乐播放器和数字媒体发行等各类电子消费产品及服务，2015 财年营业收入达到 2 337 亿美元，利润 534 亿美元，苹果公司的毛利率达到 39.9%，成为全球最赚钱的公司。让我们简单回顾一下，乔布斯回归之后苹果公司的市场大动作。

1998 年 8 月苹果公司推出了个人电脑 iMac，这款绚丽多彩的电脑集收发电子邮件和网上冲浪于一体，上市 45 天就售出了 30 万台，iMac G3 发布后两年内销量为 200 万台，成为最畅销的个人电脑之一。

2001 年 10 月苹果公司发布的 iPod 音乐播放器更具传奇色彩，iPod 与苹果 iTunes 音乐商店相得益彰，开创了数字音乐消费的新格局。iPod 的诞生让曾经风行世界的 Walkman 成为过眼云烟，iPod 充满了时尚气息，醒目的白色耳机汇合为一股时尚潮流。iPod 面世一年半，用户就接近 100 万，到 2007 年 4 月 iPod 全球累计销售数量突破 1 亿台，而同年 7 月 iTunes 音乐商店已经售出 30 亿首歌曲，成为美国第五大音乐零售商。

2007 年 1 月，苹果公司发布 iPhone 智能手机，该产品在全球各地供不应求，刮起一阵阵抢购热潮。

2010 年 4 月苹果公司又隆重推出平板电脑 iPad，上市后第一个季度销量即达到 730 万台。2011 年 3 月推出的 iPad 2 提高了处理速度，并增加了摄像头，使用户可进行视频聊天。据彭博社报道，在财富 100 强企业中，超过 65 家正在试用或计划部署 iPad 产品。有专家宣称，iPad 上市标志着"后 PC 时代"到来。

苹果是拥有硬件、软件和操作系统全部产品体系的公司，能够凭借强大的硬件、软件和工业设计能力为用户创造独一无二的体验是苹果公司的魅力所在。乔布斯对用户的需求有良好的直觉，对每一次创新都设定了严苛的标准，迫使团队最大限度地发挥潜能，因而最终推出了一个个让人耳目一新的产品，每次都能冲击用户的心理防线，将苹果品牌变身为时尚与品位的代表。

资料来源

苹果的逼格靠什么支持？粉丝经济催生优越感.雷锋网，2014 – 12 – 15.

思考题

（1）苹果公司的哪些措施成就了其品牌的美誉度？

（2）苹果的运营模式带给我们怎样的启示？

案例 三　"褚橙"为什么热卖

褚时健是中国最具有争议性的财经人物之一，曾经是中国有名的"中国烟草大王"。这位原红塔集团董事长，一手将红塔集团建成大型企业，18 年为国家创造的利税高达 991 亿元。

1979 年，褚时健被调进濒临倒闭的玉溪卷烟厂担任厂长，上任伊始他便开始大刀阔斧地对这个半作坊式小厂进行改造。一方面，大举借债购入国外生产设备，烟厂负债率最高时达到 500％；另一方面，引进品种改善种植，从源头帮烟农种出好烟叶。更关键的是他分利于人，竭力改善员工待遇。这在那个吃大锅饭的年代尤为难得，极大地提高了生产积极性。据烟厂老员工回忆，起初当地小伙子都不愿意去烟厂工作，褚时健来后，大家就争着要进烟厂。

褚时健缔造了红塔帝国，"红塔山"造就了多少百万富翁、为多少人解决了吃饭问题，这样的壮举数不胜数。1990 年，玉溪卷烟厂跻身中国工业利税大户第三名，此后一直高居榜首，撑起云南财政半壁江山。褚时健也走上了人生巅峰，"五一劳动奖章""全国劳动模范""全国优秀企业家""中国十位改革风云人物"等荣誉接踵而至。

1999 年 1 月 9 日，褚时健被判处无期徒刑、剥夺政治权利终身，之后减刑为有期徒刑 17 年。2002 年，74 岁保外就医后，与妻子承包荒山开始种橙。2012 年 11 月，褚时健种植的"褚橙"通过电商开始售卖。

从"红塔山"到"褚橙"，作为罕见的、身陷囹圄之后还能在古稀之年东山再起的企业家，通过电商和媒体的演绎，他变成了一个励志符号，跌宕悲辛的人生也被省去了晦暗不明的部分，成了最佳的心灵鸡汤。本个愿面对媒体的褚时健不得不抛头露面，为"褚橙"代言。他给人们的正能量，也是"褚橙"前进的力量。

资料来源

吴清泉，王淑娟，蒋贵友.褚橙热销的背后.云南日报，2014 – 12 – 19.

思考题

（1）一种普通水果为什么会成为众人眼中的"励志橙"，它是怎么做到的？

（2）请分析高价购买"褚橙"的人的消费心理。

案例四 海澜之家的商业模式

海澜集团以生产面料起家，2002 年 9 月推出海澜之家品牌，以全国连锁、超大规模、男装自选的全新营销模式引发了中国服装市场的新一轮革命，被称为"男人的衣柜"。

海澜之家在 200—1 000 平方米的卖场里，陈列成年男性从上到下、从内到外、从正装到休闲、从春夏到秋冬一年四季所有的服装服饰产品，共有 17 大系列，5 000 多个品种。

1. 平价品牌顺应行业趋势

海澜之家将目标客户定位为 25—40 岁的中低收入男士，为其提供高性价比、全系列的服饰产品。爱居兔则以年龄 18—30 岁的人群为目标客户群，以时尚、休闲为品牌特征，提供超市型的自助购物体验。

二三线城市消费者的消费特征是追求"高质平价"。海澜之家的服饰符合该部分群体的需求。海澜之家在二三线城市具备先发优势，品牌知名度和认可度较高，渠道选址优先，这为公司渠道的持续扩张奠定了良好的基础。

2. 携供应商实现双赢

按海澜之家的经营模式，即将生产环节和销售渠道大部分或者完全外包，自己经营的重点放在品牌运营、产品设计和供应链管理环节上。公司仅保留少量生产业务，主要通过与供应商签订附滞销商品可退货条款的采购合同采购产品，对上游 50 余家供货商先拿货、后结款，供应商需承诺 100% 退货。

公司的采购模式采用零售赊购的方式，货物入库货款不超过 30%，后续资金在实际销售后支付，保证了充裕的现金流。此外，海澜之家紧紧把握服装供应链中利润来源的核心环节：品牌管理、产品企划、供应链营销，将中间的生产、运输等环节外包。

公司与供应商联合开发产品，采取先销售后付款、滞销货品退货及二次采购相结合的模式，海澜之家本身不承担库存风险，同时也在一定程度上保证了产品质量。产品设计方面由海澜之家设计中心（自有 200 人设计团队）完成产品开发提案后（大方向的规划和设计），交由供应商的设计团队进行打样，双方沟通修改后确定最终款式，具体订单量由海澜之家主力门店的店长投票决定。

3. 加盟商类似于投资者

海澜之家主要依靠加盟店进行外延扩张，所有权与经营权相分离，因模式独特，近几年增长迅猛。加盟商承担门店的租金、装修费用、水电物业、员工薪酬、货物运输及其他经营活动中产生的费用，具有门店的所有权，但不承担铺货费用。吸引商家加盟的条件是，交纳 200 万元加盟费（含 100 万元押金和 100 万元租金、装修、人工以及启动资金）以及每年 6 万元管理费，由总部保证 5 年后加盟商税前利润 100 万元，即实际税前年化收益率 14%。

据了解，公司拥有 200 人以上的职业店长团队，新店开业后，会有 1—2 名职业店长驻店 1—3 个月进行培训指导。海澜之家有 100 多名专门的渠道拓展员，主攻二三线城市的核心商圈，通过严密的数据分析测算商圈的综合能力，选定达标门店后将数据反馈给加盟商，由其决定是否参与投资；加盟商也可主动提供门店资源，但需要符合公司选址标准。

为保证海澜之家全国特许经营体系统一的营运管理模式和品牌形象，总部负责加盟店管理人员和营业人员的招聘、培训、录用、解聘和管理，管理人员和销售人员的薪酬制定，在协议期内的铺货、补货和应季换货等，具体经营活动均由海澜之家代加盟商负责，其实际控制了销售渠道，具有门店的经营权。

在此模式下，加盟商化身为投资商，不用承担库存和经营风险，只需关注门店的回报率是否符合预期。根据现有数据和调研反馈进行测算，加盟商年均投资收益率达到 20%，远高于同期低风险财务投资收益。数据显示，过去几年海澜之家年关店率只有 2% 左右。

该模式可以最大程度地利用社会资金，加速公司的营销网络布局。统一管理使得公司及时掌握所有产品在全国各门店的销售情况，并及时调货。整个运营模式中，海澜之家完美地将服装企业最头疼的两大问题——存货和资金分解给了上下游，自己只需提供品牌管理、供应链管理和营销网络管理。

资料来源

袁源. 海澜之家 商业模式变革驱动高速成长. 证券时报，2014－04－11.

思考题

（1）你看好海澜之家的这种发展模式吗？理由是什么？
（2）这一运作模式会面临哪些风险？

案例五 ZARA 的品牌定位

ZARA 是西班牙 Inditex 集团 1975 年创办的一家子公司，它既是服装品牌，也是专营 ZARA 品牌服装的连锁零售品牌。目前在全球 62 个国家拥有 917 家专卖店（自营专卖店占 90%，其余为合资和特许专卖店）。公认的 ZARA 成功的经验包括：顾客导向；垂直一体化；高效的组织管理；强调生产的速度和灵活性；不做广告、不打折的独特营销价格策略等。

绝大多数消费者喜欢时髦而与众不同的衣服，但又不能太贵。ZARA 抓住了这些用户的心理，运用快速模仿的设计和快速反应的供应链，以及大规模、小批量的生产模式，在竞争激烈的国际服装行业迅速崛起。它的成功值得我国服装行业的企业家们深思。

ZARA 可以说是时尚服饰业界的一个另类，在传统的顶级服饰和大众服饰之间独辟蹊径开创了快速时尚（fast fashion）模式。从设计到把成衣摆在柜台上出售的时间，中国服装业一般为 6—9 个月，国际名牌一般需要 120 天，而 ZARA 一般只需 12 天，最厉害时可以达到 7 天，这当然得益于 ZARA 灵敏的供应链系统。

ZARA 一年中大约推出 12 000 款时装，而每一款时装产销量都不大。即使是畅销款式，ZARA 也最多只给每家专卖店两件，卖完了也不补货。通过这种"制造短缺"的方式，培养了一大批忠实的追随者。这一"多款式、小批量"的经营模式使 ZARA 突破了经济规模的制约。

ZARA 斥巨资构建了以我为主的供应链，在西班牙的生产基地设立了 20 个高度自动化的染色、剪裁中心，而把人力密集型的工作外包给周边 200 英里范围内的 500 家小工厂甚至家庭作坊。ZARA 将这 200 英里的地下全部挖空，架设了密集的地下传送带网络。每天根据新订单，把最时兴的布料准时送达终端厂，保证以最快速度完成生产。成品服装用货柜车沿高速公路两天内可以保证到达欧洲各大市场，而对于美国和日本市场，ZARA 甚至不惜成本采用空运以提高速度，这使得 ZARA 拥有令对手无法企及的速度优势。

ZARA 的零售只设专卖店，不进行特许经营。专卖店每周根据销售情况下两次订单，因此减少了需要打折处理存货的概率，也降低了库存成本。款式更新快增加了新鲜感，确保了衣服能符合顾客的品位，吸引顾客不断重复光顾。

ZARA 用 3 000 万美元重组其信息系统，每位门店经理都拥有一部特别定制的 PDA，通过这台联网的 PDA 他们可以直接向总部下订单，而总部可以直接掌握每一家门店的销售情况，同时门店经理也可以和总部产品经理及时沟通。通过这样的战略部署，全球任何一个地方有最时尚的时装款式出来，都可以在最短时间内生产并推向市场，而且可以在竞争对手推出同样款式的 5 天内，快速将同类产品全部下架。这保证了 ZARA 永远喝到的是"头啖汤"，永远可以引领时尚潮流。

资料来源

分析 ZARA 成功的"极速"模式背后的 IT 支点. 富基商业评论，2016 – 08 – 23.

思考题

（1）大城市的年轻人为什么喜欢 ZARA？

（2）ZARA 采取了哪些措施实现自身的品牌定位？

案例 六 ALDI 的竞争力从何而来

阿尔迪（ALDI）是德国一家以经营食品为主的连锁超市，每家店铺的营业面积多为 500—800 平方米。店铺装修简朴，店堂内外没有广告张贴，看起来很不起眼。但在最受德国人尊敬的企业品牌中，阿尔迪仅次于西门子和宝马，排名第三。阿尔迪成功的秘诀是，在保证质量的前提下，商品价格要比普通超市低30%—50%。而在这一超低折扣的背后，是一种打破传统零售模式的独特理念，其中的核心只有两个字——简单。

其一，大幅删减商品种类。阿尔迪商场里只有600—800种简单商品。在一般的超市里，顾客会发现16种品牌的番茄酱，而在阿尔迪只有一种品牌，手纸只有两种牌子，腌菜只有一种品牌，即同类商品之中最好的品牌。这种简化显著降低了商品采购、存储、销售及管理的难度，进而减少了企业运营和管理费用。除少量日用品、食品设有货架、冷柜外，其他商品均按原包装在店内就地销售，店员打开纸箱包装，由顾客自取。商品都是能够迅速带出店铺的，包括罐头食品、纸袋包装食品、快餐食品、一些新鲜果蔬和冰冻食品等。为了避免营业员因找零钱而浪费时间，阿尔迪将价格尾数调整为0或5。

阿尔迪有时会供应一些其他种类的特供商品，如电器、纺织品等，前提是性价比超高，供应一批，销售一批，卖完为止，不持续供应。简单的商品种类大大降低了阿尔迪的物流成本，并让阿尔迪与供货商在品质控制和价格谈判时处于绝对优势，供货商无法抗拒阿尔迪没有竞争品牌的销售渠道和巨大的规模效应。

其二，员工人数少，效率高。尽管阿尔迪生意繁忙，经常出现排队现象，但每个店铺一般只设两三个收银台，营业人员仅为4—5人，人均服务面积超过100平方米，充分挖掘了员工的潜能。包括店长，每人都身兼数职，没有固定岗位，是真正的"多面手"。业务繁忙时，营业人员集中收银台结账；闲时营业人员轮流理货，清理废弃包装。收银台只使用普通的收款机，没有扫描仪和价签，营业人员不仅对数百种商品的价格倒背如流，而且他们的心算和录入速度令人惊叹，整个结算过程非常快捷。

其三，能小则小，能省则省。阿尔迪还将经营面积尽可能缩小，然后将节省下来的租金以便宜的价格返还给消费者。阿尔迪几乎不做广告，所有的商场，每周只有一页宣传单放在超市入口，介绍下周新上柜的货品，由顾客随意自取浏览。

阿尔迪的顾客主要是中低收入的工薪阶层、无固定收入的居民及退休的老年人，还有大学生以及外籍工人，所以阿尔迪将大部分连锁店设在市中心居民区和各个小城镇。当前德国境内的阿尔迪星罗棋布，平均每2.5万人口的地区即有一家阿尔迪，8 000多万德国人口中约75%的居民经常在阿尔迪购物，其中有2 000万人是固定客户。随着阿尔迪影响力越来越大，连锁店已经扩展到欧洲很多国家，除了德国的3 700多家店铺外，在包括美国在内的其他国家还有2 600多家。阿尔迪强劲的发展势头和表现让其创始人阿尔布雷希特兄弟分列德国富豪排行榜的第一和第二位。

阿尔布雷希特兄弟总结其成功秘诀时说：我们只放一只羊！无数事实证明，那些想放一群羊的人，到最后往往连一根羊毛也没拿到。

资料来源

张计划．打败沃尔玛的两字箴言．销售与管理，2011（1）．

思考题

（1）根据材料，阿尔迪是一种什么样的市场定位？

（2）阿尔迪采取了哪些手段以建立自身的价格优势？

案例⑦　"1分钟诊所"的品牌定位

新模式呱呱坠地。

相信每个人都有这样的经历，一个小病本来可以很快处理，但在医院里挂号排队、门诊排队、检查排队乃至取药排队，一耗就是大半天，烦琐的程序极大地浪费了我们的宝贵时间。

1999年7月的某一天，美国人里克·克里格就经历了这恼人的一切。他沮丧之余突发奇想，能不能借鉴便利店或快餐店的运营方法，创造一种相对简单的医疗模式？毕竟部分患者只需要一个合格的医生进行常规检查，并针对结果做出简单处理即可，而不需要每次都费时费力地去挂号、预约和详细诊断。

我们不是在说糖尿病、癌症或者心脏病，而是在说感冒、咽喉痛或者耳朵感染。医院这些烦琐的手续既浪费了患者的时间，也耗费了稀缺的医疗资源。如果能够采取一种简化快捷的方式，那么对双方而言都是有利的。克里格说干就干，立即与两个合伙人一起创立了 Minute Clinic，即"1分钟诊所"，他们的核心创意是向大众提供快速方便的医疗保健。从"1分钟诊所"这个象征着快捷医疗服务的名称，用户可以真切感受到克里格的价值主张和服务理念。

诊所每周7天24小时营业，选址则着重于民众常去的地方，比如沃尔玛、家乐福这样的大型超市内，方便人们购物时就诊；比如政府机关和私人企业附近，方便上班族利用午休时间就诊；又比如各大连锁药店旁，方便患者就诊完毕直接到药店拿药。诊所的所有治疗均不超过15分钟，患者随治随走。当前，"1分钟诊所"已经在美国遍地开花，成为拥有350多个连锁店面的医疗集团。

"1分钟诊所"跟快餐店有几分相似，即提供便宜、高效的服务，并且无须等待。"1分钟诊所"通常在商业区、住宅区以及药店等方便地点开设诊疗店面，一般由一名执业护士值班，治疗18个月以上儿童和成人常见疾病。他们清楚列出了服务和报价，就像麦当劳的菜单，通常晚上和周末照常营业。还明确告知等待时间，所有治疗均不超过15分钟，价格低廉（30—110美元）。治疗仅限于简单、易于诊断的疾病。"1分钟诊所"将工作流程标准化：针对基本体征检查、流行病预防、常见伤病诊疗等各种常见的医护内容，驻诊护士按照总部提供的既定的方案流程对患者进行医护。患者就诊的花费大大低于去医院的开销，也没有医院那么多烦冗的手续。如果有严重的病情，诊所会向医院转诊。对患者而言，工作、治疗两不误。

起初有医疗专家质疑该种"简易诊所"的科学性，美国医院协会的发言人里克·维德说："有些疾病的表现症状差不多，这未必能诊断出来。""1分钟诊所"的管理层认为，诊所是对医院医疗服务的补充，绝不会成为医院的替代品，为了慎重对待公众健康，他们只接受指定的病种，而且有医疗专家通过在线方式指导护士处理有疑问的病患。随着公司的发展，管理层意识到与医疗保险企业合作的重要性，保险公司也意识到新模式的集约和高效。有了医疗保险的支持，"1分钟诊所"的发展如虎添翼，加快了向全美国扩张的速度。

据测算，"1分钟诊所"每天接诊20个患者就可实现盈亏平衡，接诊30个患者就可以有可观的盈利。自2007年到2009年两年时间里，到连锁式"1分钟诊所"求医的美国人的占比从7%上升到了14%。

医疗服务是直接关系到公众健康和生活质量的行业，这个行业专业性强，涵盖范围广且复杂。整个医疗市场既可以按照患病部位和病种纵向切割，比如内科、外科和肿瘤科，也可以按照病症轻重和治疗难易程度横向切割。一个健全的医疗服务市场应该有良好的分工，从纵向和横向两个方面来选择专业服务的定位，只有这样才能非常好地兼顾到人类健康和医疗工作的效率。

普通医院经常面对混杂在一起的多样化的医疗需求，同时要提供多种医疗服务，所以很难针对某种特殊群体，工作流程也很难标准化。这既消耗了医疗资源，又浪费了患者的时间和精力。

"1分钟诊所"聪明地切割了整个医疗服务市场，分割出一块最简单、最快捷，也最容易进行标准化处理的细分市场，将保健融入消费者的生活，使患者更方便、简单和经济地得到服务。而且因为它分流了大量的普通患者，有效减轻了专业医院的压力，让医院的专家可以更专注于所擅长的疑难杂症，推动了整个医疗市场的合理分工，为优化医疗资源的配置和使用效率做出了贡献。

我国的百姓偏好到大医院就诊，一个原因可能是各级别医院之间的收费没有拉开差距，也可能是对社区医院和民营诊所不放心。大量患者不分轻重缓急地热衷于大医院，让大医院人满为患，每个环节都需要排队，等候时间越来越长，既过度地消耗了优质医疗资源，又浪费了患者的时间。怎样才能形成医疗服务市场的科学分工，"1分钟诊所"带给我们可贵的启示，公立的社区医院有人员激励的难题，个体诊所又有急功近利的弊病，规模化的连锁诊所可能是平衡两者优势的不错选择。

资料来源

张计划.1分钟诊所：切割定位的经典.光彩，2011（5）.

思考题

（1）医疗事业用商业方法来运营，这种做法你赞成吗？为什么？

（2）"1分钟诊所"是怎样运用STP方法的？

案例八　宝马的差异化定位

德国宝马（BMW）成立于 1916 年 3 月 7 日，前身是一家飞机工厂。1923 年底宝马推出 R32 摩托车。1925 年宝马开始研制汽车，并于 1929 年 7 月推出首辆汽车，1933 年更是推出外形类似跑车的 303 型，最高时速达到 130km/h，因为其耗油低、安全和易操控等特色而轰动一时。第二次世界大战之后，1952 年 10 月宝马再次投产汽车。

当前宝马已成为全球最成功和效益最好的汽车及摩托车生产商，在 13 个国家设有子公司和生产厂，拥有 BMW、MINI 和 Rolls‐Royce（劳斯莱斯）三个品牌，是世界上唯一一家专注于高档汽车和摩托车的制造商，占据了从小型车到顶级豪华轿车各个细分市场的高端。

1. 差异化的精准定位

与奔驰悠久的历史不同，20 世纪 60 年代宝马还只是德国最小的汽车公司。当宝马试图崛起之时，以奔驰为代表的传统高档豪华车凭借历史积淀和市场先机，稳稳占据着世界豪华车市场。怎样才能找到一个与奔驰不同而又有前景的高档轿车细分市场，成为决定品牌胜败的关键点。

宝马首先开展了一系列市场调研，豪华轿车的消费者都处于社会高层，但其价值观可能是传统的，也可能是现代的。宝马发现，这两类人群在选购汽车时的要求差异明显，持传统价值观的消费者更看重空间宽敞、后座舒服、安全、持久，持现代价值观的消费者更看重车辆设计、个性、科技。

据此宝马管理层认为，奔驰主要面对传统企业家阶层，代表连续性和社会等级；而新兴的现代企业家、新职业精英、向上攀登的年轻人等类型的高层消费者富有能量和活力，有接受新品牌的机会。针对这一目标市场，宝马将自身品牌核心价值定位为"最完美的驾驶工具"，并不遗余力地提升汽车的操控性能，使驾驶汽车成为一种乐趣、一种享受。"最完美的驾驶工具"的诉求结合了三大要素：设计、动力与科技，从而树立了宝马"尊贵、年轻、活力"的形象，与传统名牌奔驰的"尊贵、传统、豪华"区分开来。

在目标市场选择上，宝马抓住国际汽车市场调整和中产阶级崛起的机遇，把目标市场定位于战后新一代身上。宝马汽车优异的驾驶性能和精心的内部设计正好吻合战后新一代热情好动、追求刺激的消费心理。

2. 客户导向的企业文化

宝马的全球生产网络秉承"客户导向"的经营哲学。公司根据当地市场情况来建立生产网络，采取柔性管理方式，各厂都根据不同的生产车型对人员灵活调配，并以灵活的工作时间和灵活的物流管理见长。据此，宝马高度协调的生产网络不仅可以高效管理汽车生产中非常复杂的工艺流程，而且可以对某车型的需求变化迅速做出反应。

成立于 1991 年的宝马 M 工作室下属的 Individual 部门，专门负责宝马各类车型定制化专属需求。客户可以在宝马授权经销商处看到不同车型的个性选装配置菜单，并根据自己的个人需求从外观到内饰、从驾驶动态到舒适功能，定制自己的爱车。宝马工厂则根据客户的个人订单进行生产，客户即可以拥有一款纯正的、体现个人风格的专属BMW座驾。

3. 不竭的产品和传播创新

宝马品牌的核心是乐趣，在整个品牌核心价值的统领下，每一个系列的车型都会有个性化的差异。从较小型、时髦的三系列，到提供安全舒适空间的五系列，再发展到适合高级人员的七系列房车，直到独特优雅的八系列双门跑车，所有车系都具备了宝马汽车惯有的优雅风格。潜在的动力、高品质的做工，以及无与伦比的安全标准，将宝马打造成精湛的技术和流畅驾车的象征，进一步稳固了宝马"成功的新形象"。

宝马采用了广告、直销、公共关系等多种传播方式，并建立车友会，定期举办活动，加强车主与宝马之间的感性联系，利用已有的顾客的口碑，传递品牌信息，树立品牌形象。

宝马品牌广告一般是大手笔，风格前卫且制作精良。007系列电影的嵌入式广告，还有好莱坞大师级导演拍摄的短片，让"终极驾驶机器"这一品牌定位深入人心，持续传递着宝马与生俱来的创新、动力、美感与实力。

资料来源

张计划. 宝马品牌建设的道与术. 中国品牌与防伪，2013（3）.

思考题

（1）宝马抢占高档轿车市场，运用了什么样的策略？

（2）宝马给高端市场的顾客创造了怎样的附加价值？

案例九　万达广场的盈利模式

2002年第一座万达广场——长春万达广场落成。2014年10月31日，第100座万达广场在昆明西山开业。从第一代的单店到第二代的复合店，再到第三代的组合店，以及目前不断研发改进的第四代城市商业综合体，万达不断调整自己的产品模式，并首创了"订单地产"的商业模式：形成从规划设计、项目建设到运营管理的完整产业链，拥有中国最丰富的商业合作伙伴资源。

1. 购物广场布局设计

万达大部分为三层建筑结构。其中，一层规划为品牌服装服饰旗舰店、连锁知名餐饮、生活配套服务（银行、药店、数码产品等）；二层规划为个性特色服装服饰、休闲餐饮、生活配套服务（家居用品、儿童用品、美容美发、儿童早教等）；三层规划为中式正餐、西式快餐、地方特色餐饮、风味小吃、休闲水吧等。建筑面积较大的万达广场，也会在四层以上规划有电影院和水吧。

总体上看，万达广场的商业业态大致分为服装服饰、餐饮、生活配套服务三类，除了主楼外，部分万达广场还会配有室外步行街。三个业态的面积占比大致为：餐饮面积占比 40%—60%；服装服饰面积占比 20%—30%；生活配套服务面积占比 20%—25%。

2. 合作商家数量庞大

在万达广场的服装租户中，合作的品牌超过 1 000 个，一共有 5 000 家店铺在经营，销售贡献是 12%，增长趋势略有下降，但整体的经营仍然稳定。

在餐饮方面，目前与全国万达广场合作的餐饮品牌已超过 2 000 个，一共有 4 000 家店铺，销售贡献达到 15%。洋快餐的市场占有份额最高，销售能力最强，依然在中国市场保持绝对优势。

与万达广场合作的精品商家品牌有 1 000 个，超过 4 000 家店铺，总租赁面积是 60 万平方米，销售贡献占 10%。生活精品类消费在逐年提高，增幅超过了服装。其中护理集合、数码集合表现最为抢眼。

与万达儿童体验业态方面合作的一共有 400 个品牌，超过 500 家店铺，销售贡献只有 3%，但这个业态增长强劲。

3. 执行力卓越的"消项法"

万达内部有一个专门的商业研究中心，包括商场动线设计、招商、推进计划等各个领域。在这个团队的专业设计下，万达广场的建设和招商有一套流程化的公式操作法则。假设一个购物广场项目要 500 天左右完成，那么万达会按照开业时间倒推，即多少天要完成到哪个阶段，安排好之后分派到各个负责人处根据时间表分阶段实施。

在万达集团内部，实施这些阶段时间表依靠的是一套严格的"消项法"，即完成一个目标就消除一项。假如时间点已到，而时间表上应该完成的任务还未"消项"的话，相关人员或合作伙伴会被"亮灯警告"，若多次无法按时"消项"，则相关人员会被"亮红灯"，这意味着其将失去与万达合作的机会。在这种严格"消项法"的推进下，万达广场的各项进程推进会很快。

万达能做到以"消项法"掌控大局的一个根本原因是，万达大量采用自有品牌，比如百货、大歌星 KTV、万达院线等。

资料来源

贾娜. 万达集团商业模式解析：订单式商业 + 城市综合体. 云南信息报，2012 – 03 – 10.

思考题

（1）万达在商业地产方面的竞争优势是怎样形成的？

（2）在高速发展中，上下游合作机构密切配合万达的动力何在？

案例（十） 瑞安航空送票且盈利的秘密

成立于 1985 年的瑞安航空总部设在爱尔兰，拥有 209 条廉价航线，遍布欧洲 17 个国家的 94 个目的地，多年以来已经逐步发展成世界上最赚钱的航空公司。2001 年"9·11"事件后，当航空业普遍陷入困境时，瑞安航空却保持着盈利纪录；2006 年石油价格上涨，在航空业竞争日益激烈的环境中，瑞安航空的利润仍然同比上升了三成多；2009 年 7 月，瑞安航空宣布第二季度盈利 1.23 亿欧元，7 月创下了新的单月运输量纪录 670 万人次，客座率保持在 89%。

这家欧洲最大的廉价航空以免费机票闻名。通常我们所说的免费机票指的是票面价格为零，但是绝大多数情况下还需要支付一笔机场税，有的公司还要加上燃油附加费。但是在瑞安航空，你可以买到真正免费的机票。其带来的冲击简直可以用地震来形容，连大众熟知的需求曲线都被压垮了。因为免费机票纷至沓来的顾客，主要是工薪阶层、学生、个人旅游者，也许本来并没有坐飞机的打算，甚至根本没有出行计划，他们可能是为了偶然得来的免费机票出趟远门，于是瑞安航空保持了一个 89% 客座率的空运神话。

免费很简单，但免费的同时还要赚钱就非常难了！

瑞安航空做到了，而且做得非常出色，请仔细看看它的做法：将核心产品——机票免费，然后依靠其他途径收回成本并实现盈利。其他途径主要有三条：对额外要求的服务收费；差异化的客户补贴免费客户；"副业"的广告或补贴。

还有一些难以置信的怪招：向肥胖乘客收取超重费、计划要卖站票以及收取飞机卫生间使用费。如果你觉得匪夷所思，请记住，机票是免费的……因此这些措施几乎没有影响它的上座率，甚至那些对传统航空公司晚点无法容忍的乘客都对瑞安航空表现出超乎寻常的大度。

瑞安航空虽然靠低价吸引消费者关注，但成本永远保持着巧妙的平衡，即由一部分乘客补贴另一部分乘客。免费机票其实是对顾客的一种细分，追求方便、快捷、准时的商务旅行，注重的是乘坐的舒适体验，而个人旅行对价格敏感度很高，两类人群的消费期待和价格弹性不同。将少量空余座位降价甚至免费出售，航空公司的边际成本其实很小。差异化销售还体现在，就同一个航班来说，也许去程免费，回程是原价甚至还很贵，或者在一些热门航线上永远不推出免费机票。保持这两者需求的平衡，才是瑞安航空长盛不衰的真正秘诀。

除了节省每一分钱之外，还要努力多挣每一分钱。瑞安航空将自己定位为提供全方位服务的旅行社，与租车公司、酒店、旅行社实行延伸合作，从而实现围绕这些廉价或者免费机票赚更多的钱。2009 年第二季度，瑞安航空的辅助收益增长了 23%，达到 5.98 亿欧元，甚至超过了它的本行。你不需要拥有某项资产，就能靠这项资产赚钱。

资料来源

张计划. 免费赠送还能赚钱的秘密. 大众投资指南, 2016 (4).

思考题

（1）瑞安航空的运营模式属于何种定位？

（2）瑞安航空低价还能盈利的秘诀是什么？

第六章　零售管理案例

案例一 日本 7 - 11 的店铺运营之道

1973 年创业以来的日本 7 - 11，一直为实现"一切以顾客的需求为转移"的经营宗旨而努力，确立了"三个中心""四个原则"的运营战略目标。

一、三个中心

1. 以顾客为中心组织经营

日本 7 - 11 便利店以便利为宗旨，定位清晰。便利店营业面积基本上都是 100 平方米左右，经营品种约 3 000 个，都是比较畅销的商品。其中，食品占 75%，杂志、日用品占 25%。为了做到方便顾客，便利店分布稠密，在有 7 - 11 便利店的地区，顾客只需步行约 7 分钟就可以看到一家便利店。7 - 11 便利店除了经营人们日常必需品外，还协助所在地区收缴电费、煤气费、生命保险费、水费、通信费等，是一个真正为居民着想的便民利民商店。

在满足顾客需求的前提下，充分发挥零售业的主导作用，把定制营销带到零售业中。日本 7 - 11 便利店处处从消费者的心理出发，考虑到消费者群体的购物习惯及消费嗜好，将上班族归类为"加班时经常购买零食为消夜"的消费层，让靠近上班族的 7 - 11 便利店在夜间增加零食。考虑到顾客站着购物不易看见下层商品的实际，要求每家 7 - 11 便利店的货架下层摆放要醒目，以便顾客一目了然。7 - 11 便利店根据单身族的生活习惯，贴心地推出各种饭团、便当、生活用品等适销对路的商品。

2. 以信息为中心管理商品

日本 7 - 11 充分发挥信息系统的通畅作用，把信息营销带到零售业中。早在 1982 年日本 7 - 11 开始引进 POS（销售时点信息）系统，并开始使用 EOS 订货（电子订货服务）。1991 年又率先进入国际标准通信网（ISDN），实行各门店电脑联网，随时接收各门店的信息，并随时发出信息，大大地提高了管理效率。通过多次信息系统的变革和更新，日本 7 - 11 建立起全球仅次于美国国家航空航天局（NASA）的信息资料库，精准解读变化多端的购物心态，从而游刃有余地确定了目标顾客群。

3. 以效率为中心提供服务

日本 7 - 11 充分发挥差异化服务的广角作用，把个性营销带到零售业中。日本

7-11尽心尽力追逐差异化服务，以求把每一家7-11便利店完全融入顾客的生活情景中，让货柜上的商品"自然地"向顾客招手。在一家7-11便利店中，虽然营业面积仅有100平方米，但经营着3000多种商品，日平均销售额达到4万元左右，资金周转次数每年高达43次。

日本7-11拥有先进的信息和物流系统。7-11公司虽然拥有数量庞大的门店，但配送货物是及时、迅速、有条不紊的，这有赖于先进的物流系统。为了使卖出的货物得以及时补充，7-11公司采取了JIT（just-in-time，即及时制）进货方式，这是一种频繁而小批量的进货方式，依靠门店之间建立的网络系统所收到的最快订货信息及顾客订单所要求的货物来配送商品。同时，7-11公司在分销渠道上进行改革，委托配送货物的批发商接收来自不同制造商的产品，并与制造商签订协议。7-11用这种方式有效地开发了不同的分销渠道。但是公司并没有在批发商上投资资金，而是由批发商自己筹集资金成立配送中心，成立的配送中心接受7-11公司的统一指导和管理。这样，批发商依靠7-11公司可与许多制造商建立关系，拓宽了供货渠道；而7-11也无须承担任何沉重的投资负担就能为其门店建立一个有效的分销系统，两者各取所需，达到双赢的目的。

二、四个原则

一直强调营销的日本7-11便利店，有"四个原则"是必须遵从的，即商品齐全：摆顾客最需要的商品；鲜度管理：24小时保持商品的新鲜度；店内清洁：24小时保持店内清洁；微笑服务：发挥微笑服务的魅力。

营销+"四个原则"的经营模式，使日本7-11不仅在日本广受欢迎，而且在全球各地的扩张速度均呈上升态势。不仅仅是日本7-11，纵观日本便利店这一行业，很多经验是值得借鉴的。

日本的便利店经营模式是最为活泼及多元化的，如便利店不仅卖食品饮料、书报杂志、烟酒、健康保养品，而且还能预购唱片CD、季节商品等，以及提供各种缴费服务及提款机（ATM）等金融票证服务，最近还推出收取邮件服务，真正形成一个综合式的居家生活便利中心。24小时营业的便利店，可以随时随地满足不同层次消费者的需求。

在仅仅100平方米的小空间里，虽然货品数量不如超市或量贩店、大卖场多，但店铺具有密集度高以及商品替换快速的优点，符合消费者求新求变与喜新厌旧的本性。换言之，它抓住了人心，这就是7-11便利店能够不断存活与成长的关键所在。

三、提供无形增值服务

日本7-11便利店主要销售的商品有食品和日常用品，其中快餐食品、饮料、冰淇淋、酒类、香烟、杂志等商品在日本零售商中的销售量名列前茅。由于便利店受营业面积限制，商品陈列有限，不能满足消费者挑选的需要，因而在商品品种方面要输给其他零售业态。但 7 – 11 便利店在服务方面却略胜一筹，除了 24 小时昼夜不休地营业外，其他服务还有"宅急便"（送货上门）、冲洗相片、代收水电费、代售邮票、代售音乐会票、代售飞机票、代办旅游事务、代售滑雪索道券等。

四、进军电子商务

1999 年，7 – 11 便利店与"通贩""雅虎日本"等公司共同设立名为 e-shopping books 的网上书店，以销售图书为开端进入电子商务领域。2000 年 2 月，7 – 11 便利店与索尼、NEC、三井物产等共同成立了"7 梦幻"（sevendream. com）的网络商店，开始销售各类商品和服务。

7 – 11 便利店下一步电子商务计划是将成千上万种商品真正搬到网上，运用网络放大其小小的店铺，通过线上线下"虚""实"结合，便利店可以突破商品品种的限制，将商品经营范围扩大到几万甚至几十万种。这样，7 – 11 便利店既可以凭借丰富的商品、便利的服务与大型商店展开正面竞争，又可以凭借管理、顾客、物流、信誉等优势与纯网络商店竞争，从而全面提升自己的竞争力。

从 7 – 11 便利店的电子商务实践中可以看出，传统零售企业完全可以利用先进的信息技术，挖掘出许多新的商务需求，零售企业电子商务的经营领域不必局限于商品购物，还可以向外延伸，从衣、食、住、行到旅游、娱乐、投资、教育……网络商务内容将会越来越多，精彩纷呈。新的商机等着传统零售企业去挖掘，以形成新的、多元化的竞争力。电子商务将会引发零售业的深刻变革，在这场变革中，传统零售业的任何业态都不会消亡，消亡的将是那些经不起冲击和变革而被迫离去的某些零售企业。

资料来源

根据相关资料整理。

思考题

（1）日本 7 – 11 成功的秘诀是什么？今后面临的难题会有哪些？
（2）7 – 11 便利店的发展经验对中国本土便利店有何启示？

案例二 华润万家的"四个五工程"战略

战略决定企业的未来。华润万家作为一家优秀的连锁企业代表，它的成功与其发展战略分不开。华润万家的经营理念是通过持续的优化与发展，创建顾客满意、员工满意、股东满意的一流零售企业，致力成为中国零售行业的领跑者。

一、发展历程

1984 年 2 月 14 日，华润集团下属的华润采购有限公司在香港注册成立，以经营超级市场为主，兼营批发业务。1999 年公司更名为华润超级市场（香港）有限公司。经过几年的发展，华润超市迅速成长为香港第三大超级市场。

20 世纪 90 年代初，华润超市进入内地，先后在深圳、苏州、天津、北京、徐州等地开出了以红色 CRC 为标志的超市门店，并在内地蓬勃发展。2001 年 8 月，华润集团收购万佳百货。2002 年，华润万佳连续三年蝉联广东省连锁零售第一名，并以 85.9 亿元的销售额在全国连锁百强中排名第七。2003 年，华润万佳员工总人数超过 14 500 人，并以 103.2 亿元的销售额名列中国零售企业百强第九位，在广东省同行业蝉联第一。

2003 年 9 月 19 日，经国家工商行政管理总局核准并颁发新营业执照，原"华润万佳有限公司"正式更名为"华润万家有限公司"。华润万家 2003 年总销售额 103.23 亿元。2004 年 4 月，华润万家在香港、深圳、广州、珠海、中山、苏州、杭州、北京、天津等地开设门店 449 家。其中大型综合超市 18 家，综合超市 29 家，标准超市 402 家。

截至 2011 年 12 月，华润万家员工总人数超过 200 000 人，并以 827 亿元的销售额名列中国连锁超市销售榜第一位。

二、发展战略规划

2002 年初，华润耗资上百万美元专门邀请罗兰贝格管理咨询公司帮助其建立自己的战略发展计划，试图通过一流国际战略发展管理咨询公司帮助华润做好零售行业的发展。

1. "920"项目

罗兰贝格通过大量市场调查，包括市场分析、华润万佳管理系统评估、全球零售企业走势等，在此基础上确立了全新的华润万佳"跨区域、多业态"的组织架构、业务流程及管理控制体系。原计划从 2002 年 11 月正式开始启动，项目名称为"920"项目（寓意为该项目实施运作始于 2002 年 9 月 20 日）。

罗兰贝格制作的这个营销战略包括区域战略和业态战略。区域战略是指扩张定位在国内比较发达的地区，包括华南、华东和华北三大区域。业态战略的定位：一是综合超市，满足顾客对消费品一站式购足的要求；二是大卖场，华润 2001 年收购了广东省最大的连锁企业万佳百货；三是折扣店；四是标准超市。

2. 组织设计

华润针对这一战略，首先设定了"跨区域、多业态"的组织架构，其中包括总部、区域总部、业态城市中心、门店四个级别。总部负责战略性职能，标准制定、人力资源、财务控制由总部统一管理。三大区域总部（华东、华南、华北三个区域）主要负责核心业务职能，包括采购、物流、分店的管理。这样就形成了总部管标准、区域管业务的管理框架。

3. 相关运营系统的制定

开拓了跨区域多业态发展的、新的业务流程系统，制定了一套相对应的管理控制系统，包括报告系统、考核系统等。

4. "四个五工程"战略

华润明确将零售作为主业发展，在体制、投资等方面，坚定不移支持华润万家的发展，以零售带动分销，实施有限度的相关多元化战略。华润万家制定了 5 年时间内投资50 亿元，实现营业额 500 亿元、年度利润 5 亿元的"四个五工程"战略目标。

同时，华润创业在公告中也对零售行业的发展做出了如下的准备：未来五年投放的50 亿元，约 64%（约 32 亿元）会用作开设零售店铺；10 亿元用作收购；4 亿元用作兴建物流中心；4 亿元则作资讯科技方面的投资。而在华润创业 10 亿元内地收购零售业务计划中，所有的矛头都直指华东。在 2002 年，华润创业以现金 2.32 亿元人民币（约2.2 亿港元）收购江苏苏果连锁超市（苏果）39.25% 的权益。

三、重塑企业新品牌

华润收购万佳百货之后，曾与国际一流的品牌设计公司合作筹划统一品牌战略。2003 年 10 月，该公司最终确定了伞结构的品牌架构和太阳花概念的品牌标识。

六瓣太阳花的标识：鲜艳的颜色透射出旺盛的生命力，寓意华润万家将以缤纷丰富的高品质商品致力为每一位顾客创造充满阳光、健康、快乐的新生活；而六片花瓣则源自公司坚持的六个正确的经营原则，即"正确的顾客""正确的商品""正确的服务""正确的价格""正确的地点"及"正确的沟通"。

华润目前拥有"万佳百货""华润超级广场""华润超市"三种不同规模的业态，新品牌策略是以统一形象的"华润万家"公司品牌加以上三种不同业态的副品牌。这样在对外宣传上，既保持一致，又能照顾到不同业态发展的需要。另外，在华润万家的品牌统领下还将设立一个独立品牌，以满足高端市场需求，比如已经进驻华润万象城的超市。

四、瞄准二三线城市

瞄准二三线城市就是华润万家今后与外资差异化的部分。华润万家主要业态定位在一线城市，华润万家的定位是比竞争对手高点，力求在购物环境、舒适度、商品的组合及综合价值上高过对手；在二三线城市，华润万家的竞争对手主要是本土或当地商家，据此，公司会以综合超市与标准超市来寻求突破点。

五、资本运作为扩张开路

2004 年 6 月 2 日，华润集团下属的华润创业以 3.1 亿元人民币，增持江苏苏果连锁超市股权至 73.5%。由于此前华润创业已拥有从事零售及连锁超市的全资子公司华润万家，合并后的"华润万家—苏果"将一举达到年销售额 200 亿元人民币的规模。

资料来源

根据相关资料整理。

思考题

（1）请分析华润万家快速成长与战略的关系。
（2）华润万家发展战略对其他企业发展有何启示？

案例 三　苏宁易购：线上线下融合发展

苏宁易购，是苏宁云商集团股份有限公司旗下新一代 B2C 网上购物平台。从 1999 年开始，苏宁电器就开始了长达 10 年的电子商务研究，先后对 8848、新浪网等网站进行过拜访，并承办新浪网首个电器商城，尝试门户网购嫁接，并于 2005 年组建 B2C 部门，开始自己的电子商务尝试。

2005 年苏宁网上商城一期面世，销售区域仅限南京。2006 年 12 月苏宁网上商城二期在南京、上海、北京等大中城市上线销售。2007 年苏宁网上商城三期上线，销售范围覆盖全国并且拥有了单独的线上服务流程。2009 年苏宁网上商城全新改版升级并更名为苏宁易购，8 月 18 日新版网站进入试运营阶段，此次改版整合了全球顶级的资源优势，并携手 IBM 联手打造新一代的系统，建立了一个集购买、学习、交流于一体的社区，全面打造出一个专业的家电购物与咨询的网站，旨在成为中国 B2C 市场最大的专业销售 3C、空调、彩电、冰洗、生活电器、家居用品的网购平台。

苏宁易购重新梳理了能贴合网络购物特点的页面风格、采购体系、物流规划、商品清单、页面设计、购物流程、支付手段、配送售后等新的购物体验，努力为顾客营造轻松、和谐、愉悦的购物环境，不断丰富品牌类型，优化产品结构，不仅为顾客提供家电类产品，更增加了家居用品以及办公用品，极大地丰富了顾客的购物体验，改变了网购的传统模式，让顾客在充分享受网购的过程中，体验人性化的服务。

2011 年，苏宁易购强化虚拟网络与实体店面的同步发展，不断提升网络市场份额。未来，苏宁易购将依托强大的物流、售后服务及信息化支持，继续保持快速的发展步伐。到 2020 年，苏宁电器预计总营业收入将实现 6 500 亿元的宏大目标，其中 3 000 亿元来自苏宁易购，另外 3 500 亿元来自门店。

2012 年 7 月，知名 PE 机构弘毅投资以远高出市值的股价入股苏宁云商。彼时，弘毅投资总裁赵令欢宣称，在中国电子商务和零售领域，还没有看到比苏宁更有投资价值的公司。赵令欢对苏宁的信心来自后者的仓储体系、物流体系、信息体系、售后服务体系。

苏宁作为一家在创新与转型方面步子迈得十分大胆的零售商，业界公认苏宁云商的战略水平。在 2013 年 9 月 22 日深圳举行的"弘毅投资 2013 全球年会"上，作为弘毅战略投资的、号称"开创 O2O 零售模式的领先企业"，苏宁云商备受瞩目，连联想控股董事长柳传志也表示，非常看好苏宁的转型，认为这代表着零售行业的发展趋势。

2013 年 9 月 23 日下午，苏宁集团董事长兼总裁张近东在其《苏宁云商模式的转型与零售发展趋势》发言中提出了"一体两翼互联路线图"，认为中国零售业未来发展方向是互联零售，重点是 O2O 和开放平台，并宣称要在 2013 年第四季度推出互联化门店"云店"，"把门店开到消费者的口袋里、客厅里"，并通过开放平台"苏宁云店"将自身物流、信息流和资金流等资源全面向社会开放。

苏宁在 2013 年的一系列动作也正是为了这一目的而布局。2013 年，苏宁云商提出 O2O 发展模式，当年 6 月推行同价政策打通线上线下的价格壁垒；9 月上线开放平台，线上线下联动招商，打通商品壁垒，互联网零售模式已经基本形成。

2014 年 1 月 28 日，富达基金对苏宁云商进行调研，在苏宁云商公布此次调研情况的《投资者关系活动记录表》中，苏宁云商表示，2013 年底，公司已尝试性地开出了第一批云店，店面铺设 Wi-Fi，虚拟出样商品，打通线上线下付款方式。2014 年，公司实现互联网零售模式的具体落地。

如今苏宁易购的业务范围几乎涵盖了能想到的一切范畴，如家居、百货、图书、音像、运动及户外、在线法律、教育咨询与服务等方面。苏宁集团董事长兼总裁张近东对苏宁的期望是"沃尔玛＋亚马逊"，线上线下齐头并进。

到 2020 年，苏宁易购计划实现 3 000 亿元的销售规模，成为中国领先的 B2C 平台之一。

资料来源

根据相关媒体报道整理。

思考题

（1）苏宁线上线下融合发展具体表现在哪几个方面？
（2）通过苏宁易购案例请阐述自己对于企业线上线下布局的想法。

案例四 家乐福在中国的选址策略

家乐福（Carrefour）成立于 1959 年，是大卖场业态的首创者，是欧洲第一大零售商、世界第二大国际化零售连锁集团，现拥有 11 000 多家营运零售单位，业务范围遍及世界 30 个国家和地区。家乐福集团以三种主要经营业态引领市场：大型超市、超市以及折扣店。此外，家乐福还在一些国家发展了便利店和会员制量贩店。截至 2015 年 12 月 31 日家乐福中国内地门店总计 235 家，是国内最大的外资零售商之一。

一、目标顾客和店铺选址特征

调查发现，在家乐福的购物人群中，70%为女性，45%乘公共汽车前来购物，28%步行前往，15%骑自行车到达，只有12%乘坐出租车或小轿车。这表明家乐福的客户已经不仅仅是富裕的城市居民了。家乐福在中国的目标客户约为2.8亿，最主要的是占城市居民15%的中等收入者和富裕人口。

Carrefour的法文意思就是十字路口，而家乐福的选址也不折不扣地体现了这一个标准——所有的店都开在了路口，巨大的招牌500米开外都可以看得一清二楚。而一个投资几千万的店，当然不会是拍脑袋想出的店址，其背后精密和复杂的计算，常令行业内外的人士大吃一惊。

二、商圈内人口消费能力的调查

中国目前并没有现有的资料（GIS人口地理系统）可利用，所以店家不得不借助市场调研公司的力量来收集这方面的数据。

有一种做法是从某个原点出发，测算5分钟的步行距离会到什么地方，然后是10分钟，最后是15分钟。根据中国的本地特色，还需要测算以自行车出发的小片、中片和大片半径，最后是以车行速度来测算小片、中片和大片半径各覆盖了什么区域。如果有自然的分隔线，如一条铁路线，或是另一个街区有一个竞争对手，商圈的覆盖范围就需要依据这种边界进行调整。

然后，商家还需要对这些区域进行进一步的细化，调查这片区域内各个居住小区的详尽的人口规模和特征，计算不同区域内人口的数量和密度、年龄分布、文化水平、职业分布、人均可支配收入等许多指标。家乐福的做法还会更细致一些，根据这些小区的远近程度和居民可支配收入，再划定重要销售区域和普通销售区域。

三、持续性商圈微调

在经营的过程中，家乐福还依据目标顾客的信息不断微调商店的商品线。

1. 实例一

家乐福自己的一份资料显示，顾客中有60%在34岁以下，70%是女性，有28%的人步行而来，45%乘公共汽车而来。所以很明显，大卖场可以依据这些目标顾客的信息来微调自己的商品线。

2. 实例二

家乐福在上海的每家店都有细微的不同。在虹桥门店，因为周围的高收入群体和外国侨民比较多，其中外国侨民占到了家乐福消费群体的40%，所以虹桥店里的外国商品特别多，如各类葡萄酒、泥肠、奶酪和橄榄油等，而这都是家乐福为了这些特殊的消费群体特意从国外进口的。

3. 实例三

南方的家乐福因为周围的居住小区比较分散，干脆开了一个迷你 Shopping Mall，在商场里开了一家电影院和麦当劳，增加自己吸引较远处的人群的能力。青岛的家乐福做得更到位，因为有 15% 的顾客是韩国人，干脆就做了许多韩文招牌。

四、选址背后的逻辑

这种进入市场的方式粗看难以理解，却是家乐福在世界各地开店的标准操作手法。这样做背后的逻辑是，一个国家的生活形态与另一个国家的生活形态经常是大大不同的。在法国超市到处可见的奶酪，在中国很难找到供应商；在台湾十分热销的槟榔，可能在上海一个都卖不掉。因此，国外家乐福成熟有效的供应链，对于以食品为主的本地家乐福来说其实意义不大。最简单有效的方法，就是了解当地，从当地组织采购本地人熟悉的产品。

资料来源

根据相关资料整理。

思考题

（1）请分析家乐福选址特征以及未来可能遇到的挑战。

（2）请分析家乐福进行持续性商圈优化和微调的意义和价值。

案例五 SPAR 店铺设计的顾客要素

国际 SPAR 与山东家家悦超市合作的第一家"十八超市"，是由家家悦已开业一年半的一个大卖场改造建成的。经过国际 SPAR 的领导，由欧洲一家顶级水平的超市设计公司、在欧洲享有盛誉的超市灯光效果供应商 Zumtobel Staff 公司、世界最优秀的广告创意公司之一 TBWA 在中国的分公司等四家公司与家家悦的各级干部携手合作，花了半年时间，最终制订了一套密切结合中国国情的完整方案。

凡是接触过 SPAR 在世界各地的超市的，无不对其高贵的格调和热烈的卖场气氛印象深刻。甚至从 SPAR 在世界各地统一使用的电视广告宣传片中也可以看出，SPAR 极为注重店面层次和品位的要求。在欧洲的某个 SPAR 店中，顾客能够见到一个分类回收生活废弃物的小玩具，当顾客将废弃纸板、瓶罐投入时，它能"吐出"相应金额的购物券或现金。旁边还有一棵"能说会吃"的大树，在接受儿童投入的废电池时可以开口说话，甚至陪儿童做游戏，还会根据投入废电池的数量"吐出"一定的奖券或礼品。在普通大众环保意识极强的欧洲，这种让孩子们在愉快的玩乐中提高参与环保的意识、学习环保知识的设施，让年轻的父母由衷地欣喜。

零售业经营的最基本定理无疑应该是"销售额＝交易数×客单价"。一个零售企业能够培养多少忠诚的目标顾客，是决定其效益的基本问题。而创造对自己情有独钟的顾客就像谈恋爱一样，双方从初次见面的形象感知中吸引，进而在更深层次的交流与沟通中相互选择。因此，所谓超市设计，应该是如何使一个店铺从视、嗅、味、听、触等各种角度让目标顾客全方位体验和感受店铺"人格"并获取他们"芳心"（常来购物）的一套系统方法。

在与目标顾客互相沟通的过程中，SPAR 抓住并利用好以下几大要素，使整个卖场的设计达到事半功倍的效果。

1. 视觉要素

这好比是店堂的衣着和言谈举止。SPAR 有一套"柔性指示"体系，用具体、优美的图像来代替文字说明。如婴儿用品区不用文字"婴儿用品"标明，而是一张活泼可爱的婴儿照片；女性内衣首先安排在卖场中较为私密的区域，并采用亲密、略显性感的大幅照片，配以温暖、柔和的灯光，温馨、浪漫的氛围使诸多女性流连忘返。蔬菜水果区则采用舞台射灯，商品摆放突出和谐的农场氛围，使顾客犹如身在新鲜农场中，其中的畅快与自在不言自明。店铺的外观是要在顾客还没进店之前就吸引了顾客。远远的一瞥，顾客的心就被那一份优雅强烈地吸引了。欧洲的 SPAR 外观设计非常有艺术感，大多采用全透明设计，门前的稻草和落地玻璃窗设计使得整个 SPAR 既古色古香，又充满现代气息。店内商品琳琅满目，透过玻璃窗看得一清二楚，强烈刺激消费者的眼球和购买欲望。颜色的使用在 SPAR 的店内和店外，也有严格的规定：只使用红和绿这两种颜色，而且这两种颜色的搭配比例为 8∶2。经过科学实验表明，这两种颜色的合理搭配不仅能使人感觉舒服，更会让人首先联想到味美的生鲜和新鲜的熟食。

2. 嗅觉要素

这是消除了距离以后的沟通。尤其在面包、水果、化妆品区，恰到好处的气味会对顾客的购买行为产生极大的影响。

3. 味觉要素

能让顾客尝在嘴里、服在心中就是促销最大的成功。欧洲的 SPAR 大多在熟食区设置专供顾客品尝的位置，类似于快餐店，但会更新鲜和健康。

4. 听觉要素

在合适的季节、时间，配上恰当的背景音乐和宣传语言，不但能迅速告知顾客店内的最新消息，也会使顾客更有宾至如归的亲切感。

5. 触觉要素

欧洲的 SPAR 不管蔬菜水果多么高档，一律采用敞开式摆放，顾客可以轻松触摸到这些商品，充分感受商品的质感，更便于选购。

在家家悦超市加入 SPAR 集团的初期，很多业界人士提出疑问：SPAR 虽然在欧洲很了不起，但中国的市场情况与欧洲大不一样，SPAR 能适应中国吗？第一家"十八超市"的经营结果充分回答了这一问题：在没有显著增加资金投入的情况下，这个店的营业额同比增加了 30% 以上。家家悦随后开出的第二家"十八超市"是接手一个原先日营业额不到一万元的竞争对手的店，改造后平均日营业额超过 20 万元。第三家"十八超市"开在烟台，开业当天客流量超过两万人。不到 5 个月的时间，3 个大卖场，一个比一个生意火爆。

资料来源

根据相关资料整理。

思考题

（1）请思考零售店铺的环境与顾客购物行为的关系。

（2）SPAR 通过注重哪几点要素做到与目标顾客进行沟通？

案例（六） 用户体验成就购物愉悦感

购物似乎是最能体现人性两面性的方式之一：寻求独特但又希望成为某个小圈子的一部分；对物质财富没那么顾虑了，但穿什么或怎么穿对于个人形象而言变得更加重要；希望时不时切断与外界过于频繁的联系，但又对在网上分享自己的生活点滴欲罢不能。人从来就是矛盾的集合体。

这些矛盾都体现在 The Outnet 最新发布的一份报告中。The Outnet 是 Yoox Net‑A‑Porter 旗下的一家奢侈品及设计师品牌线上折扣电商。The Outnet 和舆情监测平台 Pulsar 共同研究了消费者在 Facebook、Instagram、Twitter 上发布的、与"愉悦感""兴奋感"相关的 3 300 万份帖子，想了解消费者行为背后的心理动机。除了矛盾的消费心理，这份报告中还有几个有趣的发现。

1. 发布的自拍更多了，但不再只是为了展示自我

研究中有三分之一的照片都是自拍。不过，这些自拍并不是单纯为了展示拍摄者的颜值或个人魅力，而更加强调个人成长及个人发展。如果说社交平台在过去是人们创造"美好自我幻象"的地方，现在人们则开始把它当作督促自己实现个人目标的平台（比如打卡减肥、展示长跑成果、健身房自拍等）。

实际上，在所有关于"愉悦感"及"兴奋感"的讨论中，有 49% 的帖子都以"个人成长"为主题。这些话题也不再只以健康饮食和锻炼为主，开始涉及更广泛的生活方式，包括精神生活及休闲体验等。对于品牌商们而言，这意味着它们除了单纯售卖产品之外，还要思考如何通过服务提升消费体验，以及什么样的创意和情感要素能够满足人们对生活方式的追求。

2. 归属感与愉悦感的联系更紧密

虽然社交平台上的每个人似乎都在强调自己的个性，但全球有 31% 的帖子谈的都是"归属感"。基本上，给自己贴"二次元""颜性恋""吃货"等标签的行为都可以算是在寻求归属感。

这意味着，虽然"个性化"在各个消费区间都被反复提及（比如处于不同价格区

间和受众范围的 LV 或匡威、Tiffany 或 Pandora 都会提供定制服务），但"个性化"并不代表绝对的与众不同，而是建立一个社群将这种个性包含其中。

3. 消费从炫耀性转向体验性

当人们谈及"愉悦感"和"兴奋感"时，有 16% 的帖子涉及新体验和新发现，消费者比史上任何时刻都更频繁地出游，而且希望在社交媒体上记录、分享这一刻。比起买一只新包、一些新首饰等有形消费，人们更愿意把钱花在体验世界上。

美国一家企业福利服务公司 Blueboard 的 CEO Taylor Smith 表示："千禧一代不太把钱花在汽车、电视和手表上。他们更喜欢租用摩托车，去越南旅游，参加音乐节，或者去爬山郊游。"这一点从波士顿咨询公司 2013 年已发布的 *Global Consumer Sentiment Survey* 中就有体现：在奢侈品消费中，有 55% 都用于体验性消费。千禧一代中更是如此——在 Harris Group 最近发布的一份报告中，有 72% 的 80 后及 90 后表示比起花钱"买了什么"，更偏爱"做了什么"。

人们对体验的追求是 Uber、WeWork 以及 Airbnb 等公司兴起的重要原因。这大概也解释了为什么从饮食、家居到服装，无论贩卖的产品内容是否有改变，所有品牌当下都更爱称自己为"生活方式"品牌。对于品牌商而言，建立不同类型的社群，并维护社群的活跃度，让消费者在社群中获得归属感，通过多种活动形式来加强这种归属感，是必须要做的事情。对于品牌商而言除了单纯售卖产品，还要思考如何通过服务提升消费体验，以及什么样的创意和情感要素能够满足人们对生活方式的追求。

从购物环境到购物体验，从品牌文化到服务，企业全方位给消费者创造购物愉悦感，使他们在购物过程中获得快乐。品牌商通过细分客群，定位不同客群的消费心理，从而建立不同类型社群，举办针对性的线上线下活动，加强与消费者的互动，培养归属感和忠诚度。

资料来源

根据《好奇心日报》相关报道整理。

思考题

（1）本案例中是如何为矛盾中的消费者创造购物愉悦感的？
（2）品牌商在注重用户体验时还要注意哪些问题？

案例（七）　零售业的"节能降耗"任重道远

自国家商务部下发《关于开展"零售业节能行动"的通知》（商改发〔2007〕199号）以来，零售业节能工作开始受到零售企业的关注，环保节能活动不再是纸上谈兵。

1. 零售业面临尴尬处境

长期以来，我国零售业普遍存在一种观点，认为节能降耗主要是钢铁、有色、煤炭、电力、化工等行业的事情，而零售业不属于耗能大户。日前，中国连锁经营协会发布的全国零售企业耗电量调查结果显示，全国五类零售业态（家电卖场、便利店、超市、大型超市和百货店）全年耗电量超过 300 多亿千瓦时，其中以百货店和大型超市为甚，这一数字着实令人惊讶。

分析起来，影响零售业节能降耗工作的因素主要有节能意识不强、一次性投入较大、担心消费者不满意等。其中，节能降耗的投入大是主要原因，企业要面对节能成本高、回收慢这个不争的事实。

的确，使用高科技节能设备和产品只能意味着成本的提高，多数商家不愿意承担这笔额外的成本。在国外，政府经常采取鼓励性措施来推动节能，比如对采取节能措施的项目给予税收上的优惠。而我国目前尚未运用财税、投资、收费等手段对这种矛盾进行调节。相关专家指出，在节能的许多环节，市场机制都是失灵的，如果完全听任市场之手调节，节能也许只限于"听上去很美"。事实上，节能不是纯粹的经济行为，它是有关国家能源安全的战略大计，宏观层面应当运用各种手段为节能高成本买单。

业界专家指出，从现有条件来看，影响节能的不仅只有技术，如冷冻冷藏、照明、中央空调等设备的技术改造，相比技术，更重要的是管理。管理手段包括加强对员工的教育和培训管理，培养员工自觉节水节电的意识；通过积分换礼品等手段鼓励消费者减少使用购物袋，尽量自带可重复使用的购物袋；制定相应的流程，由配送中心回购或由其他流程控制包装箱的流通，使其可以再次进入运输环节，并在储存过程中实现其循环使用；还可以学习国际经验，设立一些废品回收点等。

不能忽视的是，企业为节能增加了成本的同时，还要面对消费者的不理解，甚至导致在竞争中处于不利地位。记者调查发现，"室内空调温度设置不低于 26 摄氏度"的政策实行以来，北京多家商场、超市的室内温度仍低于 26 摄氏度，个别执行了温控规定的商家不得不面对来自消费者的投诉。

来自消费者的不理解还表现在，去年中国连锁经营协会的一项调查结果令业界震惊，整个超市行业年销售在 5 000 万元的超市，每年消耗的包装袋达 50 亿元，一家营业面积在 8 000 平方米左右的大型综合超市年消耗的包装袋（包括购物袋、撕裂袋、包装盒）达 40 万元。调查发布后，有超市尝试向顾客收取每个环保袋 0.1 元的费用，以此希望消费者能循环使用包装袋，培养消费者环保购物的习惯。但是，该举措未取得预期的收效，不仅没能转变市民的购物旧习，反而流失了不少客源。为了挽回经营效益，超市不得不恢复提供免费的一次性包装袋。

2. 节能将纳入法律轨道

国家对使用空调采暖、制冷的公共建筑实行室内温度控制制度。除特殊用途外，夏季室内空调温度设置不得低于 26 摄氏度，冬季室内空调温度设置不得高于 20 摄氏度；建筑的公共走廊、楼梯等部位，应当安装、使用节能灯具和电气控制装置；县级以上地方人民政府建设主管部门应当对本行政区域内供热单位的能源消耗情况进行调查统计和分析，并制定供热单位能源消耗指标；对超过能源消耗指标的，应当要求供热单位制订相应的改进方案，并监督实施。

总之，为了实现节能降耗的总体目标，我国将逐步完善节能方面的法律制度，增强制度的约束力和节能法的权威性，加大对违法行为的处罚力度，对包括政府部门、企业以及其他单位和个人在内的各类主体违反节能法的行为规定明确、严格的法律责任。

一边是来自政策层面的节能降耗要求，一边是来自消费者对购物环境的投诉，零售业企业在处理这种两难境地的同时不能忘记，零售业企业所处的社会环境与消费者的关系非常密切，企业应当勇于承担社会责任，引导消费者树立节能意识，带动消费节能风潮，促进生产企业开展节能行动，最终达到实现企业持续良性发展的目的。

资料来源

根据相关媒体报道整理。

思考题

（1）请分析国家的节能降耗政策对零售业发展的影响。

（2）零售业企业做到节能降耗对企业自身有何好处？请进行深层次分析。

案例八 奢侈品商店的不愉快购物经历

香港尖沙咀一带是国际知名奢侈品商店云集之处，特别在海港城附近，消费者在奢侈品商店前排队等候入店，由于等候的时间较长，消费者显然会有不爽的感觉。

无独有偶，纽约奢侈品协会公布的一份年度调查报告显示，超过50%的消费者在奢侈品商店有过不愉快的购物经历，他们的抱怨内容主要是店员态度傲慢无礼、维修等候时间过长、服务不够灵活细致等。正如伦敦奢侈品贸易集团Walpole的主席Guy Salter所言："奢侈品行业的急速扩张直接导致了服务的粗糙。现在是时候花更多的精力来改善消费者的购物体验，而不是一味地请明星拍广告，把店铺装修得富丽堂皇就可以了。消费者已不再对奢侈品顶礼膜拜，他们希望享受到物有所值的服务。"

Sedino在巴黎蒙田大道的Louis Vuitton专卖店里遭受了一次不愉快的购物经历，回国后她打电话给《国际先驱论坛报》诉苦。26岁的Sedino是伦敦一家时尚配饰公司的合伙人，她万万没想到自己竟会被店员当作小偷。当时，她的朋友正拿着一只手镯细细端详，却不料被店员小姐一把夺过，因为她怀疑她们中的另一个人偷了东西，并要求她们开包接受检查。"太令我们震惊了，"Sedino说，"当店员确定店里没有丢失任何东西之后，就一言不发地放我们走了，嘴角仍挂着一丝轻蔑。"

在奢侈品商店里，普通消费者大都遭遇过店员防贼似的目光和傲慢的态度，而奢侈品公司表示，他们也很害怕消费者会被气跑。全世界最大的奢侈品集团LVMH的举措是雇用更多的店员并加强对他们的培训。伦敦奢侈品贸易集团Walpole也把改善日益衰退的服务质量作为今年的头等大事。

在纽约奢侈品协会公布的一份年度调查报告中共包括了17家最顶尖的时尚品牌，其中Hermès International、Giorgio Armani和Ferragamo当选为服务最好的三家公司，排在榜尾的是 Fendi 和 Hugo Boss。去年排名第二的 Louis Vuitton 则下滑到了第七位。

受访消费者 Peter Levine 说，糟糕的服务令他对奢侈品失去了信心。他曾去纽约 So-Ho 区的 Louis Vuitton 修理一只价值 1 500 美元的棕色皮革单肩包，可是店里为他更换的金属件仍是有瑕疵的。折腾了 18 个月之后，店方最终告诉他，这种金属件已经停产了。"他们说，'我们不能破坏任何一件产品的完整性'，所以拒绝提供其他配件。"Levine 说，就因为这样死板的规定，他只好继续使用一只有缺陷的皮包。不过 Louis Vuitton 的发言人 Ianados Reis Nunes 拒绝对此事表态。

"消费者已不再对奢侈品顶礼膜拜。"Walpole 集团的主席 Guy Salter 说，一方面，买得起奢侈品的人越来越多，他们的购买频率也越来越高，现在他们希望享受到物有所值的服务。另一方面，奢侈品行业的急速扩张也直接导致了服务的粗糙。Guy Salter 认为，从前奢侈品牌都是家族式经营的地方企业，当它们走上全球化道路之后，就很难再提供像过去一样体贴入微的私人化服务。

Cindy Parker 是伦敦一家保险公司的管理总监，她的不愉快经历发生在巴黎冈朋街上的 Chanel 旗舰总店。一次，她将一个使用了 6 个月后发生损坏的 Chanel 手袋退回到店里要求修理，店员许诺修完就会打电话通知她，可是眼看一个多月过去了仍没动静。"难怪这款手袋叫 Timeless。"Cindy Parker 开玩笑说。在纽约奢侈品协会公布的调查报告中，Chanel 的服务排名从去年的第六位下滑至第九位。

LVMH 从 2001 年开始涉足珠宝和手表业，当时顾客们修一只手表需要等候一到两个月的时间，连该集团珠宝首饰分部负责人 Philippe Pascal 都认为这十分无礼。"现在 LVMH 的钟表修理员工人数已经增加了一倍，90% 的顾客在两周内就能取回手表。"他说。

和 LVMH 一样，其他奢侈品公司也以各种手段来提升服务品质。拥有 Cartier 和 Montblanc 两大珠宝品牌的 Financière Richemont 集团为员工新增了特别的客服培训课程，法国高级箱包品牌 La Maison Goyard 则推出个性化定制服务，比如在产品上刻上顾客的名字或制作特殊纹章。纽约奢侈品协会的执行总裁 Milton Pedraza 说，阅历丰富的店员、慷慨的退货政策同样是必不可少的。

如何挽回顾客们的心，是众多奢侈品商店面临的课题。

资料来源

根据相关资料整理。

思考题

（1）如何提升奢侈品商店的服务水平？你认为如何改善奢侈品商店的购物体验？

（2）如何理解香港奢侈品商店的排队入店？

案例 九 百丽的电商之道与困局

百丽集团（BELLE）20 世纪 70 年代创于香港，是中国较早涉足电子商务领域的传统企业之一。截至 2016 年 2 月 29 日，百丽国际控股有限公司自营零售网点总数为 21 017 家，拥有 Belle（百丽）、Teenmix（天美意）、Tata（他她）、Staccato（思加图）和 BASTO（百思图）等多个鞋类品牌，在传统鞋类领域拥有不可撼动的地位。

1. 电商试水

百丽集团在传统鞋类的产品管理、供应链管理等方面都有着丰富经验，但在新技术、新传播的科技革命下，百丽集团深感仅仅抓住传统渠道命脉远远不够。经过两年多的犹豫和市场调研后，2008 年，百丽集团电子商务公司应运而生，总部设在深圳，注册资金 500 万美元。

百丽官方 B2C 网站淘秀网在 2009 年上线，承担整个百丽集团的网上营销业务。同时，百丽在淘宝及网络渠道上进行分销，试水电商。通过淘宝平台，先摸索传统品牌进军电商的模式，短短一年内，销售额过亿元。2010 年来自淘秀网（百丽集团官方购物网站）的销售额已达到 1 亿元。此外，淘宝网、易趣网和拍拍网等第三方电子商务平台也给百丽集团带来 1 亿多元收入。

2011 年，可以说百丽集团已走在传统企业电子商务化的前列，但是，"让线上和线下完美结合"始终是一道艰难命题。淘秀网是百丽集团在电子商务领域的初次涉水。百丽集团经过两年的 B2C 运作后，初步构建了一个网络价格体系，平衡线上线下价格体系、销售体系等的冲突。

在线下，从 2010 年到 2012 年，百丽的鞋类业务发展神速，在中国内地共增加了 5 340 个销售点，平均每天开店四五家。百丽几乎垄断了女鞋的销售渠道。在没有其他消费场景的市场环境下，牢牢控制百货商场渠道给了百丽非常大的优势。2006 年百丽的营收仅 62 亿元，2011 年时百丽的营收达到了 289 亿元，净利润从 2006 年的 9 亿元增长到了 2011 年的 42 亿元。2011 年前，毛利率一直在走高，体现了百丽垄断优势带来的定价权优势。业绩给了股价强有力的支撑，百丽的市值一度超过了 1 500 亿元。

2. 建立独立运作的电商平台

2011 年 7 月 1 日，百丽投资 20 亿元与百度建立的合资鞋类电商网站"优购网"正式上线运营。为发力电子商务，百丽终止了原本与鞋类 B2C 好乐买的合作计划，暂停其自有品牌的授权。淘秀网合并优购网上鞋城可以消除百丽集团自有网络渠道的冲突，避免左右手互搏。这也表明传统企业电子商务业务开展进入第二个阶段。

优购网从百丽旗下品牌及其代理鞋类品牌开始，之后拓展到其他鞋类品牌以及服装品类，并在 2014 年上半年启动了自有品牌运动鞋项目。凭借高于同行的转化率，2013 年优购网完成 11 亿元的销售额，成为国内最大鞋类网购平台。与此同时，优购网更名为优购时尚商城，向时尚电商转型，并开始由鞋类向服装服饰品类扩展，引入 DKNY、Tommy、CK、Guess 等国际品牌，成为当时国内最大的时尚电商之一。但正是在这年，优购网经历了重大人员变动，原优购网 CMO 徐雷、高级副总裁谢云立和 COO 张小军先后离职，为百丽电商的下一步发展蒙上阴影。

另外，关于优购网与百丽国际的关系，百丽并不属于主动拓展电子商务的企业，在很大程度上是担心竞争对手做大电子商务而被动应战，这决定了百丽以线下为主、线上为辅的销售格局不会被打破。除了定位，优购网另一个问题是其一直坚持的独立商城策略被认为并不适合当下电商发展的现实。做得成功的电子商务企业外部线上渠道销量一般都多于自己的官网销量，有远见的企业都成立了专门的线上渠道部来负责线上渠道建设。但优购网的电商体系一直是按官网和分销渠道划分，官网就是优购时尚商城，而在官网之外的平台上的销售都算在分销渠道中，其营销推广的资源也更多向官网倾斜。这或许也是在乐淘、好乐买出现困难后，优购网并没有如外界预期的迅速壮大的原因之一。

有专家认为优购网目前面临的问题反映出垂直电商仍未从困境中走出来。优购网发展独立商城的想法没错，因为在第三方平台经营也要经常受制于规则，比如大促销、超低价等活动必须参与，会扰乱品牌的价格体系进而影响毛利率，但在营销推广上一定要讲究一盘棋，才能平衡官网与第三方平台的销售。从网络品牌麦包包的实践看，目前官网更多承担的是搭建底层体系、积累用户数据和为用户提供更好的服务等工作。

3. 消费习惯和新零售的挑战

近年，由于消费者对鞋类需求出现巨大改变，消费者开始重视性价比、便利度及个性化，所以百丽集团面临着巨大威胁。

对于电商新渠道开拓，以前百丽国际的态度是矛盾的。一方面，盛百椒表示低估了电商对市场的冲击，另一方面，又担心激进的电商策略会影响整个体系的销售额。

为了应对危机和顺应时代潮流，百丽开始在三个层面展开尝试，包括让线下消费者享受线上服务及消费体验；建立客户管理体系，使消费者更多到实体店消费；通过线上线下与消费者更好地互动，推动店铺、货品等的数字化转型，让线下店铺不成为累赘。

百丽的新零售之旅刚刚开始，如何通过移动工具和社交属性盘活两万多家实体店资源，实现真正的线上线下一体化，是一个长久的课题。同时，一体化运作不单单是指渠道，更是指包括供应链、物流体系、营销推广、资金流转等在内的全面一体化，百丽面临着巨大的挑战。

资料来源

根据相关资料整理。

思考题

（1）请具体分析百丽布局线上业务面临的主要问题。

（2）请分析新零售背景下百丽转型升级的策略。

案例 十　伊藤洋华堂的企业文化与沟通制度

1. 伊藤洋华堂的企业文化

伊藤洋华堂企业文化的核心是以服务为本。高水准的服务意识和质量体现在伊藤洋华堂工作的各个方面。伊藤洋华堂所倡导的服务原则是始终站在顾客的立场上考虑问题，一切工作的出发点和落脚点都应围绕顾客的需求。他们认为，只有不断适应市场的变化，满足顾客的要求，商场才能发展，这是零售业的立业之本。在伊藤洋华堂参与投资的北京华堂商场，清晨早会上总有朗朗诵读"服务六大用语"和"回报顾客三大精神"的声音。日方总经理每次向员工发放奖金时，总不忘提醒"这是顾客发给大家的。只有顾客愿意到我们这里购物，我们才能有收入，因此内心要始终怀着感激的心情面对每一位顾客"。他们确实在思想上将顾客的惠顾看作商场发展和自身生存的水之源、木之本，因此在行动上就必然体现出优良的服务水平。在这一点上，国内的零售企业的确与他们有着很大的差距，值得我们虚心学习。

此外，高水准的服务意识也体现在一些细微之处。如，在伊藤洋华堂的各个店铺，都备有轮椅和婴儿手推车，这是他们特意为残疾人和带小孩的顾客准备的。顾客经常能在这些小地方体会到伊藤洋华堂为他们服务的热情和亲切。近期，在日本的一些伊藤洋华堂店铺门前出现了为顾客专设的冷藏柜，这是考虑到顾客购买冷冻食品时可能出现的不便而增加的。由于不必担心冷冻食品在常温下时间过长而出现问题，一些顾客自然延长了在店内的逗留时间，潜在的商机也由此产生。

应当说，以服务为本的意识是伊藤洋华堂所有经营管理特色中最核心的部分，正是依靠这种意识作为保障和基础，其他的思想才得以产生，其他的技术手段才得以实现。

2. 伊藤洋华堂的沟通制度

（1）品种督导（category supervisors）。

品种督导主要是作为总部的采购人员和商店之间的中介。这些人由部门总经理管理，他们的作用是就流行趋势、商品销售等议题向商店的品种经理通报信息、提供支持和建议，并向总部的商品销售人事部门通报各商店的需求情况。伊藤超市有 146 名品种督导，一般按品种或区域进行划分。

（2）部门督导（department supervisors）。

部门督导是中心办公室商品销售金字塔的首脑与各商店部门经理（食品、家用商品和服饰）之间的联络员。伊藤超市有 15 名部门督导，他们由负责商店经营的分部经理管理。

（3）商店经理督导（store manager supervisors）。

伊藤超市有 5 名商店经理督导，他们由负责商店经营的分部经理管理。商店经理督导是总部与商店经理之间就与商店经营有关的事务进行沟通的高级联络员。各督导之间的沟通很频繁而且是非正式的，因为他们分享总部的同一间办公室。

资料来源

根据相关资料整理。

思考题

（1）简述企业文化与员工形象以及服务态度的关系。

（2）伊藤洋华堂的沟通制度对中国零售企业有何启示？

第七章　网络营销案例

案例 一 >> 梦芭莎电商

广州摩拉网络科技有限公司（梦芭莎电子商务平台）成立于 2007 年 8 月，经过十多年的发展，目前已经成长为中国领先的服饰类 B2C 电子商务企业。

梦芭莎是国内首个实行自主多品牌营销的垂直型 B2C 电子商务企业，从 2007 年发展至今已成功开发了多个自主品牌。当前公司产品线涵盖了女装、男装、童装、内衣、鞋包、家纺、饰品、化妆品等多个时尚领域，拥有梦芭莎、若缇诗、韩伊儿、所然、蒙蒂埃莫、ING2ING、宝耶、维多利亚、千金本草等 20 多个自主时尚品牌，通过 B2C 模式，引领着中国购物时尚。

梦芭莎致力为全球消费者提供时尚的购物平台，公司已在北京、上海、广州三地设有自建仓储，物流配送区域覆盖全国 1 800 多个城镇，服务客户总数超过千万人。公司当前正积极拓展海外市场，产品也已在美国、欧洲等地热销。

梦芭莎的成功取决于其一直力求卓越和完美，从产品的设计、生产环节一直到物流配送及售后服务都力求创新与精益求精，打造中国互联网服饰时尚先锋。梦芭莎从商业模式到运营推广共形成九大方面的发展特色。

1. 商业模式优势——占据"微笑曲线"两端

微笑曲线理论认为：产业链前端的开发设计，后端的品牌推广、物流配送以及售后服务，都是附加值比较高的环节。而梦芭莎恰恰占据着产业链中的这些最高附加值部分。

在产品制造和生产环节，梦芭莎专注于做产品的设计、研发、品牌推广；在销售环节，梦芭莎也只做最具趋势和发展空间的电子商务平台；生产、加工这一附加值较低、成本较高的环节均采用外包的方式。借此，梦芭莎占据了"微笑曲线"高附加值的两端，保证了商业模式的优势。

2. 产品性价比优势——自主品牌

梦芭莎是自主产品型垂直类电子商务网站，网站销售的全部产品都是梦芭莎旗下的自主品牌，产品的定价权、品控、品牌均由公司掌握，公司的发展风险可控，做到永续经营。

另外，公司采用薄利多销的方式吸引顾客，利用网络广告促销商品、推广网站，通过对竞争者的分析，了解当下竞争者的一些销售动态，对主要竞争者的销售情况进行分类整理，在营销的全过程中对顾客进行即时的信息收集，定期与顾客沟通，目的是降低商品的成本，低廉的价格将会吸引大量的顾客，取得较高的市场占有率。

3. 运营优势——低成本的网络直销

梦芭莎通过自己设计产品并注册品牌，然后外包给有稳定合作关系的供货商生产，通过网站直接面向顾客进行推广销售，有效地节约门店和渠道成本，通过快速反应，以及多频次、小批量的运作方式，满足顾客追逐时尚的个性化要求，又显著降低了库存成本和滞销带来的损失，从而获得高附加值的利润。实践证明，梦芭莎自主多品牌营销的垂直型 B2C 电子商务模式成功了，其毛利率已超过一般服装制造业及电子商务行业的水平。传统服装行业往往需要约 10 年时间积累，梦芭莎用了 5 年时间便已站上了销售 10 亿元的平台。梦芭莎电子商务平台自成立以来便保持高速发展，2012 年年销售收入 20 亿元，缴税总额 6 000 万元。2013—2014 年间，受经济大环境不景气的影响，在全行业整体业绩出现下滑的背景下，梦芭莎电子商务平台销售总额依然保持在业内前列。

4. 设计优势——对外合作，引领国内服装设计潮流

商品销售要建立让消费者购买的理由，如时尚、新颖等都可以形成支撑高价的差异化。如果商品失去了差异化，走向同质化、大众化，就会导致贬值。梦芭莎与国际知名机构合作，包括在中国香港、法国、韩国建立了时尚买手团队；在广州与意大利米兰时装学院、法国卡琳等国际知名服装机构建立了战略合作关系，更快一步接触世界潮流资讯，保证梦芭莎总是走在时尚的前沿，服装款式始终快人一步。

近年来公司加大自主创新力度，先后获得 11 项产品外观设计专利。

5. 服务优势——全方位购物体验

梦芭莎电子商务平台整合了客户下单与物流配送等环节的协同；在信息发布上做到了实时机制，让消费者第一时间就体会到新品上线的乐趣；采用灵活多变的客户体验，增加线下客服支持和网上在线导购服务；建设梦芭莎移动终端购物平台，方便客户全方位享受梦芭莎提供的购物体验。

安全性方面，采用分布式部署，主从服务器相结合，负载均衡技术保证客户访问的实时性与安全性。对客户的敏感信息进行 MD5 加密，以加速极分布式缓存系统相辅，第三方加速、CDN 等的使用，大大提高客户访问平台的效率以及可靠性。引入网上第三方支付平台，和银行等相关单位合作，提高网上支付的安全性。

6. 质量优势——完备的质量管理体系

在质量管理体系建设上，公司按 GB/T19001—2008 idt ISO9001；2008 标准的要求建立了质量管理体系，将其形成文件，加以实施和保持，并持续改进其有效性。在原料、设计、客服、生产等方面严格控制质量，力求提供最高性价比的商品给顾客。

7. 市场口碑优势——超高的二次回购率

梦芭莎通过十年的高速发展，在所有顾客的大力支持下，目前已经在全国 B2C 服饰类电子商务企业中名列前茅，海外市场也在高速增长，目前产品已经开始畅销美国、欧洲等海外市场。梦芭莎以优质的产品、设计和服务赢得了顾客的青睐和好评，二次回购率高达 70% 以上。根据艾瑞公司的市场报告，有 77% 以上的顾客明确表示还会继续购买梦芭莎的产品，远远高于同行业其他电子商务企业。

8. 速度优势——7 天高效周转产品链

传统服装企业通常采用订货制，生产周期至少要半年，而梦芭莎可以做到从下单、产品生产到入仓平均只需 7 天时间，产品链周转很快。

梦芭莎每一个波段的产品一般按两个月的销售周期分成 4 批出货，一个批次 7 天，有 3 次返单机会。7 天的快速反应无论对电商企业还是传统企业来说都是很大的挑战，这不但需要做到从前台的网络平台到后台的工厂的高效对接，而且需要对上游的生产厂商具有强有力的控制力。梦芭莎凭借高效的供应链管理确立了自身的优势，除了拥有比同档品牌更低的价格和更多的款式外，从设计、生产、销售到数据统计反馈的周期，梦芭莎也已经缩短至 30 天。也正是因为有先进的供应链管理，梦芭莎才获得如此高的顾客满意度，毛利率和销售规模都上了一个新的台阶。

9. 信息技术优势——先进的运营支撑系统

梦芭莎一向重视技术研发，长期坚持研发费用的高比例投入以保证核心技术的不断更新，保持技术的先进性。以支撑梦芭莎整体运营的梦芭莎信息系统为例，经过多年的不断发展，系统从 1.0 版本到现在已完成全部功能开发的 7.0 版本，这期间已经历了 6 次升级，建立起前台网站＋后台支撑系统＋移动购物平台的应用模式，满足公司日常电子商务业务的开展需要。

资料来源

http：//news. 56888. net/20131220/3007124300. html.

思考题

（1）分析网络品牌梦芭莎创建的成功经验？

（2）梦芭莎的主要营销策略是什么？

案例二　久邦数码

广州市久邦数码科技有限公司（简称"久邦数码"）是全球领先的移动互联网应用服务和广告平台提供商。旗下业务包括面向全球用户的 GO 系列应用，面向国内用户的久邦文学和 3G 门户网。久邦数码拥有 Google Play 全球排名前三的移动应用开发团队，是中国移动互联网的拓荒者之一，也是中国移动互联网企业迈向国际化的领先者。

1. 打造移动互联网入口服务平台，提升技术创新层次

2013 年 4 月，久邦数码提出"移动互联网入口"战略，所谓移动互联网入口就是用户接入移动互联网的第一站，是通过移动网络获取信息、解决问题的第一接触点。它在满足用户需求的过程中，自然地完成了流量的转化。成为入口意味着获得巨量的用户。

移动互联网入口服务平台是指针对手机桌面产品、手机桌面插件、手机桌面主题、

智能手机 3D 引擎、智能手机主题开发工具、移动互联网大数据分析等领域进行关键技术研发并在此基础上形成的移动互联网第一入口。通过这一入口能够为用户提供智能手机个性化、智能手机功能增强、移动互联网信息交互等服务，同时利用平台产品能够为产业链上下游提供第三方开发平台、应用分发、内容分发、移动营销、终端优化等综合服务。

2. 积极探索大数据在移动互联网行业的应用，拓展技术应用领域

丰富的移动产品线、海量的用户群通过移动互联网每时每刻都在产生各种类型的海量数据信息，目前久邦数码每天的数据日志容量已经达到 TB 级别，造就了久邦数码所独有的日益丰富、真实清洁的具有移动互联网特征的大数据资源池。

通过对具有移动互联网特征的海量数据的长时间接触和试探性挖掘，久邦数码发现了海量数据背后惊人的经济效益。作为行业领军企业，公司决定先于业界开展对移动互联网大数据技术的前瞻性研究，并希望以自身的有效探索为行业整体的发展提供经验借鉴和技术积累。

目前，久邦数码独立承担了国家发改委 2012 年国家高技术服务业研发及产业化专项——"移动互联网大数据决策平台研发及产业化"，项目立足于移动互联网产业的发展基础与长远需求，以广州市信息产业发展的战略目标和重大需求为引导，以公共技术研发和公共服务为宗旨，以专业技术为导向，以政府推动、资源共享、提升行业研究开发实力为建设原则，运用共建共享机制，利用现代信息技术手段，构建一个布局合理、功能齐全、开放高效、体系完备的移动互联网大数据决策平台。

3. 引进与培养移动互联网产业创新人才

久邦数码的人才理念是着力培养移动互联网产业创新的领军人才和高端人才；引导产学研用各环节积极参与，建立国际化的移动互联网开放创新平台和虚拟创新社区，集世界英才，为广州所用。

经十余年的建设和运营服务，久邦数码已建立一支由高素质人才组成的、稳定的技术服务队伍。公司于 2005 年成立了企业技术中心，研发团队人员 209 人，本科以上学历占 69%，均来自国内外知名院校，其中有 5 年以上手机软件开发经验的工程师超过 100 人，35 岁以下的工程师超过 95.4%。

久邦数码致力于创新，并且积极参与公共服务平台建设，提高行业内信息共享度，为行业创新营造良好环境。

资料来源

久邦数码公布第三季度财报：净利同比降 84%. http://stock.10jqka.com.cn/usstock/20141125/c572321396.shtml.

思考题

（1）久邦数码是如何进行产品营销的？

（2）为久邦数码的"Go Launcher"产品制订一个面向美国（或其他国家）用户的营销方案。

案例 三 〉 环球市场

广州龙媒计算机科技有限公司（即环球市场）成立于 1995 年，总部位于广州。环球市场建立了中国第一个国际贸易网站，并远赴德国法兰克福参加展会，是中国首家参加海外展的国际营销机构。集团一直专注于"让中国制造成为优质标志"的民族使命，建立"中国优质制造商"的世界标准——GMC 标准，打造"中国制造国家队"和全球直销平台，帮助中国制造企业获取国际买家的信任，并获得更多网上交易订单。目前，环球市场已取得了一系列的成绩：2011—2012 年度国家首批电子商务示范企业；2013—2014 年度国家电子商务示范企业；中国商务部颁发的"贸易促进贡献奖"；中国贸促会评选的"高端 B2B 电子商务第一品牌"；广州市首批跨境电子商务试点企业。

一、建立国际标准体系

环球市场国际电子商务平台是中国唯一一家对平台供应商严格执行电子商务供应商优质制造商国家标准，并委派第三方权威审核认证机构对所有要进入平台的供应商进行实地认证的电子商务平台，只有通过第三方审核并获得 GMC 优质制造商标准认证后，供应商方能获得环球市场国际电子商务平台供应商的会员资格。

环球市场国际电子商务平台是我国最大的 100% 优质制造商 M2B 直销平台，经过十多年的积累，业务面向中国制造的对外贸易，平台汇聚了美的、TCL、维达、坚美铝材、健威家具等遍布全中国的 3 万家优质制造商。同时，国际上已有 130 多万家全球采购商成为环球市场国际电子商务平台的买家会员，沃尔玛、飞利浦、通用电气、欧尚、迪士尼等大型国际采购巨头常年通过平台与厂家进行采购对接。

二、提供优质服务与平台

中国对外贸易中跨境交易额不断上升，跨境电商交易将成为新的外贸趋势。跨境交易的难题在于买卖双方间的信任问题，环球市场国际电子商务平台针对中国对外贸易中最优质的买卖群体，提供可信、优质的电子商务及其配套服务，完成准确、快速的交易，这不仅大大降低了双方的商贸成本和风险，更带来优质、可持续的合作。环球市场提供优质服务与平台，解决因网上跨境贸易产生的信任问题，吸引大量国际买家，返单率 80%，在客户间形成良好口碑。目前，环球市场国际电子商务平台已经发展成为全球买家最信任的认证制造商平台，平台的 PR 值（即 PageRank 网页级别）达到 7，跻身全球顶级网站行列，全球仅有两家国际电商平台 PR 值达到 7。

三、整合六大营销为"中国制造"提升品牌竞争力

1. GMC 群体品牌营销

审核通过颁发 GMC 证书，并提供详细审核报告。全面、完善的审核报告，真实展示企业实力和竞争优势，更易于匹配更多对口买家。

审核通过获得 GMC 品牌标识使用权。随着 GMC 群体品牌在国际上知名度的提升，越来越多买家认识并信任 GMC 品牌标识。会员企业可以将 GMC 品牌标识用于企业产品包装、户外广告、公司宣传目录等方面，与包括美的、格兰仕、志高等在内的民族企业共享 GMC 群体品牌，提升国际影响力，赢得更多话语权。

2. 网络营销

优质外贸 M2B 平台，专注服务经审核的 GMC 优质制造商。环球市场国际电子商务平台上展示的供应商，都是经过严格审核的优质 GMC 制造商，买家可通过平台查看 GMC 证书和审核报告，增强对供应商的信任。

供应商在平台上可拥有属于自己公司的最专业的在线国际营销展厅，全方位地向买家展示 GMC 会员的生产规模及管理能力。买家可以从企业网上展厅中直接浏览公司主营产品的型号、参数等信息。

3. 采购见面会营销

采购见面会是环球市场通过与众多买家进行深入的沟通和分析，再结合数据库匹配，帮助买卖双方进行采购匹配的活动。环球市场全年组织超过 30 000 场采购见面会（其中 22 000 场为网上采购见面会），让 GMC 制造商与买家面对面洽谈生意，将更多的订单机会带给 GMC 制造商。

4. Like 社交化营销

中国第一个专业的外贸社交平台 Like，意指"收藏您所喜爱的"。在这里，买卖双方可以收藏任何感兴趣的产品、动态、文字，可以关注任何一个制造企业和买家。

B2B + SNS，创造 B2B 电子商务新格局。在 Like 平台发布产品，分享外贸知识，10 万中国优质制造商与全球 108 万的优质买家实现了互动交流。

5. 展会营销

环球市场每年代表 GMC 制造商群体深入世界各地参加数百个国际展会，为 GMC 会员拓展最活跃的海外买家，让 GMC 会员为海外买家所了解和信任。

6. 联合当地最大搜索引擎，广度开发买家

联合当地搜索引擎，满足俄语、阿拉伯语、西班牙语、葡萄牙语等 40 多种不同语言网页搜索的需求，这一举动使得环球市场搜索能够遍及 231 个国家与地区，每天向全球搜索引擎进行超过 3 万个搜索关键字的投放与优化。

环球市场基于中国 3 万优质制造商会员的 400 万款优质厂商产品，搭建了 9 个国家语言版本的国际电子商务平台，同时依托移动互联网技术自主研发的 Like 社交平台和专业的电子商务及其配套服务，为国际贸易买卖双方提供一站式精准贸易匹配服务，解决跨境贸易中时间、地域和信息不对称等问题，同时通过网络营销、群体品牌营销、社

交化营销、展会营销、采购见面会营销等，帮助中国优质制造商提升国际知名度和竞争力，从而获得海外买家可持续的优质订单，把产品卖向世界各地，实现"中国制造"的转型升级。近两年，环球市场着力开发国际电子商务平台，同时整合通关、物流、退税、结汇等跨境供应链，为制造商提供一站式跨境电子商务平台，帮助中国优质制造商通过平台把优质产品直接销售到国外批发、零售终端，打造一个高效、诚信的优质制造商全球在线供货中心。

资料来源

2013 年环球市场优质制造商会员 2 万家. http：//www. 100ec. cn/detail－6144250. html.

思考题

（1）试分析环球市场的商业模式对中国企业发展的意义。
（2）试分析环球市场的营销策略。

案例四　一呼百应的"搜索＋B2B"商务采购平台

广州一呼百应网络技术有限公司成立于 2007 年，立足于打造中小企业原材料阳光采购平台，是全球首家专业企业原材料采购平台。区别于以销售推广拉动交易的传统 B2B 平台，一呼百应首创以采购拉动交易的全新 B2B 阳光采购交易平台模式，成为中小企业最新追捧的企业采购和销售首选 B2B 平台。目前入驻 570 多万家中小企业，每天新增注册中小企业用户 1 000 多家。平台日 PV 200 多万，每日 500 多万次搜索请求。企业入驻，可享企业商铺、产品推送、上下游采购商与供应商信息对接匹配等服务。

1. 长期专注于中小企业原材料采购业务

一呼百应专注于中小企业原材料采购，积累了良好的企业供应链研究与技术研发优势。2011 年 9 月，经过研发人员的开发和多次测试，一呼百应开发新系统，并将平台升级为一呼百应自适应垂直检索的专业 B2B 电商云平台，平台能够智能化为用户的商铺评分，如实反映用户需求。

2. 打造人无我有的采购平台

"做搜索引擎做不到（交易），干传统 B2B 干不好（供应链采购）"，一呼百应平台以精准搜索优质供应商、提高采购效率、降低企业采购成本为己任，引领中小企业供应链采购进入全新的在线采购交易时代。

此独创的"垂直搜索＋B2B"电子商务平台是公司主营业务，平台定位为"商人的搜索"，以"比百度更懂商机，比阿里巴巴更懂搜索"的优势特点，形成了一个整合"搜索＋B2B"模式的营销方法和多渠道推广的、独具特色的、极具竞争力的电子商务应用创新平台，为商贸搜索用户提供专业、高效、简单快捷的产品供应、采购和上下游供求信息查询服务。

3. 合作共赢的经营理念

一呼百应平台专注于服务中小企业，历来以帮助企业成交为标准得到广大中小企业用户的认可和口口相传，并向用户承诺："在一呼百应平台，年销售额低于 100 万元的企业免收任何交易佣金"，为企业做交易效果保障。

区别于阿里巴巴、慧聪、环球市场等传统 B2B 平台以帮助中小企业网上推广销售产品的平台模式，一呼百应中小企业 B2B 阳光采购平台专注于提高中小企业供应链采购效率，降低中小企业采购成本。

一呼百应将继续专注于中小企业供应链采购交易平台，稳步发展，未来发展规划如下：

一是完成技术升级。在传统 B2B 电商平台基础上实现在线交易功能，迈入 B2B 2.0时代。平台 2.0 产品——"一呼百应原材料采购电商平台"朝着使中小企业有效提高采购效率的方向努力，以降低采购成本为目的，并拟对一呼百应 B2B 电子商务平台中的大数据进行分析，建立一个基于信息检索、统计理论、人工智能和数据挖掘的智能决策模型及应用系统，并与原一呼百应"B2B 搜索引擎＋电子商务"平台结合起来展开应用，为平台上的中小企业提供采购决策支持，实现产业化运作。

二是加强行业内合作与推广。一呼百应以产品分类、精耕细作的频道特色在业内独树一帜，目前致力于与行业垂直门户网站或各行业的龙头企业合作，一呼百应提供强大的技术、品牌、用户、数据等支持，强强联手，共同深耕细作，打造行业翘楚的产品分类频道。

此外一呼百应将与全国渠道代理商共同分享百亿规模市场和成长机会，目前推广一呼百应代理商制度，邀请热衷于互联网行业、有两年以上中小企业服务经验和资源、专职销售和客服团队不低于 50 人的公司申请成为一呼百应区域代理商，负责区域市场的开发和客户服务。目前待开放招募代理商的区域为北京、上海、江苏、山东、河北、河南、浙江、江苏、湖北、湖南等一级和二级区域。以此实现一呼百应在全国范围的覆盖与辐射。

三是争取上市。打造全球最大的中小企业供应链采购交易平台，成为世界一流的市值超千亿的互联网公司，成为国内互联网上市巨头企业之一。

资料来源

（1）国内首家中小企业贷款撮合平台"有求必应"正式上线. http：//www. tcdai. com/news/19549. html.

（2）http：//www. youboy. com/home/about/business/business. html.

思考题

（1）试分析一呼百应产品策略。

（2）试分析一呼百应的主要推广策略。

案例 五 银汉游戏

广州银汉科技有限公司成立于 2001 年，是中国最早专注于手机游戏开发与运营服务的企业之一。银汉游戏十多年来不断推出精品游戏，如《幻想西游》《西游 Online》《梦回西游》《时空猎人》《神魔》等标杆产品，不断创造行业新纪录。其中 2012 年末推出的精品时尚格斗手游《时空猎人》，上线之初就获得玩家的极大肯定，同时囊括多项行业大奖，2013 年 10 月更成为首个月营收过亿的手机网络游戏产品。2013 年推出的新一代动作明星手游《神魔》，因其爽快的战斗体验、华丽的画面、丰富的玩法，获得行业和玩家的倾力支持，在线人数和收入屡创新高。2014 年 12 月推出的全明星英雄冒险动作手游《游龙英雄》，以银汉游戏自研的第二代横版格斗手游引擎为基础进行打造，融合多种新颖独特的玩法，在公测第二天就冲到 APP Store 免费榜第一的位置。

银汉游戏团队秉承高效、创新、开放、诚信的理念，以用户为核心，专注研发，将持续奉献精品游戏给玩家与广大合作伙伴。

1. 追求"原创"与"精品"

作为老牌手机游戏研发厂商，银汉游戏以"原创""精品"为目标，始终秉承高效、创新、开放、诚信的理念，以用户为核心，专注研发，持续奉献精品游戏。银汉游戏将以旗下优势产品为基础，逐步开展泛娱战略，以多渠道娱乐形式共铸强势 IP，实现品牌价值的提升与传播。

2. 不断创新

银汉游戏自成立以来，拥有一支高素质、技术实力强的研发队伍，员工总数为 700人，其中专职研发（包括项目研发和市场研发）占员工总数的 60% 以上。数据显示，银汉游戏以研发为主，从研发入手，结合市场，不断推出全新精品。银汉游戏有如下创新：

（1）研发首款横版格斗手游：以移动端设备完美重现了主机游戏的画质和游戏特性，并且结合移动端本身特点，让游戏呈现出流畅动感的完美品质。

（2）研发 360°无锁定战斗模式：在《神魔》中率先使用的游戏操作技术，通过无具体锁定目标强化游戏操作体验，将游戏的战斗效果从传统横版 2D 向 3D 战斗效果过渡，并且增强了玩家战斗体验的真实性。

3. 自主研发

从成立至今，银汉游戏已经自主研发了数款经典游戏，对于手机游戏的发展趋势、技术特性均有深刻了解。

4. 自主品牌

作为自主研发的老牌厂商，银汉游戏的一系列游戏均是原创 IP。而"时空猎人""神魔"等 IP 也已经成为知名 IP，凝聚了大量玩家群体，具有强势人气优势。

5. 经营独到

在产品层面关注体验，在营销层面关注口碑，持续研究用户行为习惯，最终将结论落实到游戏产品的持续更新上。

6. 跨界合作

与华谊兄弟合作，银汉游戏在游戏、影视行业同步发展，通过优势资源的整合利用，打造出一套完整的泛娱系统，成为以手机游戏为核心的、覆盖面更广泛的文化娱乐产业。

资料来源

http://www.yh.cn/.

思考题

（1）试分析银汉游戏的客户价值。

（2）试分析银汉游戏的营销策略。

案例（六） 优蜜移动

广州优蜜移动科技股份有限公司（简称"优蜜移动"）是全球领先的移动营销服务商，总部和研发中心设在广州，在北京、香港、江苏等地设立控股子公司，在上海、广州设立办事处。自 2010 年 4 月创立以来，优蜜移动持续专注于移动互联网产品及服务，致力于让移动互联网融入人们的生活，为广大的开发者等内容提供商创造收益。旗下有有米广告和有米游戏两大平台，经营业务全面覆盖了移动广告、移动电商、游戏联运、游戏发行等移动营销关键链条，具备强大的移动渠道资源优势。

公司拥有国内外最顶尖的移动互联网精英团队，汇聚技术、产品、运营、商务、销售、市场等专业人才近 350 人，发展至今先后服务了包括唯品会、淘宝、天猫、苏宁易购、国美、京东、聚美优品、易迅、亚马逊、当当网、大众点评、中国联通、中国移动、腾讯、百度、网易、昆仑游戏、宝洁、大众汽车、广发银行等在内的 6 000 多家国内外知名企业。

1. 整合产业链资源

优蜜移动开始时的模式是整合上游广告商的广告和下游开发商的 APP。上游先和广告商谈好，将广告以条形广告栏形式植入到 APP 中，通过 APP 端口提高点击量，广告商根据总增加的浏览量付给有米广告相应的费用。一般情况下有米广告可以得到四成的收益。2010 年的"双 11"，有米广告与淘宝合作，每天可以为网站导入数十万的流量。随后，有米广告的合作商从游戏拓展到 UC、新浪、淘宝等其他注重效果营销的客户群。

优蜜移动旗下拥有两大核心平台——有米广告与有米游戏，两大平台相辅相成。有米游戏依托于广告平台的资源优势，由于广告平台 70% 的业务与手游行业有关，公司可以了解到游戏广告客户关心哪些数据，什么样的用户是客户所关心的。反之，游戏业务也可以促进广告平台的发展，通过抓取一批大玩家，使客户的广告投放方案得到更细致的优化。

2. 通过产品创新形成竞争差异化

有米广告于 2010 年 4 月正式上线，是中国首家移动广告平台。有米广告致力于为海内外广告客户提供精准的产品推广和品牌营销服务，为应用开发者创造公正和优质的广告收益。有米广告拥有核心技术及完整知识产权，并获多项国家专利和软件著作权，在用户特征识别、精准投放、客户端防作弊、广告智能投放等关键领域遥遥领先。基于庞大的媒介流量优势，有米广告 Android 与 iOS 应用总分发量行业第一，累计覆盖全球 10 亿移动设备。

有米广告成立一年多后，市场上冒出 30 多家同样是做移动广告平台的竞争对手。有米广告此时开始推出 Android 积分墙的模式：通过应用内虚拟付费的方式为开发者提供新的盈利模式。开发者在自己的应用中设计消耗积分的地方，比如开启高级功能、购买特定内容等，刺激用户在应用中安装积分墙的推荐产品。

而此时，其他竞争对手仍在以价格战争夺用户，当其他竞争对手醒悟过来时，优蜜移动又迅速推出了 iOS 积分墙业务。优蜜移动凭借先发的积分墙优势，用半年时间迅速圈定了游戏、电商、软件等 APP 应用的大中型客户。

3. 注重技术创新

优蜜移动一直注重于创新，其创新处在于成立了中国第一家移动广告平台；在国内率先推广广告条（banner）防误点技术；推出国内第一款智能飘窗（smart banner）；推出国内第一个移动应用广告平台；在国内最早研发出全屏插播手机广告；推出国内最早的积分墙产品；推出国内最早的移动营销解决方案应用技术服务系统。

经过多次的技术革新，优蜜移动的技术发展由复杂的本地化部署逐渐过渡到扩展性强的云服务上，降低了运营成本，同时增强了平台的可靠性和稳定性，足以实现更大的业务需求。

4. 保证现金流稳健管理

移动广告行业竞争激烈，行业整体盈利模式不清晰，在有米广告及竞争对手先后获得高额融资后，行业内各企业融资于 2012 年开始遇冷，有米广告对此保持高度警惕，在 2010 年初获得 2013 年的 B 轮融资之前，一直有着较高的风险意识，坚持提高其盈利能力以及现金流管理水平。

5. 实现行业垂直化细分

公司旗下的有米广告平台已经是国内综合实力第一，在已有业务体量的基础上，有米广告从自身运营、研发优势和产品需求特点出发，将行业内的开发者和电商平台以及品牌广告客户中的汽车、金融、运营商作为拓展阶段的重点推广市场，并将快消品、IT 产品和其他行业内外的广告客户作为后续分阶段占领的市场。

6. 实现业务区域化细分

优蜜移动通过数据调研与分析整理，把华北、华东和华南作为公司移动营销业务的主攻战场。因为西南、西北和东北地区的人员密集度和经济发展水平相对较低，同时也缺乏移动网络基础设施覆盖，开发成本较高，难度较大。

7. 完善业务布局

2014 年 3 月，优蜜移动成立北京子公司，同年 6 月成立江苏子公司，8 月成立香港子公司。这标志着优蜜移动在国内的业务布局已日趋完善，现已成为国内领先的移动营销服务商。2015 年 1 月，海外平台 Adxmi 正式上线，优蜜移动进军海外，开始以程序化购买与业务全球化作为未来战略规划。

资料来源

　　http：//baike. baidu. com.

思考题

　　（1）优蜜移动是如何进行移动营销的？
　　（2）试分析优蜜移动是如何进行供应链管理的。

案例（七） 传统批发产业转型升级——鱼珠木材网

　　广东鱼珠木材电子商务有限公司成立于 2013 年 2 月，注册资本为 1 000 万元人民币。由广东鱼珠木材有限公司（持股 60%）和广东广物电子商务有限公司（持股 40%）共同出资设立。

　　目前，公司主要开展木材电子商务信息服务业务，运营"木材王国"（www. yuzhu-wood. com）、"鱼珠·中国木材价格指数"（www. yuzhuprice. com）、两个微信公众平台"鱼珠木材"（yuzhumucai）和"鱼珠·中国木材价格指数"（yuzhuprice）。

　　木材王国电子商务平台积极推动传统大宗物资从网下交易向网上交易转变，构建了"鱼珠木材电子交易中心"，开展木材现货网上交易、价格评估、监管结算等，致力完善木材制品商品交易标准化建设，制定电子交易规则，提高服务质量，降低交易风险和资金风险，保护客户合法权益，包括寻找第三方机构和组织实施货物鉴定与检尺；建立了监管仓，实施货物监管制度；开立了资金专户，实施货款监管制度，落实"不付款不发货，未收货不付款"的交易规则。由此受到了行业用户的支持和好评，业内已经逐渐接受和适应这一交易规则，并且依靠和依赖木材王国电子商务平台实施交易和交割行为。

　　木材王国电子商务平台取得较好的经济效益和社会效益。2013 年公司实现营业收入 300 多万元，利润 70 多万元，对木材行业进军电子商务起示范带动作用，积极参与和推动广东乃至全国的传统批发市场的转型升级。随着市场和经济的不断发展，木材行业走向电子商务已是市场发展的必然。虽然当前木材网上交易受限于传统交易模式（如看现货）的影响，暂未能实现真正的网上交易付款，但鱼珠木材电子商务有限公司正在积极探索网上交易之路。目前由"木材王国"提出的"网上挂单，网下撮合"的交易模式受到了业内好评。此外，紧跟电子商务发展大形势，鱼珠木材不断研发相关金融及微信产品，试图实现传统木材批发市场的产业升级。

1. 构建木材电子交易中心

木材电子交易系统以现货交易为起点，设置标准仓单与非标准仓单两种交易载体，联合金融机构发行"鱼珠木易通"交易卡，实现网上交易、结算、融资、清算等功能，解决中小企业融资难题，提升交易效率，降低交易成本，提高企业经济效益。

木材王国拥有资讯中心、价格中心、交易中心、物流中心、网上商城、现货超市等核心功能，为客户提供品牌建设、推广宣传、交易撮合、质押融资、行业调查资讯等服务。

2. 发布首个木材价格指数

2012 年 11 月 28 日，经国家发改委批准，市场正式发布首个国家级木材价格指数——"鱼珠·中国木材价格指数"，这是我国第一个由企业发布的国家级木材价格指数，也是全球唯一的权威性木材价格指数。鱼珠·中国木材价格指数的发布，是提升中国木材价格话语权的基石和载体，在打造全国的木材价格话语权和产业转型升级方面具有较强的示范、推广作用。

鱼珠·中国木材价格指数是中国木材市场的价格标杆和风向标。鱼珠·中国木材价格指数的发布，深受欢迎与好评。目前，国内外 20 多万会员关注鱼珠·中国木材价格指数走势，以此作为木材市场定价、调整经营品种、控制库存的依据，为国家海关征税估价的参考，为生产经营和消费的指南，为生产制造企业核定采购成本、防止采购过程商业贿赂的重要依据，为木材行业市场价格信息数据库，为行业研究和管理决策的工具。

鱼珠·中国木材价格指数是提升核心竞争力、经济软实力和国际影响力的集中体现。编制和发布价格指数，充分体现了广东省、广州市分别作为国家经济发展重要省份、国家中心城市的核心竞争力、经济软实力和国际影响力，是建设国际商贸中心的重要支撑，是实行产业转型升级的有力推手。

编制和发布鱼珠·中国木材价格指数，是提升广东价格话语权、促进产业转型升级的一种探索和尝试，有较强的推广和示范作用。打造广东价格话语权、积极应用价格信息资源服务企业和市场，是广东产业转型升级的探索和尝试。

编制和发布鱼珠·中国木材价格指数是政府宏观调控，制定木材进出口政策、产业政策，降低中国发展成本的重要手段和抓手。作为木材生产消费大国和进口大国，拥有木材市场的价格话语权是非常重要的，可以通过价格指数的编制和发布来引导企业生产、引导社会合理消费。

3. 研发商品指数及其衍生品

与金融业合作，研发商品指数。金融是现代经济的核心，是经济运行的血脉，随着我国经济发展水平的不断提高，金融对经济社会发展的作用日益突出，出现了产业金融的发展趋势。产业金融，就是产业与金融的紧密融合，在融合中加快产业的发展。在此背景下，2013 年广东物资集团公司和大连商品交易所签署了《开展木材行业价格指数及其期货品种研究战略合作协议》，拟通过编制能够反映木材价格走势的中国木材系列指数（简称"中木指数"）为木材产业链与相关群体提供价格指导，为国家宏观经济监测提供参考信息，为相关林业管理部门提供监管依据。

从有效服务木材产业链实际需要出发，中木指数项目编制定位力求做到既能服务于木材全产业，又能服务于专项木材子产业；既要尽可能贴近木材产业实际，又要充分体现出指数自身的金融属性；既要做到对木材实体产业起支持作用，又要力求便于被金融业和其他投资群体接受。通过木材价格指数的编制，及其金融衍生产品的推广，有助于木材产业得到更多的关注，以期有效推动中央关于金融业服务实体经济政策在木材产业的具体落实，促进木材产业的发展。

4. 积极应用新媒体宣传，极力打造品牌效应和扩大影响力

在新媒体方面，木材王国也积极做好宣传推广，目前拥有"鱼珠木材""鱼珠·中国木材价格指数"两个微信公众平台，两个微信公众平台分别在木材行业价格行情资讯以及"鱼珠·中国木材价格指数"资讯群发和订阅方向发力，已经实现了增值广告付费业务。两个微信公众平台正快速增长，品牌号召力、凝聚力可见一斑。

当前，鱼珠木材积极准备，正在建设和筹划建设木材现货交易平台和木材互联网金融服务平台两个平台，为实体客户与线上客户提供各类信息资讯、物流仓储、货物监管、资金监管等服务，同时与银行合作发行"鱼珠木易通"交易卡，为木材及上下游产业用户提供基于货流、物流、资金流一体化的一站式服务，通过产业金融结合，积极开创一条"具备木材行业特色"的电子商务之路。

资料来源

http：//www. yuzhuwood. com/news/details_40285ff940e196610140e1a883310002. html.

思考题

（1）鱼珠木材为什么发展电子商务？
（2）试分析鱼珠木材的主要产品策略？

案例（八） 广州远信美容护肤品的 B2C 业务

广州远信集团成立于 2005 年 3 月，是全国最早从事化妆品 B2C 业务的企业，旗下经营柚子舍和优歌网。优歌网是国内较早从事美容护肤品 B2C 电了商务的企业之一，致力为全球女性定制美丽肌肤方案，是国内三大美容护肤品销售网站之一、全国电子商务百强网站。柚子舍是远信在化妆品 B2C 业务积累过百万用户后于 2010 年推出的自有化妆品牌企业，是中国无添加化妆品标准创导者。柚子舍官网已拥有超过 300 万的注册用户，购买用户超过 60 万。

一、自有品牌 + 电子商务

1. 首创"自有品牌 + 电子商务"模式

柚子舍是自有护肤品品牌垂直型 B2C 电子商务企业，平台销售的所有产品均是自有品牌。广东省是化妆品生产、销售的大省，但广东省知名护肤品却屈指可数。为响应国家产业升级的号召，柚子舍成为国内首个提出自主品牌走电商之路的企业，成为广东省高新技术企业之一。

2. 首创"自有官网为主，全网合作"模式

柚子舍首先开启了"自有官网为主，全网合作"的营销模式。柚子舍是一个完全通过互联网营销的化妆品品牌企业。自有官网销售占比已达到 70%，同时在各大知名平台开展全网全渠道销售。

3. 自主品牌、自有电商平台——占据最优价值

根据"微笑曲线"理论，产业链前端的开发设计，后端的品牌推广、物流配送以及售后服务，都是附加值比较高的环节，而柚子舍占据了这些最高附加值的部分。在产品制造和生产环节，柚子舍从 2010 年 10 月 10 日创立以来，与战略合作伙伴暨南大学基因生物研究中心深度合作，将先进的生物基因技术融合在护肤品内，同时以不添加对皮肤有害的成分为特点，真正实现安全护肤；在销售渠道方面，柚子舍和淘宝、京东一样做最具趋势和空间的电子商务平台。无论从产品研发、生产，还是推广，柚子舍都占据了高附加值的两端。

二、产品优势明显

1. 自主品牌，产品性价比高

柚子舍官网是自主产品型垂直类电子商务网站，网站销售的全部产品都是柚子舍旗下的自主品牌，产品的定价权、品控、品牌均由公司掌握，公司的发展风险可控，做到永续经营。

另外，公司采用产品为王，用极具创意的方式吸引顾客，利用新型社交营销手段推广产品、推广网站，同时通过对竞争者的分析，了解现在竞争者的一些销售动态，对主要竞争者的销售情况进行分类整理，在营销的全过程中对消费者进行即时的信息搜集，定期与顾客沟通，极大地降低了商品成本。

2. 运营优势

柚子舍通过自己设计产品并注册品牌，然后外包给有稳定合作关系的供货商生产，通过网站直接面向顾客进行推广销售，有效地节约门店和渠道成本，通过快速反应，以及多频次、小批量的运作方式，满足顾客追逐时尚的个性化要求，又显著降低了库存成本和滞销带来的损失，从而获得高附加值的利润。

3. 产品优势

7 大无添加是柚子舍的主导理念，柚子舍做到了产品质量最优的同时，产品设计也

前卫、新颖，这些都形成支撑高价的差异化，助柚子舍赢得了较高的利润空间。

4. 严把产品质量关

在质量管理体系建设上，公司按 GB/T19001—2008 idt ISO9001：2008 标准的要求建立了质量管理体系，将其形成文件，加以实施和保持，并持续改进其有效性。在原料、设计、客服、生产等方面严格控制质量，力求提供最高性价比的商品给消费者。

三、迅速拓展市场

美丽真相 APP 向市场免费开放，同时和第三方移动社交网络 SNS（如微信、微博等）对接，通过向客户提供娱乐互动、专业皮肤咨询等优质服务，吸引客户。同时对"无添加"概念进行隐形推广，最终增加公司的品牌知名度。目前已有超过 10 万的用户，用户通过"分享"功能，每天能创造巨大的信息量。

通过手机终端的研发及应用，搭建公司移动互联网的电子商务应用服务平台柚子舍移动商城 APP，提升公司电子商务的技术实力与应用水平，为用户提供更全面的产品服务，为公司推广柚子舍产品拓宽渠道，促进企业电子商务的发展及市场占有率的提高。

资料来源

http：//www.uzise.com/.

思考题

（1）化妆品企业发展电子商务有什么优势？

（2）柚子舍开展电子商务的主要服务策略是什么？

案例⑨ 亚马逊网络战略——"伙伴计划"让人人为我挣钱

美国亚马逊（Amazon.com）2005 年 10 月 4 日发表的 "E-Commerce Service 4.0（ECS 4.0）"引起了人们的关注。ECS 4.0 是过去称为 "Amazon Web Services（亚马逊 Web 服务）"的 XML Web 服务（简称 Web 服务）的最新版本。使用该服务，将能够访问该公司网站上销售的所有商品信息，并可将这些信息转入自己的网站和应用程序中。

该版本似乎非常受欢迎，亚马逊称下载 SDK（开发人员工具包）的人数已达 65 000 人。很多开发人员也加入该服务，为亚马逊的销售增长做出了贡献。下面就来谈谈亚马逊的 ECS 4.0。

一、何为"伙伴计划"

首先，在解释亚马逊提供的 Web 服务是什么之前，先来介绍一下"伙伴计划"，因为亚马逊的 ECS 4.0 Web 服务面向的是该计划的成员。

所谓"伙伴计划"，是指假设有一种你想推荐给别人购买的商品，你就将该商品的链接贴到自己的网站上。如果访问该网站的用户点击了这个链接，就会进入亚马逊的该商品页面。如果此人就此购买了该商品的话，亚马逊将会向你支付相应的佣金（最高为售价的 10.5%）。链接中含有能够识别你身份的编号，由此亚马逊能够了解是通过谁的网站购买了商品。

另外，亚马逊还准备了更加巧妙的链接。比如，显示多个关键词检索到的结果列表的链接，在指定分类中切换和显示不同商品图像的链接以及带检索栏的链接等。这些链接可利用网络工具，通过选择弹出菜单或者复制、粘贴等简单操作来生成。

二、Web 服务更进一步

"伙伴计划"的链接与 Web 服务的重大区别在于，前者是用来跳转到亚马逊的 URL 链接，后者则能够在自己的网站或应用程序中提供各种功能。比如，能够以任意布局在自己的网站中提供与亚马逊相同的购物车、兴趣商品清单（wish list）检索等功能。

百闻不如一见。让我们看一个简单的例子，"www. palmables. com"和"musickid-swant. com"网站。这些网站没有购物车，目前仅使用了检索功能，但能够在其网站上显示检索结果。

这两个网站使用了由加拿大 Cusimano. com 制作的 Perl 脚本。该公司正在销售支持亚马逊 Web 服务的脚本产品。由于该公司网站上已经公开了简单的样本脚本，因此建议有兴趣的用户可以参考一下。

另一个例子是 MrRat 的网站上正在免费提供的 Perl 脚本"Amazon Products Feed"。据称可通过亚马逊提供的 XML，实时在网站上显示。使用该脚本程序、名为"www. coolcatclothing. com"的服装类商品网站就是一例。作为服装类商品，虽然不同尺寸和颜色的商品种类繁多，但该网站利用上述脚本程序把这些内容安排得非常好。该网站还准备了购物车功能。在看到购物最后阶段显示的"Buy from Amazon. com"按钮之前，谁也不会注意到这是亚马逊的商品。

亚马逊的这些 Web 服务可免费使用。SDK 也可免费下载，只需在亚马逊的 Web 服务页面上进行开发人员注册即可。不过，有意思的是只要在此注册，在全球的亚马逊网站上均可使用。现在提供 Web 服务的除 Amazon. com 外，还有 Amazon. co. uk、Amazon. co. jp、Amazon. de。日本的网站也可使用该服务。

虽说开发人员开发了脚本和应用程序，但亚马逊并非据此支付报酬。一定要开发人员先参加"伙伴计划"，当有客户通过自己的网站和应用程序成交时，亚马逊才会支付佣金。另外，虽说开发人员在亚马逊上只需注册一次即可，但"伙伴计划"则必须通过亚马逊在各国的不同网站申请。因为不同的国家其运营方式各不相同。

此次更新的 ECS 4.0 大幅强化了网站的一些功能。比如，除能够访问亚马逊经营的 100 万件商品的全部图像外，还可使用客户点评。同时 ECS 4.0 还强化了检索功能，比如，能够利用电脑的电池种类、CPU 速度等详细属性进行检索，还支持亚马逊新开设的"贵金属/钟表""食品""优育/户外""乐器"等商品目录。

ECS 4.0 的推出使得亚马逊正在稳步地将全世界的网站变成自己的分店。比如，在 Google 上检索某种商品时，显示在最上面的网站是亚马逊，而紧跟其下的则是亚马逊的伙伴网站，源头全部都是亚马逊的商品。这种情况如今并不少见。正如该公司的战略预见的那样，网络正在全球不断扩大。尽管金钱会自动入账的业务体系及其技术令人颇感兴趣，但是感觉似乎是在帮助亚马逊挣钱。不知道是不是只有笔者才有这种感觉。

资料来源

http：//www. xiaomi001. com/bschool/1/3016. html/.

思考题

（1）亚马逊的"伙伴计划"与传统的网站合作有什么异同？

（2）亚马逊经常自称为一家技术公司，你是如何理解的？

案例（十）　Spreadshirt：网上大规模定制平台

2007 年，Spreadshirt 已发展为欧洲"微铺货"① 市场的领头羊，并成为定制商品累计销售量超过 500 万的世界三大网上定制平台之一。

Spreadshirt 首席执行官和创始人卢卡斯·盖德威斯基②热衷于实践创业。他曾就读于德国北威州的帕德博恩大学，主修工商管理和信息技术，同时兼职于全球最大的学生咨询服务机构之一的校园咨询服务集团。在读大三的时候，他创办了自己的第一家公司。

从兼职第一天开始他就非常积极地参加校园咨询的各种活动。因此，他没把太多时间放在课堂学习上，反而是将更多时间用来着手实施咨询项目，参加内部讨论会，并成为管理层中的一员。盖德威斯基创办过一家移动商务公司，但以失败告终。通过咨询项目策划的实践，让他认识到商界的本质。

1．创立设计平台：Spreadshirt

2000 年，一家小型的纺织印刷公司成为盖德威斯基的第一个客户。通过实施此公司的项目规划，他对印刷技术及其市场有了一定的了解。就在那时，他的脑海中突然蹦

---

①　"微铺货"：是指消费者通过将自己的标志、标语和图案用于服装与其他产品上，来创建他们自己的产品。

②　卢卡斯·盖德威斯基：1977 年出生于上西里西亚（波兰）。在七岁时，他随父母移居德国。

出了 Spreadshirt 的创意。同时，他的灵感也来源于亚马逊的联盟计划，该计划旨在让人们将足够多的书籍信息上传到他们的网站上。如果书籍信息都可以上传至网站上，为什么 T 恤的信息就不可以呢？

鉴于自己创意的优势在于管理技能，而不是信息技术，盖德威斯基首先想到去曼海姆大学（位于巴登—符腾堡州）学习工商管理，但是随后决定去以关注企业热点而著称的莱比锡工商管理研究生院①，并取得管理硕士文凭。

2001 年夏，盖德威斯基推出了以 Spreadshirt 命名的第一个网站。他希望能够让数以千计的小商家通过此网上平台，在自己的网店中设计他们自己的产品。

然而，网站的最初版本并不允许用户注册创建他们自己的网店。盖德威斯基决定完善网站的功能，于是将重点集中在最重要的客户身上——要求客户每月的页面浏览次数②至少达到 10 万次，以便他们可以在网上建立 Spreadshop 店。

2001 年末，迈克尔·施皮斯（第一位 Spreadshop 店的拥有者）与盖德威斯基在莱比锡共同创办了 Spreadshirt GbR③。随后，施皮斯负责信息技术的开发，而盖德威斯基负责公司的市场营销和业务处理。2002 年 5 月，网站的首个全自动版本上线。现在，只要是对 Spreadshop 店感兴趣的人，都可以在网上开一个属于他们自己的网店，同时可以上传他们自己设计的产品。而且，这个版本为随后几年网站的发展创造了条件。

Spreadshirt 的经营必须要为公司内部提供资金支持，结果使得公司业务从一开始就实现了收支平衡。这种创新型的商业模式，使盖德威斯基获得了 2002 年 10 月在萨克森州举办的创业规划大赛冠军。

2004 年 5 月，鉴于网店用户人数累计增长至 25 000 多，Spreadshirt 在莱比锡建立了属于自己的生产和物流中心，并与 Spreadshirt 的办公楼相邻。中心的建立能够使得 Spreadshirt 独立于以前做得较为成功的网店合作伙伴，并能让公司生产及包装产品之后快速发货——现在所用时间均在 48 小时之内。此外，Spreadshirt 首先推出了德语版网上定制和下订单的系统工具——"Spreadshirt 设计器"，随后又相继推出了英语、法语、西班牙语、荷兰语、意大利语、挪威语及瑞典语七种语言版本。如今，大多数的欧洲和北美客户都能在 Spreadshirt 上直接定制他们自己的产品，根本不需要他们自己在网上开店，而且也没有必要对现存的可能有自己所需的同类商品的网店进行查询搜索。

2. 设计竞赛：从营销策略到平台产品

2005 年 12 月，Spreadshirt 推出了开放标志项目（OLP），目的是用以更新公司标志设计产品。顾名思义，Spreadshirt 与大多数的专业设计公司一样，并没有对自己的标志设计开发过程进行保密。相反，它还建立了一个博客平台④，并邀请每位访问者提交及上传设计方案。

Spreadshirt 将会从所有的参赛设计者中选出至多 10 位优胜者，将 5 000 欧元（相当

---

① 德语为 Handelshochschule Leipzig，位于萨克森州。
② 页面浏览是指从一个网站上加载一个页面的请求。页面浏览次数作为一个网站的流量指标通常用于评估来自于页面广告的预期收益。
③ GbR 全名为 Gesellchaft buergerlichen Rechts（英译：civil‐law association），即法人团体。
④ http：//olp. spreadshirt. net.

于 6 000 美元）的现金奖励平均分给获奖者。颁奖之前，获奖者必须要将获奖设计作品的版权转到 Spreadshirt 名下。该项目的实施产生了巨大反响：在两个月之内，有 600 位参赛者总共提交了 1 100 种设计作品。所有的设计作品都发布在官方网站上，供社区成员点评。Spreadshirt 关于 OLP 项目的博客跟帖量是其他博客的 140 多倍。因此，Spreadshirt 估计有数以十万计的访问者看过至少一篇有关该项目取得巨大成功的网络日志。

2006 年 7 月，作为欧洲"微铺货"市场的领头羊，Spreadshirt 成功融得了由总部位于伦敦的 Accel Partner 风投公司提供的数百万欧元的风险资金。

Spreadshop 系统平台的商业模式就是尽可能地使每个人都能经营他们自己的网店，并能够在数分钟内开始出售自己设计的产品。因为现在都是在网上管理商店，所以你要做的一切管理工作，只要连接至互联网即可开始。Spreadshirt 负责其余所有的相关管理工作，如网店软件管理、库存管理、印刷、包装、发货、网上支付和售后服务。因此，我们所创造出的价值都取决于订单完成数量中每单位产品所创造的收入。2006 年 12 月，公司拥有大约 20 万网店合作伙伴，包括个人、社会组织、公司、运动团队和艺术家们。

2006 年 4 月，由 Spreadshirt 推出的 Derby 是一个可以连续进行网上 T 恤设计竞赛的平台。所有业余及专业的设计师们都在该平台积极上传他们自己设计的图案，然后接受网民的投票。这种设计竞赛每两周举办一次，获奖设计作品最终能得到一定数量的现金奖励，并且可以进行限量生产，同时可以在 Derby 的网店中向网上大众出售。Derby 的客户一般都是典型的时尚个性主义者，不是很喜欢品牌，但求与众不同。

设计师们直接通过站点来提交他们自己的设计作品，在接下来的一周时间内，这些设计作品要接受网站访问者的投票。在晋级期末，按照对设计作品所做的若干标准规定，Spreadshirt 将给予设计竞赛的获胜者面值为 1 000 欧元的支票奖励，同时使用胜出的设计图案来印制 500 件 T 恤。通常情况下，Spreadshirt 每个月选出 16 至 20 种新款设计。

DDS[①] Spreadshirt 指的是为订购量至少是 25 件的一系列商品所提供的大宗订单服务。大型公司通过 DDS 来完成下订单的过程，例如，近来 Spreadshirt 出售给通用汽车公司的 15 000 件 T 恤。

3. Spreadshirt 的未来发展

Spreadshirt 在德国的主要竞争对手是 Shirtcity[②]。这家位于巴伐利亚的公司始建于 2002 年，并积极涉足 Spreadshirt 的所有核心业务：网店平台、最终用户业务和设计竞赛平台，同时它也提供大批量定制服务。在盖德威斯基看来，要密切关注重要的竞争对手，包括位于美国的 Cafepress 与 Zazzle。

Spreadshirt 下一步要实施开发一个 Spreadshirt 2.0 业务模型，它以社交网络的影响作为驱动力，通过这个社交网络人们不仅可以与数据中心交互，也可以实现彼此之间的互动。Spreadshirt 2.0 的第二个支柱业务是原创力，它的基本设想是人们是具有创造性

---

① DDS 是 Deutsche Druck Service（英译：German Printing Service），即德国印刷服务业。

② http：//www.shirtcity.com.

的，但是他们没有（或者甚至从来没有）办法表现他们的创造力。Spreadshirt 2.0 不仅能够使用户产生他们自己的创意，由此展示出他们的创造力，而且还可以通过 Spreadshop 的网络平台为他们的产品找到市场。利用这个社交网络，网店合作伙伴可以告知潜在的顾客他们的产品信息和背后所蕴含的创意，相互之间还可以交流经验，选出特定的设计，按照自定的利润销售产品，而让 Spreadshirt 做其余的事情就可以了——不需要任何定金。如果说 Spreadshirt 1.0 是一个人创造力的展示平台，那么 Spreadshirt 2.0 即将成为网站访问者和潜在购买者的市场平台。

资料来源

塔菲克·杰拉希，等. 电子商务战略.2 版. 李洪心，译. 东北财经大学出版社，2012.

思 考 题

（1）Spreadshirt 主要的商业模式有哪些？

（2）盖德威斯基有哪些企业家的气质？

（3）请你总结 Spreadshirt 的营销策略。

第八章　商品管理学案例

案例一 **红星青花瓷珍品二锅头：创意包装改变品牌形象**

作为一家有着 50 多年历史的酿酒企业，北京红星股份有限公司（简称"红星公司"）生产的红星二锅头历来是北京市民的餐桌酒，一直受到老百姓的喜爱。然而，由于在产品包装上一直是一副"老面孔"，使得红星二锅头始终走在白酒低端市场，无法获取更高的经济效益。

随着红星青花瓷珍品二锅头的推出，红星二锅头第一次走进了中国的高端白酒市场。红星青花瓷珍品二锅头在产品包装上融入中国古代文化的精华元素，酒瓶采用仿清乾隆青花瓷官窑贡品瓶型，酒盒图案以中华龙为主体，配以紫红木托，整体颜色构成以红、白、蓝为主，具有典型的中华文化特色。该包装在中国第二届外观设计专利大赛颁奖典礼上荣获银奖。

红星青花瓷珍品二锅头是红星公司 50 多年发展史上具有里程碑意义的一款重要产品。它的推出使得红星二锅头单一的低端形象得到了彻底的颠覆，不但创造了优异的经济效益，而且提高了公司形象、产品形象和品牌形象。红星青花瓷珍品二锅头在市场上的销售价格高达 200 多元，而普通的红星二锅头仅为五六元。

除了红星青花瓷珍品二锅头以外，红星公司还推出了红星金樽、金牌红星、百年红星等多款带有中国传统文化元素包装的高档白酒。

资料来源

包装界十大经典创意包装：至今仍让人津津乐道 . http：//club. 1688. com/article159674079. htm，2015 − 09 − 28.

思考题

（1）商品包装的功能有哪些？

（2）结合本案例，论述产品包装与品牌塑造间的关系。

案例二　"宝宝爽"纸尿布的销售问题

"宝宝爽"纸尿布刚开始销售时，虽然广告宣传突出其便利的功能，但效果不佳。营销人员对此进行了市场调研，请一些使用过该纸尿布和未使用过该纸尿布的妇女，8—10人组成一组，在一起讨论关于纸尿布的问题。

"您觉得纸尿布怎样？"使用过它的妇女答道："它方便。"

追问："为什么会觉得它方便？"有人答："不用再洗尿布了，孩子也不会尿湿衣服、被褥。"

调查员又追问："什么情况下用纸尿布最方便呢？"结果得到这样的回答："外出时使用最方便。"这一答案得到在场众多妇女的认可。

此时调查员继续追问："还有什么情况下会使用纸尿布？"在场的妇女中有人想了一会儿说："婆婆不在时会用它。"

调查员问："为什么要等婆婆不在时用呢？"答："因为婆婆看不惯。"

追问："她看不惯什么呢？"答："她可能觉得这样做，是妈妈只图自己省事。"

经过观察，发现说话的年轻妇女在谈婆婆的看法时，神情有一种不安感，其他人也有同感。

资料来源

https：//wenku. baidu. com/view/1ffdc2cc71fe910ef12df8el. html.

思考题

（1）纸尿布不畅销的原因是什么？

（2）针对此原因，企业该采取什么措施？

（3）请你为该产品设计营销策划。

案例三　便利店的酒瓶起子：商品陈列中的搭便车

一位便利店老板，进了一批酒瓶起子。虽然这种商品利润相对较高，但他原本并不想卖这个产品，可总是有人到店里来问。开始他将这些酒瓶起子放在一个角落里，有人问了，就指给他看，卖得十分缓慢，他也不大在意。

后来，酒瓶起子的业务员巡视终端，看见了该老板的陈列，给他出了个主意：你把酒瓶起子放在你出售的酒旁边试试，我敢保证你的酒瓶起子的销售量肯定会是以前的几倍，而且根本就不会占多少地方。

该老板不信，但又觉得业务员说的有些道理。结果正如业务员所说，酒瓶起子的销售量成倍上升。但他纳闷的是：有人甚至一次买好几个酒瓶起子。他问这些消费者原因，消费者回答很简单：做得这么漂亮，款式又多，可以挂在冰箱上当装饰品呀！

酒和酒瓶起子是完全不同的两类商品，它们有着根本的区别，但又相关。酒是快速消费品，消费者会反复购买；酒瓶起子相对来说是耐用消费品，消费者不会反复购买。这就决定了，酒瓶起子被消费者关注的程度低，不可能专门设立一个明显的位置来做它的陈列，被放在角落里也在情理之中。但是，如果酒瓶起子除了开酒用，还有别的效用时，情况就不一样了。这就是我们时常说的：产品除了核心价值，还有延伸价值。"时常被消费者看见"——就是我们在做陈列时要考虑的问题。酒瓶起子借酒被时常关注之势，同样创造了不错的销售形势。

资料来源

终端陈列管理．http：//doc．mbalib．com/view/4463f0258cfd532ed7b9c0d5d32fa7da．html．

思考题

（1）将酒和酒瓶起子摆放在一起，这是一种什么商品陈列技巧？这种陈列技巧的特点是什么？

（2）这种商品陈列方法的适用条件是什么？

案例四　苹果公司失败的新产品开发

《福布斯》杂志近日撰文称，作为一家知名 IT 公司，苹果如今已走过三十多年的发展历程。同许多公司一样，苹果在创新过程中也走过许多弯路，虽然以失败告终，但帮助其积累了不少宝贵经验。以下便是苹果创新败笔。

1. Lisa 电脑

苹果 Lisa 电脑以乔布斯女儿的名字命名，是全球首款将图形用户界面（GUI）和鼠标结合起来的个人电脑。然而，在 1983 年 Lisa 电脑面市时，苹果没有充分考虑到消费者对电脑消费的承受能力，当时将售价定为令人难以置信的 1 万美元。高昂的售价令不少用户退避三舍，导致其销量不佳。

2. Macintosh Portable 电脑

苹果于 1989 年推出售价 6 500 美元的 Macintosh Portable 电脑，但市场反应极差。在对 Macintosh Portable 电脑的设计重新思考后，苹果在 1991 年推出 PowerBook。PowerBook 同苹果的 Macbook 一样，至今仍是标准的笔记本设计。

3. Taligent 操作系统

Taligent 由"Talent"（天才）和"Intelligence"（智力）组合而成。按照苹果的构想，这将是性能卓越、面向未来的新一代 PC 操作平台，并于 20 世纪 80 年代末开始实施这一计划。但 Taligent 操作系统的结局却是无疾而终，在 1995 年悄然消失。

4. Newton 掌上电脑

从今天的视角看来，Newton 掌上电脑既是一款超前设备，又是价格高昂、体积硕大的 PDA。但在 1993 年的时候，Newton 掌上电脑与上述两个方面都不搭边：消费者根本不清楚怎样使用。Newton 掌上电脑售价在 700 至 1 200 美元之间，机长 8 英寸，宽 4.5 英寸，刚好巴掌大小。然而，由于屏幕分辨率不佳，字迹辨认能力极差，1996 年在更薄、更便宜、更易使用的 Palm Pilot 问世后，Newton 掌上电脑更没了出头之日，最终消失在人们的视野之中。

5. QuickTake 数码相机

苹果 1994 年推出的 QuickTake 数码相机是世界上第一台数码相机。QuickTake 数码相机售价 750 美元，记忆存储容量只有 1MB，只能存储 8 张 0.3 兆像素的相片，没有 LCD 屏幕和变焦功能。另外需要指出的是，QuickTake 数码相机拍摄的照片只能下载至 Mac 机上，苹果的用意不言自明。

6. Macintosh TV

Macintosh TV 就像是拥有电视调谐器的苹果 LC 520 PC，用户可以在电视和电脑之间切换，也就是说可以将其作为电视和电脑使用。但 Macintosh TV 的处理速度比相同配置的 PC 慢得多，而售价超过 2 000 美元，比一般的电视贵，市场定位一时难以解决。

7. Rokr 手机

苹果的拥趸不厌其烦地强调，摩托罗拉 Rokr 手机并非苹果在 iPod 方面的第一次尝试。但苹果确实让 Rokr 手机搭载了公司的 iTunes 播放软件，并在 2005 年 9 月联手摩托罗拉推出这款产品。Rokr 手机存储量有限，只能装载 100 首歌曲，最终结果令人失望。

8. Power Mac G4 Cube

2000 年在苹果刚刚推出 Power Mac G4 Cube 时，其 8 英寸的创新外观和独特的光盘驱动一度使业内人士认为 PC 设计可能从此会被重新定义。但是，由于 Power Mac G4 Cube 的 200 美元售价高于具有类似配置的苹果 G4 PC，消费者并不买它的账。在推出 Power Mac G4 Cube 一年后，苹果悄悄发表了一份暂停销售 Power Mac G4 Cube 的声明。

资料来源

苹果公司新产品开发失败案例分析. https：//wenku. baidu. com/view/14157c502af90242a895e59c. html.

思考题

（1）试分析导致苹果公司的这些新产品开发失败的主要原因是什么？
（2）通过本案例的学习，试论述产品与市场需求的关系。

案例 五 超市食品卖场磁石点布局

　　卖场的设计是利用有限的资源规划和实施卖场的总体布局，创造理想购物的空间。理想的商品陈列可以起到刺激销售、方便购物、节约人员、利用空间、美化环境等方面的作用。研究显示，同样的商品、同样的场地，仅仅摆设位置的差别就可以使销售额发生30%以上的变化。

　　磁石点理论的运用目的在于提高销售额，吸引顾客增加冲动性购买动机并形成购买行为，提高利润率。所谓磁石，就是指超级市场的卖场中最能吸引顾客注意力的地方，磁石点就是顾客的注意点，要创造这种吸引力就必须依靠商品的配置技巧来实现。商品配置中的磁石点理论运用的意义就在于，在卖场中最能吸引顾客注意力的地方配置合适的商品以促进销售，并且这种配置能引导顾客走遍整个卖场，最大限度地增加顾客购买率。

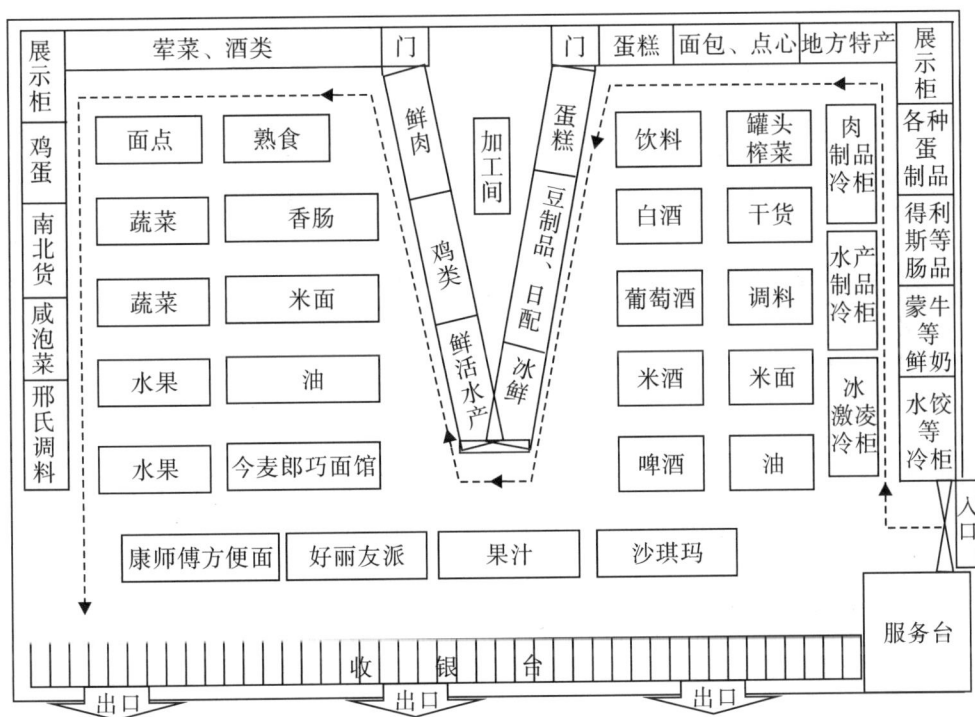

超市食品卖场磁石点布局简图

资料来源

　　付玮琼. 图解商场超市布局与商品陈列. 化学工业出版社, 2014.

思 考 题

（1）指出图中的第一磁石点、第二磁石点、第三磁石点、第四磁石点、第五磁石点。

（2）分析这些磁石点的商品陈列的特点。

案例六 三星爆炸门事件

三星爆炸门是指三星 Galaxy Note 7 手机在 2016 年 8 月 2 日全球发布后，因电池缺陷造成的爆炸和起火事故。官方声称自燃为电池所致，或者更确切地说是 SDI 电池。

韩国《经济日报》称，三星 Galaxy Note 7 的电池供应商主要有两家，一家是三星子公司 SDI，由 ITM 半导体公司封装；另一家是中国的 ATL（新能源）。其中三星 SDI 占比 70%，韩国或者越南产的 Galaxy Note 7 就采用了这一供应商的电池，而中国制造的 Galaxy Note 7 则选择的是 ATL。

但没想到正是这家占大头的三星自家供应商在关键时刻掉了链子。三星 SDI 为了安全在电池设计上做了不少改动，但 Galaxy Note 7 电池 R 角仍然会发生短路问题，从而引发自燃，甚至爆炸。

不久前，三星曾表示"生产过程中一个罕见的错误导致电池正负极相触，造成电池过热"，这似乎是在描述内部短路，但目前三星没有对此给出更多细节。

有外媒依据网传的爆炸图片及当事人描述猜测，Galaxy Note 7 爆炸正是由机械损坏导致的短路引起的。因为在多起爆炸事件中，当事人并没有在给手机充电，没有提到手机在爆炸前出现膨胀的情况，并且从爆炸后的图片来看，如果是过热导致的爆炸，手机烧毁面积应该更大。

事件后续发展表明，事故原因或非电池过热。

2016 年 10 月 11 日，三星电子宣布，在经历了电池爆炸起火事件后，现决定永久停止生产和销售 Galaxy Note 7 手机，希望尽早结束这一事件。三星在公告中称，为了对近期 Galaxy Note 7 出现的烧毁现象进行认真调查，并强化品质管理，以用户安全为上，现决定中断 Galaxy Note 7 的生产和销售。

资料来源

根据相关新闻资料整理。

思 考 题

（1）影响商品质量的主要因素有哪些？

（2）结合案例说明商品价值与商品使用价值之间的关系。

（3）从商品学的角度看，本案例给我们哪些启示和教训？

案例七 医药品类管理的 IT 进程

品类管理的"IT 号"航船在医药连锁信息化大潮中悄然起航。云南健之佳早在 2007 年就引入品类管理软件；而云南鸿翔一心堂在牵手全球最大的企业管理和解决方案供应商 SAP 后，也与全球知名的品类管理解决方案提供商 JDA 合作。除这些大型连锁企业的大手笔外，一些中小连锁企业也购买了与自身规模和需求相适应的品类管理软件。对于品类管理类软件，行业经营者普遍兴趣盎然。

有需求就会有供应，进入我们视野的品类管理软件，除了两大重量级国外软件 JDA 和 AC 尼尔森的 Spaceman 外，还涌现了一批土生土长的国产软件，如在线分析系统瑞商源，还有诸多带有品类管理功能的 ERP 系统，如雨人软件等。

这种供需关系的出现缘于大多数连锁企业前期的商品规划功课没有做足，它们还聚焦在"地面上的品类管理"，建立辅助其进行商品线规划的数据分析平台仍然是其品类管理的重点。而少数先锋连锁企业的品类管理已经从后台的商品规划迈向前台的空间管理，经营者也将重视品类的空间效率，需要开始"空中的品类管理"。在这种趋势下，行业所运用的土办法已经显得捉襟见肘，亟须升级工具。

仅仅从计算机覆盖率这个指标来看，药店行业算是高水平。但是，目前大多数连锁企业的 ERP 系统还停留在进销存的核算层面，并不能支持品类管理功能。企业的土办法是从 ERP 软件提供的业务报表中获取原始数据，然后导入 EXCEL 表格进行分析。这种方法对从业人员有着极高的专业要求，从业人员不仅需要丰富的产品知识，还须具备非常缜密的逻辑分析思维，对数据具有高度的敏感性。药店从业人员大都是药学专业科班出身，具有逻辑分析思维能力的人本就少之又少，而且人工智能的随意性大，时效性差，准确度也低。

对于已经关注"空中的品类管理"的企业来说，工作不可避免地涉及绘制商品布局图，运用 EXCEL 工具来实现几乎不可能。据估算，要完成一个药店的整体货架图，至少需要两个月的时间。

任何品类管理软件强调的都是其强大的分析能力，而就目前品类管理的软件市场来看，从功能层次上可划分为两个层级：第一层级是单纯基于数据的智能分析系统，属于"地面上的品类管理"系统，没有涉及空间管理。第二层级除了关注数据外，还将业绩与空间相结合，这类软件不仅具有"地面"作战功能，还可进行"空中的品类管理"，这类软件如 JDA。

随着企业规模的扩张和对精细化管理要求的提升，品类管理的 IT 化势在必行。但不可否认的是，行业对信息化认识程度、行业本身的特殊性及标准化程度、行业的信息化基础，这几方面阻碍着品类管理的 IT 进程。

资料来源

张勇. 品类管理的 IT 进程. 中国药店，2008（12）：66 - 68.

思考题

（1）运用所学品类管理对零售企业产生的变革知识，分析案例中开展品类管理在哪些方面为企业信息化带来了变化。

（2）说明企业信息化还有哪些方面可加强。

案例 八 品类管理能实施才有价值

当前零售商实施品类管理有两大误区：一是不知道为什么要实施品类管理；二是不知道该怎么实施品类管理。要对品类甚至单品进行管理，的确需要我们更多的投入。但正像星巴克总裁舒尔茨所说的——"将心注入"，才能真正塑造零售商在经济链条中的增值作用和根本价值。

一、品类管理要解决的问题

新的商品管理模式——品类管理——更能符合零售企业发展的要求。这是一种以发展品类（而非某个商品的品牌）竞争力为目标的管理方法，主要解决以下两个方面的问题。

1. 内部：品类优化

平衡和协调品类内部的各种关系。

（1）商品种类和数量。

销售哪些商品？它们在店铺中扮演什么角色？各采购多少合适？这些问题每天都要面对，而且在商品管理中最为重要。

（2）商品种类与空间。

每个商品（供应商）都希望取得更多的排面、更好的展示位置。很多新品可能有很好的销售潜力，但门店空间资源有限，不能满足所有的期望。

（3）价格与销售。

价格包含商品本身价值和商品附加服务价值两个部分。相同商品在不同门店里的价格可能不同。这与进货价有关，也与附加服务定价有关。

（4）促销与销售。

评估促销效果，除了看短期效益，也要看它对品类销售的影响。例如低价促销短时间可促进销售，但长时间使用又影响品类发展。

2. 外部：品类竞争

（1）品类组合。

除非做自有产品，零售企业很少能掌握商品的生产和开发。但组合商品的品种、价格、促销，就能体现附加服务的独特性，争取到目标顾客群。

（2）品类策略。

某一次的品类组合取得优势，并不代表具有长期竞争力。因此，要把每个品类作为一个可控制的服务单元，定期评估品类的定位和竞争力，由此制定店铺发展的方向和营销策略。其中典型的营销策略有：提高客流量策略、提高交易量策略、产生利润策略、产生现金流量策略、快乐制造策略、形象强化策略。

二、品类管理推行时的常见问题

一些零售企业也尝试与供应商合作，开展品类管理项目，或在内部尝试实施。但很多时候，要么做完一次项目后就打入冷宫，要么项目中途就放弃或草草收场。常见问题如下：

1. 急于求成，初始目标太大，项目过于复杂

零售商总想一次解决所有问题和矛盾，结果事与愿违。要知道，由原来的模式转变为品类管理模式需要一个过程。门店品类众多，要把所有的品类都纳入品类管理范畴，是一个很大的工程，绝非几个月就能实现。

零售企业自己没有品类管理的底子，指望与供应商合作一把就实现品类管理，可谓天方夜谭。要知道，与供应商合作品类管理是高阶项目，只能在部分门店的部分品类上当实验开展。

2. 实施中缺乏步骤性

品类管理需要各个部门的配合，如采购部、陈列部、门店乃至市场企划部。以前各部门之间已经有特定的沟通和协调方式（甚至根本就没有良好的沟通和协调），要改变这种现状并不是一件简单的事情。

资料来源

黄剑峰. 品类管理：能实施才有价值. 销售与市场（营销版），2006（15）：54 – 59.

思考题

（1）文中所反映的企业实施品类管理遇到了什么困难和问题？

（2）案例中实施品类管理主要抓了哪几个方面的工作？

案例九　海尔产品贴上个性标签

2000 年 9 月，海尔在全国 10 个大城市巡回召开了海尔 B2B 商务合作暨产品定制开发交易会。海尔此次用了近一个月的时间，巡回了 10 个大城市，几乎涵盖了所有的大型家电商场，有 4 000 多名商家代表参加的定制开发交易会，不仅全面展示了海尔最新推出的 B2B 个性化产品营销模式，还期望通过这种方式把经销商培养成设计师。

海尔为这次定制开发交易会亮出了 58 个门类的 9 200 多种基本产品类型，并同时提供了两万多个基本功能模块，商家可以根据不同消费群体的需求，有针对性地进行产品功能的重新组合，"设计定制"顾客喜爱的海尔产品。这 9 200 多种基本产品类型与两万多个基本功能模块经过海尔电子商务平台的重新组合设计后，种类可以放大到 10 倍以上，即用有形的 9 200 多种产品，经过组合设计可以为顾客提供 9 万多种产品。这 9 万多种产品如果每一种用 1 平方米来展示的话，要占 9 个足球场那么大的地方。

海尔此次的全国巡回展只带了一个"足球场"。所以，其他的只能在计算机平台上展示。由于网上交易拉近了与消费者之间的距离，使得消费者的需求可以迅速地反馈给厂家，这样，生产出来的产品才更具有适用性和亲近感。

价值就是物有所值，即消费者希望得到的东西，此时他不会过多地计较价格。所以，海尔并不是在价格上动脑子，不是因为产品不好了而去改变价格。如果产品不受欢迎了，首先要改变的是产品本身，要开发新的产品，要提升它的价值而不是去压低价格。

而海尔电子商务的优势，主要体现在海尔的"一名两网"。"一名两网"就好像如果几个人在一个小房间里吃饭，要做自助快餐反而麻烦了，但如果几百个人在一个大食堂里吃饭，做自助快餐就非常容易实现。海尔就是一个大食堂，每年 1 000 多万个用户，在这个大食堂里做自助快餐就特别有优势，而且这么多人都信任海尔，这就是名牌的优势。海尔正在建设的两大网，一大网是海尔全球化的设计网络，全球化的制作网络，全球化的销售、需求网络，全球化的配送网络，有了这些网的支撑，才能把传统网络需求变成电子商务；另外一大网是支付网络，海尔与建行系统建立了一个支付网络，但还没有完全做到在网上支付。在三级市场上，海尔正在和农业银行协商，以充分利用农业银行深入到村的资源优势。

资料来源

海尔产品贴上个性标签. 新华网，2000 – 10 – 16.

思考题

（1）从商品学研究商品使用价值的角度分析海尔集团产品开发的思路。
（2）试说明商品使用价值的实现途径。

案例十 填补空白的学问

一个新产品投放市场，要有周密的思考，要知道卖点在哪里。

在国内进口车市场向着高档化、大排量方向发展的情况下，克莱斯勒（中国）汽车销售有限公司逆市而动，推出了紧凑型进口轿车——新款克莱斯勒 PT 漫步者。那么，它的卖点是什么呢?

由于近年来国产汽车竞争力增强，2.5L 以下排量进口车的数量大幅降低，高档化趋势越来越明显。来自海关总署的统计数字显示，2006 年 1 月至 11 月我国累计进口汽车 202 612 辆，比上年同期增长 41%。其中，1.5L 至 2.5L 的中低档轿车进口量增长不大，而 3L 以上排量轿车增长明显，比上年同期的 15 345 辆增长了 92%。这导致了进口车市场类型单一，跑车、豪华轿车、SUV 占了较大份额，而紧凑型、个性化车型相对较少。

2007 年以前，中国消费者眼中的个性化车型是 Mini、新甲壳虫，人们喜欢它们，却又止步于它们较高的价格与较低的性价比。可以说，在日趋成熟的中国汽车市场中，既时尚又实用的均衡型轿车还未出现。而如今，新款克莱斯勒 PT 漫步者的上市，恰好弥补了这一缺憾。

各个汽车厂商如果想占领汽车这个市场，就必须要出奇制胜，推出一些能与国产车互补、有特色的车型。新款克莱斯勒 PT 漫步者非常具有竞争力。视觉上的独特性使其个性化发挥得淋漓尽致。同时，豪华精致的内部设计，宽敞多变的内部空间，以及如同瑞士军刀般的内部灵活性，使得这款紧凑型轿车在出众的个性风格之外更兼具实用性和多功能性。而澎湃的动力和舒适时尚的内饰，也确保了完美的驾乘体验。

资料来源

王从军. 填补空白的学问. 中国质量报，2007 – 02 – 10.

思考题

请分析克莱斯勒汽车的产品价值是如何实现的？在中国汽车市场上能否取得成功？

第九章　沟通与传播案例

案例一 》 2013 年谭木匠"给妈妈梳头"公益活动

作为一家从事中高端木梳生产和专卖店销售的品牌企业，谭木匠在 2013 年发起了一场名为"给妈妈梳头"的公益活动。此次活动策划之初，该公司的市场人员对活动的宏观背景进行了调查研究，主要获取了以下四个方面的重要信息：

（1）政策背景。十一届全国人大常委会第三十次会议表决通过新修改的老年人权益保障法。法律明确家庭成员应当关心老年人的精神需求，不得忽视、冷落老年人。

（2）社会背景。2013 年 7 月上旬中国国家统计局最新统计的数据显示：中国 60 岁以上人口为 1.3 亿，占到了总人口比例的 10%。而根据联合国公布的年龄标准，当一个社会 65 岁以上人口占总人口的比例上升到 7% 以上，或 60 岁以上人口占人口总数的 10% 以上时，这个社会就被称为"老龄化社会"。中国的老龄化时代已经悄悄来临。

（3）情感背景。从呱呱坠地到牙牙学语，一个人的成长历程即是与母亲逐步远离的过程，离开母亲在外漂泊的人们思念家乡的母亲，而随着岁月的流逝，家中的母亲也渐渐衰老，需要孩子们的关爱和反哺。然而中国人情感含蓄，即使在母亲面前，也不知道怎么表达自己对母亲的爱。

（4）企业背景。谭木匠在行业内无论市场表现还是品牌知名度，都是首屈一指的。然而在品牌的好感度方面，虽然谭木匠一直以来致力于公益事业（如帮助残疾人就业、定期组织公益活动等），但是与消费者、市场关联以及传播配合不足，以至于消费者对品牌的好感度依然更多源自于产品印象。

完成了背景调查后，谭木匠的市场人员进一步通过问卷调研了解到，大部分中青年与老年人的受教育程度、学习工作经历有较大差异，因而生活方式、精神境界也有较大偏差，内心隔阂和分歧以及空间的距离影响了子女与父母间的情感交流。但同时多数受访者也表示愿意将孝心付诸行动。

在活动正式启动前，谭木匠又通过互联网（新浪微博）投票的形式进行了一轮关于尽孝方式的调研。在洗脚、买首饰、买宠物、报旅游团等一众选项中，"给妈妈梳头"这一选项以压倒性的优势胜出，成为大多数网友认为的最具可行性的尽孝方式。

经过较为周详的调查研究后，谭木匠正式发起了"给妈妈梳头"公益活动，活动情况如下：

（1）目标：①呼唤孝心回归，呼吁人们及时尽孝，关爱妈妈，给妈妈梳头。在产品功能以外的层面提升品牌好感度，增加到店人数。②开发一款产品：与谭木匠沟通，提出"妈妈梳"概念并设计生产相关产品，将情感与产品结合。③打造一个活动：开展"给妈妈梳头"活动，以"爱从头开始"为活动情感主题，倡导心灵和行动的回归。"要提升品牌好感度，就必须拉近品牌与消费者的距离。"谭木匠启动"给妈妈梳头"活动，将80万把特制活动纪念款"妈妈梳"和20万把免费赠送的"妈妈梳"作为活动的标志性产品，使其走进百万家庭帮助孝子完成关爱母亲的使命。

（2）预热：①中秋节前夕建议网友给妈妈梳头，举办投票活动，并让"给妈妈梳头"成为中秋与母亲互动的重要选项。②官方微博举办小型微博活动，少量木梳作为活动奖品，参与量远大于奖品量，为后续举办大规模活动埋下伏笔。

（3）启动及高潮：①通过品牌官方微博发出声明，启动"给妈妈梳头"大型公益活动。新闻稿件同步发布，覆盖全国、地方、垂直类媒体。②微电影同步上线，中国首位滑雪冠军郭丹丹在影片中也有出镜，爱奇艺首页同时展出并强力推介。③微信申请渠道同步开通，网友可以通过微信申请"妈妈梳"。④官方微博"@给妈妈梳头"经过加V认证，正式问世；微博活动上线，网友可通过微博活动申请"妈妈梳"；微话题上线，网友可参与活动主题进行讨论。⑤谭木匠全国门店"妈妈梳"专柜全面上线，纪念款"妈妈梳"全线陈列展示；门店配合发放通过线上申请的"妈妈梳"。

（4）延续：①线上传播：将活动中涌现出来的感人故事、典型人物进行传播；活动覆盖全国，形成"给妈妈梳头体"：我在×××，给妈妈梳头，我在行动。②线下传播：联手妇联，"给妈妈梳头"活动走进敬老院为老人送温暖，给老人梳头；活动社区行走进北京回龙观社区，百余家庭参与活动，子女为妈妈梳头，不少家庭泪洒活动现场。

（5）活动反响：①本次活动直接通过微博、微信吸引近20万人到达谭木匠门店领取"妈妈梳"；②本次活动吸引了近2 000万人次的线上关注；③微电影点阅量突破千万，"给妈妈梳头"话题讨论主动参与量突破百万；④与此活动相关的新闻稿件多达150余篇。

资料来源

根据新浪公益、人民网相关报道改编。

思考题

（1）谭木匠策划的这次公益活动属于营销传播中的哪类？

（2）这类营销传播和其他类型的营销传播（比如广告）有什么异同之处？

（3）如何评价"给妈妈梳头"公益活动的得失？

案例二　B站如何推火国产动画电影《大圣归来》

作为独家弹幕支持，bilibili（简称"B站"）在《大圣归来》上映前后，发挥了举足轻重的作用。最终《大圣归来》以9.56亿元的高票房收官，创造国产动画电影票房奇迹，B站堪称最佳票房推手。

当影片于2015年7月10日正式上线时，凭经验排片的院线经理并不看好《大圣归来》，国产动漫长久以来的疲软表现让《大圣归来》首日仅获得了8.7%的排片量。按照猫眼票房分析公布的数据，该片上映首日北京的排片稍高，为9.27%，而同样上映首日的《栀子花开》，排片量则高达32.38%。虽然期望值不高，但是相比发行人预期的15%，几乎只完成了一半。照这一情形，要想收回前期的6 000万投资，甚至达成期望中的1.5亿票房，全无可能，形势非常严峻。

因为是国产动漫题材，困局中的发行团队很自然地联想到了国漫迷和西游迷集中聚集的B站。为此，他们专门和B站联合制作了电影同名MV，不到一周，浏览量超过了400万。发行团队加强了在B站的推广，思路就是将各种元素与电影素材打包投放，包括各种音乐、搞笑元素等，比如6月26日，发行团队就在B站投放了陈洁仪演唱的《大圣归来》电影主题曲《从前的我》，团队还同时安排了在全国19个城市的首轮规模点映，进而形成话题的互动效应。6月26日当天，《从前的我》MV的播放量达20万，1.3万条弹幕以二次元特有的狂热覆盖了整个MV画面。接下来两天，《大圣归来》官方微博粉丝从不足2万激增至6万。因为B站的推广，《大圣归来》收获了自己的第一批种子用户，这种基于强社区强社交的优质用户资源，以口碑传播和UGC等多种形式，帮助《大圣归来》将传播的阵地迅速扩展到微博、百度贴吧、QQ空间，实现了二度传播，很多人开始路人转粉；当扩散的传播节点由微博向朋友圈发酵，由弱关系链社区向强关系链社区的最终过渡带来了《大圣归来》的第三轮传播。不久之后，《大圣归来》在以二次元动漫迷为代表的B站迅速蹿红，涌现出大量UP主的二次创作。上映前夕，《大圣归来》相关视频点播量在B站累计超过400万，为后续影片口碑爆发打下坚实基础。7月10日，B站与《大圣归来》在上海合作开展弹幕首映专场活动，邀请出品人、主流媒体、B站UP主和优质用户共同参与，在电影院用弹幕来支持国产动画。放映期间，各种脑洞弹幕层出不穷，这种独特的"二次元"电影交流方式拉近了电影与观众的距离。

截至2015年7月15日，猫眼电影公布的实时上座率，《大圣归来》以28.26%碾压《小时代4》的10.03%，超过第二名《捉妖记》8.26百分点。

资料来源

根据搜狐网相关报道改编。

思考题

（1）请分析《大圣归来》发行团队在 B 站所做的推广为何能大获成功？其原因是什么？

（2）这种推广属于营销传播与沟通中的哪类手段？为什么？

案例三 Uber 玩出新高度

1. 戛纳电影节：Uber 叫直升机

Uber 似乎一直想告诉消费者，它不只是专车。用 Uber 一键呼叫 CEO、找工作、找对象、送外卖、领养小动物，这些都是 Uber 曾经开展的营销活动。而在纸醉金迷的终极名利场——戛纳电影节，Uber 再次将服务升级，推出了直升机送客项目。

据悉，直升机业务的服务范围主要是机场和戛纳电影节的主会场（影节宫）之间，这也是每一位来参展旅客的必经之路，两地在不堵车的情况下，走高速大约 40 分钟，但是在电影节期间，小城戛纳和机场大约要接待 20 万远道而来的客人，拥堵状况不可避免，而乘坐直升机，只需要 7 分钟即可到达。乘坐直升机的价格大约为 180 美元，一次可乘 4 人，虽然有点贵，但据悉一般乘坐出租车往返于机场和戛纳影节宫，也需要800 元人民币，这样算下来，直升机只是贵了 400 元而已。

2. 美国：把投资人打包送到你面前

2014 年 4 月，Uber 搞了一个奇葩的营销活动，主题为"给你 7 分钟，Uber 会把投资人快递到你面前"，而当时的时间点恰逢 HBO 情景喜剧《硅谷》的热播，Uber 相当善于利用热点造势。

4 月 9 日上午 11 点到下午 3 点期间，Uber 在硅谷 3 个核心城市提供一个如此奇葩的服务：当你叫的 Uber 车到来时，会有一个 Google Venture（谷歌创投）的投资人坐在车里等你，对方会给你 7 分钟的阐述时间，然后再花 7 分钟给你提供反馈意见。之后，Uber 还会把你免费送回家。

3. 日本樱花季：妈妈再也不用担心我花粉过敏啦，Uber 用无人机来送口罩

每年的 3—4 月是日本樱花盛开的季节，期间大批的市民、游客都会出门观赏樱花。可是，漫天飞扬的樱花花粉却让有些人不适甚至出现过敏症状。于是，2015 年 4 月 1 日起，Uber 别出心裁，打算用无人机来为用户免费递送口罩，方便他们出行。

具体来说，活动期间，用户只要点击 Uber 应用里的 Uber Mask，然后像往常叫车一样，在地图上用图钉标示出自己的位置，Uber 便会用微型无人机把口罩递送到用户手中。

也许是为了契合 Uber 自己的"叫车平台"形象，又或者是为了方便在无人机飞行不便时可以继续行进，Uber 在使用的无人机底下安装了四个轮子，做成了汽车的样子，从而真正实现了"空陆两栖"。

4. 上海：一键呼叫佟大为

2015 年 4 月 6 日，一个视频在网上疯转——在上海，明星佟大为驾驶着售价近 100 万元的特斯拉电动汽车，作为一名 Uber 的司机满市转悠着拉客。

5. 泰国：泼水节生存套装

每年的 4 月中旬都是泰国人民和国外游客狂欢的日子，因为此时正值一年一度的泰国泼水节。而 Uber 借此事件又策划了一场营销盛宴。一方面，用户可以通过点击 Uber Splash 选择最近的蓄水卡车。预约成功后，用户将可以登上卡车停留 20 分钟，为自己的水枪蓄水，并在车上"占领高地"，"打击"路上的行人。

另一方面，Uber 还为那些想要参与泼水节狂欢，但顾忌随身重要物品被水淋湿的游客提供了 Survival Kit（戏称为"生存套装"）。这个套装包含了一件雨衣以及一个防水信封，用户可以把自己随身携带的钱包和手机等贵重物品放到信封里加以保护。

6. 澳大利亚：送猫咪上门

2015 年 2 月 5 日中午 12 点至下午 4 点，Uber 在澳大利亚悉尼、墨尔本、珀斯等多个城市策划了一场猫咪秀活动。用户只要打开 Uber 的应用，并点击选择 Kittens（意为小猫），过不了多久就会有 Uber 司机把萌萌的小猫咪送上门，而用户也有 15 分钟的时间可以尽情和猫咪玩耍嬉闹。

这个活动本身其实还有更深远的意味，那就是提高人们对流浪宠物的认识，以及为它们做慈善募捐。在 Uber 所到之处，公司会和当地的动物收容协会一起策划活动，而所得车费都会捐给当地的动物收容所。同时 Uber 也鼓励用户邀请自己的亲朋好友，通过"Split Fares"（AA 付车费）来一起参与募捐活动。

资料来源

解密：Uber 最牛的 15 个营销案例. 搜狐网.

思考题

（1）请用病毒营销理论来分析 Uber 所作的宣传活动。

（2）请谈谈 Uber 所作的宣传活动还使用了哪些你所知道的传播与沟通理论，为什么？

案例四　明治饼干大战

"蘑菇山"（きのこの山）和"竹笋里"（たけのこの里）是明治制果公司推出的两款姐妹产品，都是带有巧克力的饼干。一款是做成蘑菇的形状，一款是做成竹笋的形状。

"蘑菇竹笋战争，特指从 1980 年至今，以巧克力分离主义、锤子族、饼干派为中心的'蘑菇山阵营'与以巧克力混合主义、钻头族、甜饼派为中心的'竹笋里阵营'之间持续的日本国内最大规模的内战。"

自从 1979 年竹笋里发售，便引发了日本各地的小规模"派阀战争"。随着 21 世纪因特网的普及，战争之火一瞬间便燃烧到了日本全土。

也不知道为什么，自从两款零食全部发售，日本人就自发形成了"蘑菇派"和"竹笋派"，在这两款零食谁更好吃的问题上争论不休，口诛笔伐，水火不容！他们甚至还会给出数据来进行辩论，比如蘑菇山和竹笋里中巧克力的含量，蘑菇山含有巧克力1.792 克，而竹笋里含有 1.273 克。

蘑菇派说："蘑菇山所含的巧克力更多，所以理所当然更好吃！"

竹笋派说："你们不就是想花同样的钱多吃一点巧克力吗？我们的巧克力虽然少，但是与饼干的比例却是最好的。"

每年到了某个季节，东大都会举办"蘑菇竹笋大战"的活动。简单来说就是根据两款零食在一定期间内在校内生协小卖部的销量，来决定最后的胜利者。战争一旦开始，如果你到东大小卖部买东西，会发现双方都剑拔弩张，毫不手软。狂热的粉丝们甚至还精心制作了动画片《蘑菇山的暗杀者》，来描述这场年年上演的饼干大战。

不仅仅是网络，甚至连电视上也会关注蘑菇山和竹笋里的战争。在日本每年一定会举行的各类食品销量排名中，蘑菇山和竹笋里的排位一直是个悬念，吸引着众多观众、网友的热切关注和争论。

资料来源

根据日本通《零食界的"顶上战争"蘑菇山 VS 竹笋里》改编。

思考题

（1）请分析明治饼干运用了什么营销传播与沟通手段来吸引消费者的高度关注和参与？

（2）请从营销传播与沟通的角度分析明治饼干是如何建立与消费者的相关性的？其背后的原理是什么？

案例五 美团如何杀出千团大战

团购导航网站团 800 统计数据显示，2014 年上半年国内网络团购累计成交额达294.3 亿元，创下历史新高。而团购网站数量已锐减至 176 家，相比 2011 年 8 月高峰时的 5 058 家，存活率仅为 3.5%。不久后美团宣布，2014 年上半年的交易额已经突破2013 年全年的交易额，在竞争激烈、淘汰迅速的市场，美团是如何实现快速领跑的？

1．广告时机的把握

2014 年 5 月，美团的电视广告出现在湖南卫视《天天向上》《花儿与少年》以及江苏卫视《非诚勿扰》等全国性热播节目广告时段。此外，在全国主要城市的分众楼宇媒体以及公交地铁等户外广告媒体上，美团的品牌形象得到高频展示。这是美团成立四年以来第一次大规模投放广告。

"说服用户螃蟹能吃和告诉用户谁家螃蟹最好吃是两个难度完全不同的事，"业内人士用一个生动的比喻介绍美团的逻辑，"往往，说服用户螃蟹能吃的人都成了炮灰，团购市场也一样。"

"在千团大战时期，美团将精力主要放在修炼内功上，千团大战结束后，也就到了告诉用户谁家螃蟹最好吃的时候"，业内分析人士指出。

2. 内外部双核驱动

美团6 000多人的员工队伍，3 000多人是线下员工，他们活跃在全国近300个城市，已经与40多万商户合作。美团的很多城市经理，只身一人来到一个陌生城市，租房、招聘、培训员工、与商家谈合作，硬生生地将美团做成当地的第一，然后再转战其他城市。

"O2O是一件很苦很累的事，我们3个人干5个人的活拿4个人的钱。"美团一位高管曾说，不仅仅是高于行业的薪资标准，美团还利用规范的体系、严格的绩效制度、完善的过程管理制度以及以人为本的理念关怀激励着员工前进。

美团在供应链端、用户端、RD服务方面均不断进行技术创新。以供应链中BD（业务拓展）为例，据介绍，早期BD人员是拿一个纸质合同与商家谈，签完合同需要扫描下来上传，甚至有的需要自己填一些单子。2013年，美团开发了闪电上单系统，BD人员去谈单时拿一个iPad，根据不同品类数据将很多合同数据结构化，然后做成一个自动化表单。这样，BD人员在与商家谈合同时就可以实现上单。

资料来源

美团：如何杀出千团大战. 北京商报，2014 - 07 - 30.

思考题

（1）请从营销传播与沟通的角度分析美团为什么会从千团大战中脱颖而出？它与竞争对手相比，在营销传播与沟通上有什么特殊做法？

（2）美团高层对电视广告的判断你认为正确吗？你认为这一判断的依据有哪些？

（3）美团为什么重视在网络上进行传播与沟通？网络上进行传播和沟通具有哪些突出优势？

案例六　草莓音乐节的品牌宣传战

草莓音乐节是国内音乐品牌摩登天空继摩登天空音乐节之后，于2009年创办的另一音乐节品牌，比之摩登天空音乐节，草莓音乐节的气质更为多元，更具有春天、浪漫、爱的特质，是青年群体的聚集地。

1．陌陌科技

陌陌科技可谓是草莓音乐节的常客。再战音乐节，陌陌以"就缺你"为主题展开各种互动营销，草莓音乐节陌陌展台前，可谓应有尽有，就连新媒体宣传也一应俱全，甚至还请出了同道大叔等知名漫画师助阵。

2．大姨吗

大姨吗作为一款为女性经期健康服务的 APP，算得上是草莓音乐节上最粉红、最奇葩、最贴心的互联网企业了。第一眼看到的是大姨吗门前那用一簇簇桃花装饰着的、粉嫩十足的姨妈庙，走进一看，美女姨妈神 cosplay、萌萌哒的大姨吗大头娃娃吸引一堆年轻人驻足合照。

而在新媒体传播上，除了以其他互联网公司惯用的免费送票等方式吸引转发扩散，现场还为妹子们准备了"大姨吗"特制版姨妈巾和大头娃娃的扇子。

3．美丽说

作为国内最大的时尚发现与购买平台之一，美丽说在草莓音乐节开辟了很大一块展位来宣传，并搬来了代言人鹿晗的各种视觉物和 LED 视频。名人的号召力显著，无论是线下还是线上，都引发了广泛的围观和讨论。美丽说主展位准备了各式各样的鹿晗人型板，邀请大家凹造型拍照，展区瞬间变身时尚 T 台。

此外，手被称作女生的第二张脸。作为时尚新款交易平台，美丽说为给用户带来更多元和外延的时尚体验，把深受女性喜爱的美甲服务直接搬到了草莓音乐节现场。

4．高德地图

宣称国内用户量过亿的高德地图也在草莓音乐节上亮相。高德地图作为高德移动互联网业务的核心产品之一，为用户提供美食、汽车、购物推荐等服务，具有定位、平行推送、公交路线查询等功能。

在此次草莓音乐节上，高德地图安排了现场与高德宝贝合影以及街舞教学比拼等活动，同时观众还可以通过官方微信、微博的线上互动获取限量版纪念品。

5．美宝莲

美宝莲是一家著名的女性化妆品公司，在此次草莓音乐节上，美宝莲借机展开美宝莲新品"咬唇膏"的品牌宣传活动。在草莓音乐节现场，除了联合播放 KOL 美唇视频之外，还推出现场试妆活动，意图快速获取消费者认可。

资料来源

http：//shenyongxiang. com/content－27163－1/.

思考题

（1）这些品牌选择草莓音乐节进行传播的原因分别是什么？

（2）这些品牌所作的宣传属于传播与沟通中的哪一类？

（3）如何评价这些品牌所策划的传播与沟通活动？

案例七　演员文章"周一见"危机公关事件

3月28日，《南都娱乐周刊》副主编谢晓在微博中抛下一枚"重量级炸弹"，她表示将于下周一（3月31日）出版的周刊会有重要新闻，"周一见"成为微博热门话题，预告文章将有重大负面新闻爆出。

3月29日上午，某家媒体独家发布了文章、姚笛共赴香港的照片，文章出轨成热门。

3月30日下午，《南都娱乐周刊》拍摄的文章、姚笛当街拥抱的照片浮出水面。

3月31日00：04，文章微博道歉致"周一见"，承认自己错误，并表示愿意悔过。

3月31日00：07，马伊琍微博回应，"恋爱虽易，婚姻不易，且行且珍惜"，透露原谅文章的信息，"伊琍体"成为微博热门。多个品牌官方微博纷纷效仿，借"伊琍体"扩大品牌知名度。

3月31日下午，《南都娱乐周刊》副主编谢晓接受微访谈，聊到文章出轨话题。

3月31日22：00，文章微博征讨陈朝华、谢晓，将矛头指向媒体。

3月31日23：25，陈朝华微博回应，貌似发出警告。

4月1日16：34，以马伊琍父亲名义发布的公开信出现在微博上，他表示原谅文章，并将其出轨定性为家事，发微博恳请《南都娱乐周刊》领导息事宁人，维护女儿家庭。

4月1日晚，"中国好岳父"成为微博热门话题。

4月2日上午，标题为"网曝文章花500万公关　似已获马伊琍爸爸原谅"的新闻出现，微博"伊琍爸爸"被质疑为公关号。

4月3日凌晨，"出轨96小时"成为微博热门话题。随后，关心文章出轨事件的微博大V发出以下声明：

"文章、马伊琍发表声明感谢姚笛和南都配合他们完成愚人节礼物，并宣布以此素材为蓝本，筹备拍摄由文章编剧导演，文章、马伊琍、姚笛主演的2014感情大戏《出轨96小时》，敬请期待！"

文章"周一见"危机公关暂告一段落，后续仍有全家出行照片曝光等公关活动。

资料来源

根据《南方都市报》相关报道整理而成。

思考题

（1）请指出危机公关属于哪类营销传播与沟通手段？

（2）请分析评价文章"周一见"这一危机的性质和严重程度。

（3）请分析判断文章危机公关团队本次危机公关的目标是什么？

（4）请用危机公关相关理论分析评价文章"周一见"危机公关的成败得失。

（5）请以文章危机公关团队的角度撰写一份文章"周一见"事件的危机公关策划方案。

案例 八 Burberry 香吻邮件营销

Kiss Kiss Kiss！Burberry 联手 Google 让香吻满天飞。在内敛的中国文化中，我们似乎都习惯了将爱意藏在心底，很难轻易通过肢体语言表达出来。而在西方文化中，拥抱和亲吻是他们表达爱意的方式：无论是亲人、朋友还是恋人，无所不在的香吻让彼此的距离更接近。英国时尚品牌 Burberry 联手 Google 推出的香吻邮寄服务 Burberry Kisses，让吻带着爱意飞到他的身边。登录 kisses. burberry. com，拍摄香吻，挑选所爱的唇膏，写下祝福，系统将会把这封"以吻封缄"的信件发送到朋友的邮箱。通过逼真的 3D 效果场景，发送者可以看着自己的吻漂洋过海，最终抵达目的地。

网页主站是伦敦、纽约、巴黎、东京、北京、莫斯科等 12 座时尚大都市的逆光立体剪影图，空中飞舞的是送往各地的香吻邮件。用户在这里拍摄下自己的唇形，选择喜欢的口红颜色，写下祝福的话语，最后以吻封缄，点击发送之后，在 Google 提供的即时地图上，用户可以看到正在传递中的香吻的飞行轨迹。待用户所选择的发送对象的收件箱里收到写着 Burberry Kiss 的城市剪影图片邮件后，点击链接，可以看到香吻邮件从某座城市漂洋过海飞到身边的整个轨迹，相关的画面非常浪漫唯美。

此次 Burberry 与 Google 的合作，试图给消费者呈现一种网络时代的专属浪漫：在网络如此发达的今天，人们以这样的形式表达爱意与灵魂。这种表达不受地理距离限制，也不受文化差异的约束，随时随地都可以大方地传递。或许比不上真实的亲吻和拥抱，然而通过有趣的设计，让心爱的人会心一笑，小小的心意也就这样得以传达。

资料来源

博百利：一个香吻"搭讪"所有人. 中国电子商务研究中心.

思考题

（1）Burberry 的香吻邮件营销属于营销传播与沟通中的哪类手段？为什么？

（2）请指出香吻邮件策划活动的目的是什么？

（3）请分析评价香吻邮件策划活动是否有效地达成了它的目的？为什么？

案例九 加多宝"多谢行动"为何被玩坏?

"加多宝凉茶2014年再次销量夺金,多谢香港,一家人,一条心。"加多宝在香港《文汇报》大字刊登上述文案,高调对香港表示感谢。

这次加多宝采用尼尔森的数据再次声称自己销量第一,并启动了针对此内容的营销宣传,其中的核心活动即是"多谢行动"。按加多宝自己声明所言,他们是要感谢"里程碑城市、合作伙伴及所有消费者"。里程碑城市中,加多宝继"多谢香港"以后,又选择了上海、北京等城市作为"多谢行动"的对象。其选择感谢的消费者则是"任志强、李开复、罗永浩、刘春、陈朝华、西门不暗、许小年、作业本"等微博大V。

问题爆发在感谢作业本上。2013年,作业本曾发布微博称:"由于邱少云趴在火堆里一动不动,最终食客们拒绝为半面熟买单,他们纷纷表示还是赖宁的烤肉较好。"该微博曾引起广泛争议,作业本从此跟"烧烤"就形成了强关联,虽然该条微博后来被删除,但是作业本还是时不时会在微博中拿"烧烤"调侃,这也是作业本跟"烧烤"齐名的原因所在。而加多宝感谢作业本的微博文案写着:"恭喜你与烧烤齐名,凉茶挺你,开店送你10万罐。"作业本于2015年4月16日转发该微博并公开回应:"多谢你这10万罐,我一定会开烧烤店,只是没定哪天,反正在此留言者,进店就是免费喝!"该互动微博在短时间内被大量转发,在网络上引起了较大反响。

此事遭到邱少云烈士之弟邱少华的公开声讨,并采取法律手段维权。北京市大兴区人民法院20日对邱少云烈士之弟邱少华诉孙杰(作业本)、加多宝(中国)饮料有限公司一般人格权纠纷案一审公开宣判,判决二被告停止侵害、恢复名誉、消除影响、赔礼道歉。

法院宣判后,孙杰于11时13分,通过微博"作业本"账号致歉;17时13分,加多宝公司也在其微博发布置顶声明:"今天,加多宝接到了大兴区法院的判决,加多宝在2015年的一次活动中,由于未尽到合理审慎的注意义务,对邱少华老先生及亲属造成了情感伤害,对社会公众造成了负面影响,加多宝表示诚恳的歉意。"一度轰轰烈烈的加多宝销量夺冠宣传活动最终以公开道歉黯然谢幕。

资料来源

加多宝"多谢行动"被网友彻底玩坏了. 生活周刊.

思考题

(1)加多宝公司的"多谢行动"和微博大V互动模式属于哪类营销传播与沟通手段?

(2)请从营销传播与沟通的角度分析"多谢行动"的优缺点。

(3)"多谢行动"以失败告终是必然的还是偶然的?是策划根本上的问题,还是细节上的不小心?为什么?

案例十 沃尔沃与无人驾驶汽车

假设，一辆无人驾驶汽车正面临艰难的抉择——撞向两辆中的一辆。它可以把方向盘打向左边撞上沃尔沃 SUV，或者打向右边，无辜的 Mini Cooper 自认倒霉。如果你来给这辆车编程，原则是将伤害最小化，在上述情况下你会让它撞哪辆？

从物理学角度讲，你应当选择撞一辆更重的车，从而更好地吸收碰撞动能，这么说来就得撞沃尔沃了。另外，被撞的这辆车还应当以安全著称，这么说，就更得撞沃尔沃了。

别高兴得太早，事实是物理学并非唯一需要考虑的因素。选择撞一个东西而不是另一个，这本身就是个糟糕的选择。从法律和道德层面来讲，这都把无人驾驶汽车产业拉到了危险的境地。

就算造成的伤害并非故意，一些"优化撞车"算法天然需要作出精密而系统的识别，撞大型车辆。而被选中的车主得承受这一后果，即使他们什么错都没有，错就错在他们注重安全，又需要一辆 SUV 来拉一大家子。这，听上去合理吗？

这样说来，怎样才算合理的编程设计遇到了道德困境。沃尔沃和别的 SUV 车主理所应当对那些优先撞他们而不是小型车的无人驾驶汽车制造商不满，尽管物理角度上这可能是最佳解决方案。

人类在危急情况下只会以本能做出反应，本能反应而非有意为之，这将为人类行为的可怕后果提供辩护。然而一辆无人驾驶汽车却是由软件驱动的，它能持续扫描周遭环境，甚至在我们意识到危险之前就能够做出许多运算，最终做出主动选择，因此，这样的选择将面临道德拷问，并将带来一系列后果。

自上述情景，我们能够看出碰撞算法可能会被引入歧途，每次我们做出价值判断，认为一项事物比另一项事物更适合牺牲时，我们都该把它纳入考虑背景。

如果真的这样做，那么以安全著称的汽车销量将会大受影响，比如沃尔沃。毫无疑问没有人想成为无人驾驶汽车的靶子。

无人驾驶汽车目前最大的障碍，不是技术问题，而是道德悖论。如果无人驾驶汽车在面临"选择撞谁"的艰难问题上，放弃收集信息或者进行随机化选择，那么它与人类驾驶相比，优势又在哪里呢？

资料来源

无人驾驶汽车的"道德困境"：撞 SUV 还是撞跑车．网易科技．

思考题

（1）以上关于无人驾驶汽车道德悖论问题的消息在各大媒体平台上广为流传，其幕后推手是沃尔沃公司，请指出该宣传活动属于营销传播与沟通中的哪类手段？

（2）请分析指出这种手段与广告的异同？

（3）请评价沃尔沃公司所作的这一宣传活动。

第十章 广告学案例

案例 一 》》 万宝路品牌策划

在全球消费者心目当中，万宝路（Marlboro）无疑是知名度最高的香烟品牌。从销售量来看，全球平均每分钟就会售出100万支万宝路香烟！无论是否吸烟，万宝路的品牌形象和魅力都会令人印象深刻、难以忘怀。

成立于1919年的菲利普·莫里斯公司，起初将万宝路定位于女性市场，"Marlboro"其实是"Man always remember love because of romantic occasion"的缩写，意为"男人只因浪漫而牢记爱情"，名字也是针对当时的社会风气而定。广告口号是"像五月的天气一样温和"，目的在于使万宝路成为女性烟民的"红颜知己"。

20世纪50年代初，万宝路还特意推出带有红色过滤嘴的香烟，以避免白色的烟嘴会沾染女士们的红色唇膏，可是这一切并未挽回女士香烟的命运。

在一筹莫展之中，莫里斯公司1954年找到了当时非常著名的广告人李奥·贝纳，希望借助他的策划打开市场。经过对香烟市场进行深入分析和深思熟虑之后，李奥·贝纳大胆对万宝路实施了"变性手术"，提出将万宝路香烟重新定位为男子汉香烟，将淡口味烟转变为重口味烟，增加香精含量，并大胆改造万宝路形象。产品品质不变，包装采用当时首创的平开盒盖技术，并以象征力量的红色作为外盒的主要色彩。将名称的标准字（Marlboro）尖角化，使之更富有男性的刚强。

于是万宝路的广告不再以女性为主要诉求对象，广告中一再强调万宝路香烟的男子汉气概，以浑身散发粗犷、豪迈、英雄气概的男性为品牌形象，吸引所有喜爱、欣赏和追求这种气质的消费者。万宝路最初将马车夫、潜水员、农夫等作为广告的男主角，但这个理想中的男子汉，最后还是集中到西部牛仔这个形象上：一个目光深沉、皮肤粗糙、浑身散发着豪气的男子汉，在广告中袖管高高卷起，露出多毛的手臂，手指间总是夹着一支袅袅冒烟的万宝路香烟。这个洗尽女人脂粉味的广告于1954年问世，之后给莫里斯公司带来巨大的财富。仅1954—1955年间，万宝路销售量提高了3倍，一跃而成为全美第十大香烟品牌，1968年其市场占有率上升到全美同行第二位，最终顺利登上世界第一宝座。

这是迄今为止最成功和伟大的营销策划，由于李奥·贝纳天才般的重新定位，彻底改变了莫里斯公司的命运。今天万宝路已经成为全球十大品牌之一，品牌价值高达500亿美元。

万宝路让同质化的香烟与众不同，秘诀就在于为品牌注入了阳刚豪迈的牛仔形象，从而赋予万宝路品牌粗犷、成熟、勇敢、豁达等个性。

资料来源

万宝路：品牌策划的成功典范. 信息时空报，2002 – 12 – 12.

思考题

（1）从案例出发，讨论万宝路的形象改变为什么可以神奇地提升它的品牌魅力？

（2）请说说哪些手段可以塑造品牌的形象？

案例二 新西兰的旅游策划

新西兰，再一次荣登《电讯报》"世界最佳旅游目的地"榜单，当然新西兰的美景是最充分的理由。峡湾是新西兰最具代表性的自然景观，被列为世界遗产区。飞流直下的瀑布，近在咫尺的海豹，悬崖峭壁之中的雨林……似乎是为了证明这个世界上的浪漫场景。鸟儿在新西兰没有天敌，岛上满眼苍翠的绿地，日子舒服得有些太过安逸。基督山的英式优雅，皇后镇的欧风小调，特卡波湖的迷人风光和惊险跳伞，还有库克山的壮丽，让人流连忘返、乐不思蜀。新西兰南岛风光旖旎，雪山和湖泊之间，是风光摄影家们的追寻之地。优美的牧场，硕果累累的种植园，茂密的森林，英式的小木屋，巨浪拍打的海岸，宁静的湖畔都是摄影的优良题材。金秋的南岛，层林尽染，为这些题材注入了新的活力。

1990 年前，新西兰南部是一片风景壮丽但人烟稀少的地方。连续三部《指环王》在新西兰取景，让远离美国的南太平洋国家新西兰获得了神奇的力量。如今只要提起《指环王》，世界各地的观众都能轻易地联想到新西兰，因为电影中神话般的"中土世界"，正是取自新西兰南部一片风景壮丽、人烟稀少的地方。

这是影视业与旅游业的完美结合。新西兰国家旅游局最近发表的一项调查显示，每十个到新西兰旅游的外国游客中，就有一个声称是被《指环王》吸引来的，并且，这股热潮短期内不会停止。

由此，利用强大的影视资源展开营销传播活动，对剧中的自然风光与人文特色展开具有特色的品牌营销活动呼之欲出。《指环王》电影对新西兰南部旅游地的整合营销传播，赋予了新西兰南部旅游鲜明的品牌价值、文化内涵。同时，结合热门的文娱活动进行深度旅游和特色旅游线路的开发，将会成为旅行社开发新品的趋势之一，也将越来越广泛地被消费者认同和接受。

资料来源

马婧．跟随霍比特人，感受史诗般的新西兰．新民晚报，2013 – 04 – 10.

思考题

（1）旅游目的地营销需要定位，新西兰的定位是什么？

（2）试为新西兰旅游设计一个传播方案。

案例三　科罗娜啤酒的广告创意

墨西哥莫德罗啤酒公司创建于 1925 年，在墨西哥拥有 8 座现代化工厂，4.3 万名员工，年产啤酒 1 800 万箱（约 4 100 万吨），在本国的市场占有率达 60% 以上，并且出口到全球 150 个国家和地区。莫德罗啤酒公司目前有 10 种产品，科罗娜是主力产品，是世界第五大品牌，居美国进口啤酒的第一名。

科罗娜在美国的成功带有偶然性。最初是一些美国大学生到墨西哥海滩度假，喝到了带有拉丁美洲风情的科罗娜。有些人回国带上了科罗娜，以此回忆海滩度假的愉快时光。莫德罗公司抓住了这一契机，趁机将科罗娜打入美国市场，核心的广告创意就是海滩度假的品牌联想。

为了刻画品牌的清晰形象，科罗娜进行了以下策划：①透明玻璃瓶包装，色泽金黄的液体与蓝色 LOGO 相衬非常亮丽；②口味淡爽，饮后无口臭；③热量低，是一种低卡路里啤酒，热量只相当于普通啤酒的三分之一；④有加柠檬饮用的传统。

喝科罗娜加柠檬是在偶然的情况下在美国与墨西哥的边境流传开的。墨西哥龙舌兰酒的传统喝法是啜一口龙舌兰酒再舔尝盐巴及柠檬，柠檬的酸甜滋味更易引发龙舌兰酒的香醇浓烈，于是，墨西哥人开始把柠檬随手放入科罗娜中，偶然发现柠檬的酸甜与清凉的科罗娜竟是绝配，此特殊喝法于是在美国与墨西哥边境流传开来，并成为独一无二的"科罗娜加柠檬"。

在墨西哥本土科罗娜就以沙滩啤酒的形象传播，打入美国市场后，它的广告不谈啤酒的口味，不谈纯洁的水质，广告画面也并非各类纸醉金迷的饮酒场合，它的创意很简单：沙滩、阳光和青柠块。其实科罗娜卖的不是啤酒，而是在海边度假时爽快喝啤酒的一种生活，一种轻松愉悦的心情。

资料来源

揭秘科罗娜啤酒不好喝，销量却比喜力高一倍的秘诀．快速消费品网，2015 – 05 – 21.

思 考 题

(1) 科罗娜作为一个发展中国家的品牌，逆袭美国市场的广告创意是什么？

(2) 中国是美食大国，试设计一个广告创意向国外推广一种中国食品。

案例四 米其林的品牌拟人化

米其林（Michelin）集团创办于 1889 年的法国克莱蒙费朗，是全球轮胎科技领导者，自从发明首条自行车可拆卸轮胎与轿车用充气轮胎以来，在轮胎科技与制造方面不断创新。除了轮胎以外，米其林集团还生产轮辋、钢丝、移动辅助系统（如 PAX 系统）、地图及旅游指南，其中地图与旅游指南出版机构是该领域的领导者。

时至今日，米其林集团已在五大洲设立了 75 家工厂，6 个橡胶种植园；分别在法国、日本、美国、泰国及中国设有研究与测试中心，在超过 170 个国家设立了销售与市场机构。

在 1898 年里昂的一次展览会上，安德烈·米其林的弟弟埃杜阿德发现墙角的一堆直径大小不同的轮胎很像人的形状。不久后画家欧家洛就根据那堆轮胎的样子创造出一个由许多轮胎组成的特别人物造型，其中有一幅很特别：巨人高举着啤酒杯喊道："现在痛饮吧！"这实际上把米其林当时的广告语"米其林轮胎可以超越所有障碍"具体化了。画家重新修改了巨人的形象。巨人站在路边，举着一个盛满钉子和玻璃的啤酒瓶，向路途中所有来往的车辆致意。于是，米其林轮胎人"必比登"诞生了。从此他成为米其林集团个性鲜明的象征。一个多世纪以来，必比登以他迷人的微笑、可爱的形象，把欢乐和幸福几乎带到了世界的每个角落，已经成为家喻户晓的亲善大使，米其林也因此而扬名天下。

与其他轮胎企业不同的是，米其林为每一个零售商免费制作了一个大型广告牌，将广告与产品一起推广到每一个市场终端，这不仅使产品源源不断地流通到市场中去，而且为巩固米其林的品牌知名度、美誉度和忠诚度创造了有利的条件。正是这种完善的销售网络和无孔不入的广告传播相结合，为米其林轮胎培养了一大批忠实消费者，使其成为当之无愧的轮胎巨头。

随着营销时代的不断发展，简单的价格战已经无法满足消费者的需求。品牌想要获得消费者的持久关注，不能仅仅停留在赚取眼球这个层面，还要从深层突破消费者的心智，即让品牌在消费者心中成功占位。

资料来源

根据《米其林卡通化品牌形象》改编而成。

思考题

（1）必比登为米其林的品牌塑造创造了哪些价值？

（2）请列举一些"品牌拟人化"的其他例子。

案例五　哈雷的品牌个性

哈雷·戴维森诞生于 1903 年。在美国威斯康星州密尔沃基市郊，21 岁的威廉姆·哈雷、20 岁的亚瑟·戴维森和 18 岁的比利·戴维森三个年轻人在戴维森兄弟家后院的小木棚里开始了手工制造摩托车。1905 年的美国独立日，哈雷·戴维森摩托车在芝加哥举行的摩托车比赛中，一举夺得了锦标赛冠军。从此哈雷摩托车走上了快速发展的轨道。

第一次世界大战爆发后，头脑聪明的威廉姆·哈雷，敏捷地在第一时间转换产销目标，全力以赴开始产销军警专用摩托车。他以战场为市场，以军人、警察为销售目标，战争期间竟销售了大约 2 万辆军警专用摩托车。1918 年，第一次世界大战停战协议签订的第二天，盟军下士罗伊·霍尔茨就骑着哈雷·戴维森摩托车，第一个趾高气扬地踏上德国领土。一则题为"一个美国人和一辆美国摩托"的图片新闻，一夜间成为全球报刊的头条新闻，哈雷·戴维森摩托车更加声名鹊起。

时至今日，哈雷·戴维森摩托车制造公司虽仅有员工 4 700 人，但年产摩托车却高达 24.3 万辆，其中一半为每辆售价 1.5 万美元的大功率重型摩托车。出色的经营业绩使得《福布斯》杂志把"2002 年度最佳公司"的桂冠戴到了哈雷·戴维森摩托车制造公司头上。

哈雷在漫长的产品变革和市场推广中，逐步将机车本身的造型、轰鸣声、马力和速度感融合为一体，也逐步将美国人所崇尚的个人主义影射在哈雷摩托车上。哈雷在骑手心目中已经不是一个商标的意义，而是代表了某种生活方式、某种体验和特定的表现自我个性的工具。

美国西部大开发英雄主义式的怀旧情结在哈雷·戴维森忠诚的拥趸身上体现为黑皮衣、络腮胡子、黑墨镜、长头发、牛仔靴。当然，在每位骑手身上都有一个必不可少的记号——哈雷·戴维森的文身标志。

美国著名品牌战略研究专家大卫·艾格在他所著的《建立强势品牌》一书中曾评价哈雷品牌："某些人似乎觉得，骑哈雷摩托车比起遵守法律更能表达强烈的爱国情怀。"哈雷·戴维森之所以历经百代而不衰，就在于它从制造第一辆摩托车起，不是一味埋头于摩托车的设计制造，而是潜心致力于创造一种独具特色的"摩托文化"。他们想方设法延续和演绎凸显美国老百姓人文观和价值取向的"牛仔精神"，巧借纯金属的坚硬质地、令人目眩的色彩、大排量大油门的轰鸣，尽情渲染富有、自由、平等、竞争的"哈雷·戴维森精神"。

如今哈雷摩托车已经行销到 70 多个国家，在提供重型街车、旅行车和定制改装车的同时，还生产完备的零配件、附件、服装和其他相关产品。哈雷那炫目张扬的徽标，成为人们尽情宣泄自己自由和激情、彰显年轻活力的标志，也成为几乎所有男士梦寐以求的坐骑。

资料来源

百年哈雷品牌故事．牛摩网，2015 – 12 – 31.

思考题

（1）哈雷价格高于许多轿车，试分析哈雷迷们的消费心理。

（2）哈雷的品牌个性是什么，这种个性是如何塑造出来的？

案例六 维珍的品牌个性

理查德·布兰森是英国维珍集团（Virgin Group）的董事长，也是世界上最富传奇色彩的亿万富翁。维珍集团在他的率领下已经成为全球知名的公司，也是当前英国最大的民营企业，拥有的产业多达 224 项，从娱乐到电信，从婚纱、化妆品延伸到航空和铁路，总资产超过 70 亿美元。

理查德·布兰森被人称为"商界老顽童"，他时有惊人之举，曾经裸奔宣传公司产品，驾驶热气球环游地球，在海湾战争时驾驶自己的飞机进入巴格达解救人质，也曾驾驶一辆水陆两栖跑车横渡英吉利海峡，打破世界纪录。有几次布兰森几乎在他的疯狂举动中丧命，可是他始终乐此不疲。

在布兰森小的时候，母亲常常有意为他"制造"许多挑战，希望能培养他的独立精神。在布兰森只有 4 岁时，有一次母亲开车载他回家，突然在离家几公里远的地方停车，要求布兰森自己走路回家。

1968 年，17 岁的布兰森拿着母亲给的 4 英镑，与一个朋友在半间地下室里创办了一份面向年轻人的《学生》杂志，此举让布兰森第一次尝到了成功的喜悦。1970 年，英国政府废除了保护唱片零售价格的协议，但仍没有一家商店愿意将唱片打折出售。布兰森由此看到巨大的商机。他通过拉邮寄广告赞助，向学生们提供价格便宜的唱片，销售情况非常好，布兰森因此赚了第一桶金。

唱片越卖越多，到 1972 年布兰森在英国各地开设了多家维珍音带连锁店，并成立了一间音带录制室。其后的 10 年间，维珍唱片在英国娱乐界成为举足轻重的品牌。

1984 年布兰森组建了"维珍大西洋航空公司"，涉足航空运输领域，为此，他不惜与英国航空业打了一场轰动一时的官司。现在，维珍航空已经成为英国第二大远程航空公司，乘坐维珍航空就等于选择了高品质服务，这一点已经深入人心。

1994 年布兰森又成立"维珍可乐公司"，目前维珍可乐在欧洲的销售量超过百事可乐。1996 年布兰森成立了"维珍铁路公司"，并雄心勃勃地要将其发展成为全欧洲服务质量最好的公司。1999 年又宣布成立"维珍电信公司"，并致力于使其成为全球性的移动电话公司。几十年来，布兰森的维珍帝国不断开疆拓土，从餐饮、旅游到金融、电信，从广播、出版到铁路运输，且都能在业界站稳脚跟、发展壮大，创造了多元化经营的奇迹。

布兰森最大的爱好就是冒险，当每一次维珍品牌延伸时，布兰森都会身体力行地进行一次独特的作秀。他曾经只穿三角短裤和美国肥皂剧《海滩护卫队》的女主角合拍维珍健力饮料的广告，也曾和 20 个几乎全裸的模特打着"所见即所得"的标语在伦敦街头为维珍手机做促销宣传。当维珍可乐进军美国市场时，他购买了《纽约时报》的整版广告，向可口可乐和百事可乐的 CEO 宣战，要进行"掰手腕"比赛，谁输谁就要退出美国市场。他开着坦克碾过纽约第五大道，骑着一头白象到印度国会去演讲，也曾经沿着英吉利海峡的沙滩裸跑。正是通过这一系列疯狂而"无厘头"的举动，布兰森大幅提升了维珍的知名度，并赋予了维珍标新立异、挑战传统的品牌个性，吸引了大批心理上追求自由、开放、叛逆的忠诚顾客。

资料来源

宇见. 英国娱乐营销之父：理查德·布兰森. 百家号，2014 – 02 – 23.

思考题

（1）维珍横跨多个产业，它的核心优势是什么？

（2）维珍品牌的个性是怎样形成的？

案例七　绝对伏特加的广告创意

酿造绝对伏特加（ABSOLUT VODKA）的瑞典公司已有一百多年的历史，其所生产的顶级伏特加不但口感圆润，而且质量无与伦比，其品牌所体现出来的完美和无穷创造力更是为世界所首肯。

1. 绝对品质享誉百年

1879 年，瑞典商人 Lars Olsson Smith 酿制了一种全新的伏特加，叫做"Absolut Rent Branvin"（绝对纯净的伏特加酒），使用全新的工艺进行加工。这一工艺称为连续蒸馏，被 ABSOLUT 酒沿用至今。20 世纪 70 年代，Lars Lindmark 从祖先手里接过了接力棒。他成为瑞典酒业公司总裁后，开始对这家广受赞誉的公司进行革新。

1979 年，在 Absolut Rent Branvin 100 周年华诞之际，Lars Lindmark 决定生产一种新的伏特加酒 Absolut Pure Vodka，这就是后来享誉百年的 ABSOLUT VODKA，它被认为是现代蒸馏工艺所能制造的最好的伏特加酒。

特选的冬小麦与纯净井水保证了 ABSOLUT VODKA 的优等质量与独特的品位。冬小麦是 ABSOLUT VODKA 的重要原料，瑞典南方 20% 的冬小麦被拿来制造 ABSOLUT

VODKA，有数千名农夫为其工作，通常 1 公斤冬小麦可制成 1 公升 ABSOLUT VODKA。

ABSOLUT VODKA 酒厂建于 1904 年，销售到全球 125 个国家的每一瓶 ABSOLUT VODKA、每一滴酒液，都产自这里。单一酒厂、单一来源的概念，是为了确保产品品质。ABSOLUT VODKA 强调的产品美学：清澈（clarity）、简单（simplicity）、完美（perfection），尽在其中。

2．天才创意走向成功

刚开始，人们对 ABSOLUT VODKA 完全持否定态度，觉得该品牌的名称太哗众取宠，而且觉得 ABSOLUT VODKA 瓶子的形状比较丑陋，瓶颈太短，难以倒取，瓶帖也很单一，使整个瓶子显得过于透明。更为重要的是人们对这个来自瑞典的伏特加品牌缺少信任。

Carillon 公司总裁 Michel Roux 认为这种产品与消费者印象中的伏特加形象是如此的不同，需要做的是用强劲的广告赋予品牌个性！于是，一场持久的关于"绝对"的创意诞生了。

Carillon 公司把广告委任给 TBWA 广告公司。TBWA 提出的广告概念是揭示 ABSOLUT VODKA 与市场上其他的品牌的差异点。平面广告的创意概念都以怪状瓶子的特写为中心，下方加一行两个词的英文，总是以"ABSOLUT"为首词，并以一个表示品质的词居次，如"PERFECTION"（完美）或"CLARITY"（清澈）。没有必要讲述任何产品的故事，因为它都被蚀刻在瓶子上了。把瓶子置于中心充当主角当然很可能吸引顾客，但更重要的是，与视觉关联的标题措辞和引发的奇想赋予了广告无穷的魅力和奥妙。

ABSOLUT VODKA 别出心裁的创意广告方式很快就引起市场的迅速反应，不仅销量大幅度增加，而且可以看出，消费者对这种形式的创意非常感兴趣，于是 TBWA 决定将这种创意形式延续下去，不断衍生出许多"绝对"话题，从而以不断变换的内容和一致的外在形式来吸引消费者的注意。

3．为品牌添加艺术特色

1983 年，公司管理层看到了艺术价值与酒文化价值的互动效应，便将 ABSOLUT VODKA 的传播切入点定位为艺术家、影星、富豪、社会名流，加快 ABSOLUT VODKA 品牌的时尚化、个性化、价值化的传播进程。于是一种定位于时尚、尊贵的 ABSOLUT VODKA 品牌个性，通过极具个性化的传播创意和传播手段清晰地表现出来了。

资料来源

绝对伏特加：一个瓶子的广告传奇．梅花网，2015 – 09 – 15．

思考题

（1）请归纳 ABSOLUT VODKA 广告创意的成功之处。

（2）从本案例分析，好广告对商品销售会有哪些作用？

案例 ⑧ 江小白的新媒体创意传播

传统的白酒行业，以"高端大气上档次"为主要基调，用词多为"历史悠久""传世精品""御用琼浆"等，目标以中老年客户为主。江小白却逆势而上，面向新青年群体营造个性化形象，异军突起，取得了业界震惊的销售成绩。

一个戴着眼镜，系着围巾，穿着一身休闲服装的年轻男生卡通形象，就是江小白的形象代言人。这样的青春文艺，完全颠覆了传统白酒以成熟、传统、历史悠久为主的形象。

2012 年江小白创建品牌，刚开始不温不火，到了 2015 年红遍大江南北，成功实现了品牌逆袭，现在不知道江小白的人都不好意思在酒场上混了。

1. 清晰的顾客定位

江小白面向 80 后、90 后一代的都市白领、青年群体，并以文艺青年的形象，瞬间拉近了与年轻人的距离，同时带着自嘲的语录式广告在年轻人中产生了极大的共鸣，比如："吃着火锅唱着歌，喝着小白划着拳，我是文艺小青年"，"1 瓶绿票票＝2 瓶江小白，方便兄弟伙亲切交谈"，"有的时候，我们说错话，我们做错事，是因为受了江小白的诱惑"。

江小白高度关注年轻消费群体的思想、消费习惯、饮用口味，从文化，到包装，再到口感都做了相应的调整，以文艺青年的面貌出现在大众面前：包装上都印有简短的个性语录，令品牌包装独一无二，赢得了大量年轻消费者的青睐，也对江小白的品牌传播大有帮助；江小白度数略低、清香纯正、入口绵甜，符合年轻人的饮用口味。

针对年轻人反感的说教方式，加之人们生活、工作节奏加快，时间是很碎片化的，江小白就采用了情绪化碎片语录的营销方式，例如："我把所有的人都喝趴下，就是为了和你说句悄悄话"，"不停地喝酒是为自己找一个放肆想你的借口"，"价格不坑爹，品质不打折，我是江小白，小酒中的战斗机，欧耶"，"稀饭江小白，9494 喜欢简单生活"，"关于明天的事情，后天我们就知道了"，"每个吃货，都有一个勤奋的胃和一张劳模的嘴"，"青春不朽，喝杯小酒"，"我们老得太快，却聪明得太晚"。这种营销方式深受广大年轻人喜爱，甚至很多语录还被作为年轻人的个性签名广为传播。

2. 创意十足的线上传播

"以青春文艺的名义制造流行"是江小白主要的营销思路，可分为品牌创意和品牌传播两个方面。品牌创意指品牌内在优化，不断地创造出新的品牌信息，完善江小白的人物个性。品牌传播则是内容通道，将江小白的人物个性传达给类似江小白的生活者。

不同于传统酒厂主打电视广告的手法，江小白没有在电视台等传统广告渠道大笔投入资金，而是将推广的重点放在社交平台上。微博是江小白最主要的传播阵地，其新浪官方微博已聚集了 8 万多名粉丝，其微博营销的要点是不装腔作势、讲人话、接地气。另外它还娴熟地运用了互联网社区论坛、微信等社会化营销工具。整个营销活动中，江小白语录功不可没。在线上，诙谐的标语被称为"江小白体"，产生了病毒式的传播效果，网友甚至自发组织参与"江小白体"的创作。

江小白还在一些热门电影和都市剧里大做"嵌入式"广告，极大地提升了其在目标人群中的知名度，例如《从你的全世界路过》《好先生》《火锅英雄》《致青春》《同桌的你》《匆匆那年》《不再说分手》《小别离》《北上广依然相信爱情》等影视剧。其中有不少媒体这样报道：是江小白厂家的运作让《同桌的你》突破了4.5亿元大关。当那个已经被包装得很有质感的磨砂酒瓶出现在这些年轻群体喜欢的影视剧当中时，为了寻找一种心理认同感，观影者会去尝试，只要口味不是太差，加上影视剧的麻醉作用，评价自然就比实际高出很多。这直接造成了江小白的销量仅次于五粮液，位居白酒类第二。

3. 轰轰烈烈的线下造势

针对年轻人群体，江小白一年会做大大小小的线下活动近几十场，都是围绕着都市青年聚会的主题，最重要的是每年12月21日江小白粉丝的"同城约酒大会"，这个活动是江小白每年最重视的常规活动，高管团队基本都会参与其中。同时江小白也会在每年8月左右做"江小白混饮派对"，主要推广以江小白为基酒的现调鸡尾酒。

以各种名义进行的赠饮活动，也为江小白聚拢了无数人气。"赠饮的要点在于，一定要把包裹寄到工作地址，而不是家庭地址。因为当他们在单位打开礼盒后，必定有其他人看到，可能会引起关注，吸引其他人尝试购买。"这是江小白在赠饮方面的聪明之处。

除此之外，在成都春熙路街拍的几百名消费者关于简单生活宣言的视频，2 000 瓶酒见证长沙贺龙体育馆最浪漫的求婚，挑战吉尼斯创造史上最大规模的畅饮派对"江小白醉后真言互动派对"等线上线下的创意营销活动不断上演。据介绍，目前重庆市等地每个周末还会有江小白的大型路演推广活动。

江小白的"个性语录展示板"也受到餐饮店的欢迎。比如为了提醒客人不要自带酒水，展示板写着："本店小本利薄，江小白好喝不贵，跪求客官 RP（人品）爆发，忘记了自带酒水。"这样的提醒幽默生动，有效避免了以往"本店谢绝自带酒水"那种生硬古板的套路。还有店主想提醒顾客请勿浪费，用"江小白体"写道："吃不了兜着走，节约是一种美德。"

资料来源

戚军凯. 江小白：以青春的方式讲述传统白酒. 四川省情，2016（6）.

思考题

（1）江小白的迅速崛起是由于该品牌建立了怎样的竞争优势？

（2）品牌传播在江小白的市场竞争中发挥了怎样的作用？

案例 九 "互联网总统"奥巴马

第 44 任美国总统贝拉克·侯赛因·奥巴马（Barack Hussein Obama）出生于 1961 年 8 月 4 日。2007 年 2 月 10 日，他宣布参加 2008 年美国总统选举，当时他的竞争对手是希拉里·克林顿。据说希拉里竞选团队的核心成员，都是 50 岁左右的白人女性，对希拉里高度忠诚，每次商议完竞选事宜还一起练瑜伽。如果奥巴马的竞选团队由 40 岁的黑人男性组成，每次工作间歇一起打打篮球，那么奥巴马必输无疑。奥巴马赢得选举的关键，就是其成员海纳百川，拥有各种不同的背景，尤其是深谙互联网技术的年轻人。

奥巴马团队中的年轻人思维活跃，在整个竞选过程中对网络、手机等新媒体的充分利用不仅为最终胜利立下战功，也成为奥巴马"革新"诉求的最好注脚。

奥巴马在竞选之初就推出了自己的网站。其设计充分利用了社交网络和互动元素，用户可以在网站上开展讨论、举办筹款、观看视频等。其中一个名为"奥巴马女孩"的视频在 YouTube 的浏览次数超过 400 万，并且多次出现在电视新闻和访谈节目中。此外，奥巴马用数百万美元买下了搜索引擎 Google 中的关键字广告，成功地将浏览用户导向自己的竞选网站，或者成为自己的支持者，或者捐钱。网络无疑是奥巴马吸引选民以及与选民交流的最好平台。

在美国大选宣传战中，出色的筹款能力无疑是制胜法宝之一。据报道，奥巴马团队筹款总额达 6.2 亿美元，在广告宣传上的花费就高达 2.92 亿美元，超过其对手麦凯恩的筹款总额——2.3 亿美元。这其中网络发挥了举足轻重的作用，被喻为奥巴马的"提款机"。有人测算奥巴马团队筹款总额中超过 85% 来自互联网，而且绝大部分是不足 100 美元的小额捐款。

奥巴马用事实证明了自己的魅力，美国媒体称此次大选大约有 1.3 亿选民投票，达到 1960 年以来最高水平。有评论指出，"奥巴马一代"（18 岁至 30 岁的年轻人）是奥巴马获胜的关键因素。在参与 2008 年美国大选投票的选民中，10% 的人是首次投票，他们大部分都是年轻选民和非白人选民，其中大约有 2/3 的新选民年龄在 30 岁以下。据悉，每 5 个新选民中就有 1 名黑人和 1 名西班牙裔美国人，而奥巴马成功吸引了 2/3 的西班牙裔选民以及几乎所有参与投票的黑人选民。此外，奥巴马还成功地吸引到女性选民过半数的选票。

资料来源

杨海鹏."互联网总统"奥巴马.京华时报，2008 - 11 - 28.

思考题

（1）互联网作为一种新媒体，具有什么样的特点？

（2）新技术带来了媒体行业的大洗牌，请简单评述几种主要媒体的前景。

案例 十 贝纳通广告创意及强烈反响

1965 年，在意大利的特雷维索，卢西亚诺·贝纳通和朱丽安娜·贝纳通兄妹开了一家家庭作坊式的小服装公司。花了不到 20 年时间，贝纳通就成为世界五大时装企业之一。这个靠羊毛衫起家的意大利品牌以只用纯天然原料及染色技术高超而自诩。

1985 年，贝纳通开展了一系列以"贝纳通的色彩联合国"为主题的广告活动。在这一系列广告中，托斯卡尼让许多不同国籍、不同肤色的青年男女及儿童穿着类似各国传统服装的衣服（但实际上全部是由贝纳通出品的服装）。广告画面每次总会出现两个不同国家的人物，并且一定会有该国的国旗。在冷战时代，这种在画面上营造种族和谐的广告得到了广泛的赞美。

此后，贝纳通几乎年年都有惊人之作。1989 年的一则据称原意在于阐释种族和谐、平等、有难同当，共同面对横遭钳制的世界（标题为"一对黑人白人铐在一起的手"）的广告被认为有种族歧视的嫌疑，在美国媒体刊登几次之后便消失了。

1991 年，贝纳通变本加厉，推出了"教士吻修女"篇、"尚未剪掉脐带的男婴"篇、"十字架中的大卫之星"篇等广告，每一则广告都引起轩然大波。

但贝纳通并不因此而动摇，1992 年，又推出了一系列关注社会议题的广告，包括"货车与难民"篇、"燃烧的汽车"篇、"难民船"篇等七则广告，但仍在全球各地受到或多或少的阻挠。

脐带还没剪断的新生婴儿、被手铐合铐在一起的黑人与白人、接吻的教士和修女、在死牢里的囚犯、濒死的被亲属拥抱的艾滋病患者、战争中阵亡士兵沾血的迷彩军裤与白色圆领衫、浑身沾满石油欲飞不能的海鸟……这些画面出现在纪实报道中并不让人惊讶，但作为服装的广告会产生怎样的效果？

"摒除仇恨"系列作品，尽管主题是希望世界和平，但画面中的冲突感和雕琢的痕迹显得过于用力，很难让人联想到温情与和平，反而让观看的人有一种微妙而异样的不适感。

教皇的"亲吻合影"很快引发了梵蒂冈的抗议，称其不仅是对教皇和天主教的不尊重，而且也伤害了广大信徒的感情。梵蒂冈随后还发表声明表示要在意大利内外采取法律行动，阻止照片的散布。贝纳通随后不得不向教皇道歉，并撤下了涉及教皇的照片。

在广告创意为人热议的同时，贝纳通的销售业绩却是逐年下降，在时尚行业节节败退。贝纳通服饰的款式不多，而且它的设计简约、内敛，虽然在细节上偶有创新变化，且同一款式有丰富的色系可以挑选，但毫无出位、叛逆或争议的痕迹。

但人们在热烈地讨论广告中的宗教与政治话题的时候，却往往不记得贝纳通当季主打什么产品。从贝纳通以往的广告效果来看，广告"出位"与消费者"出钱"似乎并没有直接的关联。而且，在实现让消费者"出钱"的终极目标之前，摆在贝纳通面前的，相信还有不少的争议与麻烦。

　　尽管有许多评论家批评贝纳通只是靠制造一些令人震惊的画面来引人注目,且部分消费者也质疑甚至产生了抵制,但贝纳通在全球的专卖店却以极快的速度发展着。

资料来源

　　时装也政治　贝纳通广告创意继续引发争议.中国新闻网,2011-12-01.

思考题

　　(1) 你认为,贝纳通的广告策略成功吗? 为什么?

　　(2) 请谈谈知名度和美誉度在推动消费者购买方面的差异。

第十一章　电子商务概论案例

案例一　门户与游戏的领军者——网易公司

丁磊1997年6月在广州创办网易公司，11月网易推出中国第一个双语电子邮件系统。在创办网易公司之前，丁磊先后在美国著名数据库软件公司Sybase广州分公司任技术支持工程师、广州飞捷公司任开发工程师。1998年中期网易公司开始从软件开发商向网络技术公司转型，并建立网易网站。一年之后，网易公司建立起广告销售队伍，并通过关联公司网易提供电子商务平台和在线购物的服务。同时，网易公司在开曼群岛注册公司。1999年4月，丁磊首次把网站部重心移师北京，而把技术研发部留在了广州，技术研发部后来发展成为网易公司重要的网络游戏研发基地。网易公司在2000年6月成功利用门户概念登陆纳斯达克（NASDAQ：NTES）。其时，网易是一家门户网站，与新浪、搜狐三足鼎立，网站部是其主力军。从2000年后期开始，互联网泡沫不期而至，网易股价在1美元徘徊，丁磊成功寻找到新的盈利增长点——网络游戏。之后，网络游戏业务迅速发展成为网易公司的主要收入来源，占公司整体收入的比例一直在70%—80%之间，而位于天河区天河科技园的广州网易公司是网易网络游戏的研发基地。

自1997年6月创立以来，网易公司凭借先进的技术和优质的服务，深受国内外用户欢迎，形成了门户、游戏、邮箱三大主要经营业务。目前，网易业务布局也开始集团化、综合化，开始涉及社交、教育、电商、金融等多个领域，紧跟国内互联网发展的最新趋势，尝试探索互联网新兴领域，以网易自身的技术和资源优势，开发贴近用户的社交、娱乐、阅读、音乐、教育等多样化的新产品，形成了PC端到移动端的全面产品嵌入。

目前，网易公司在广州、杭州、北京、上海等地设有研发和工作基地，拥有员工9 000余人。网易公司是国内最早赴美国上市的企业之一，自1997年成立以来一直站在中国互联网行业的前沿，保持敏锐的视角和独特的战略眼光。不论是在1.0的门户时代、2.0的社交时代，还是3.0的移动互联网时代，网易公司都根据自身的战略资源与市场机遇，获得了国内外一致认可。

网易公司一直以稳健的经营和独到的市场化管理手段来建立自身的行业影响力，保持充裕的现金流，这也使网易公司在国内互联网行业中一直以"现金流充裕""战略投资潜力大"而著称。

一、稳健经营主打品牌

网易公司一直以稳健经营和自我激励为企业发展的内部导向，主要经营网易新闻、网易游戏、网易邮箱等产品，使公司利润稳健增长的同时，实现资本效应、社会效应与企业效应的统一。

1. 网易游戏

游戏业务一直以来都是网易公司的核心业务，并且贡献了较大的利润比例，成为业界公认的网易优势业务、强势品牌。作为国内少数几家拥有自主开发和运营能力的游戏运营商，网易公司旗下多款网络游戏多次获得"玩家最喜爱网络游戏奖"和"最佳原创国产网络游戏奖"等行业评选奖项，深受玩家和行业人士好评。

2. 网易邮箱

邮箱是网易公司最早开展的业务之一，经过十几年的持续投入，已经发展成为网易公司的核心战略平台。目前已经拥有 7.1 亿个人用户，35 万企业用户，作为中文邮箱第一品牌，网易邮箱一直以为中国网民提供最优质的电子邮件服务为己任，始终把用户使用体验放在首位。

3. 网易考拉海购

网易考拉海购紧抓用户"逛着逛着就买了"的消费需求，率先向市场推出场景化购物体验，开创国内电商先河，引领了交互方式变革，带动网易考拉海购移动端销售占比超八成。

作为网易公司旗下跨境电商业务，网易考拉海购在 2015 年增长迅猛，曾创下半年增长 20 倍的销售纪录。电商业务具有广阔的成长空间，接下来，网易公司将继续支持以网易考拉海购为首的电商业务发展壮大，希望未来三到五年，网易考拉海购可以在市场上达到 500 亿到 1 000 亿的销售量。

4. 网易新闻

网易公司在门户网站业务方面始终保持市场领先地位，拥有最为快速、全面、准确的资讯平台，并秉持"有态度"的新闻专业主义原则和理想，凭借独特的视角和观点赢得用户口碑。2011 年初网易门户推出基于移动终端平台的媒体资讯产品——网易新闻客户端，目前该产品已拥有过亿活跃用户，并在活跃度和口碑上遥遥领先同类软件（获得 2014 年最具人气 APP 奖），下载量长期保持 APP Store 新闻软件排名第一。

二、开发互联网新产品

网易公司一直以创新的眼光和视角推动行业发展，随着互联网跨界之风盛行，行业竞合速度加快，网易公司在秉持"正直、责任、有态度"的行为准则的同时，也在紧锣密鼓地推动自身产品的创新。

在移动互联网领域，网易公司目前已经形成了丰富、多维度的产品布局。近几年，网易公司一直在前沿领域与主要竞争对手较量。2013 年 8 月推出的易信业务，直接与微信、来往展开市场竞争，凭借高清语音、免费短信、免费电话留言、三网流量赠送、海量贴图表情等特色，成为时下非常受欢迎的沟通工具，目前已经成为仅次于微信的熟人社交工具，用户量上亿。

此外，近几年，为了契合移动互联网的趋势，做有态度的网易产品，网易公司先后推出了邮箱大师、有道云笔记、网易云音乐、网易公开课、网易云课堂、网易云阅读、网易理财等细分领域的产品。

2014年1月8日推出的跨境电商网易考拉海购，标志着网易公司再次发力进入电商领域，也将直接与天猫国际、京东海外购、亚马逊等企业展开激烈竞争，建立网易公司自己独有的考拉模式。

网易公司一直走在创新的前列，在互联网行业内的多个领域保持领先地位。

资料来源

网易：网络游戏比无线增值更值钱. http：//gameonline. yesky. com/89/2201589. shtml.

思考题

（1）网易公司是如何进行战略调整的？
（2）网易的客户价值有哪些？

案例二 富集通讯的创立者、网络娱乐的领先者——欢聚时代

欢聚时代一直以改变人们的沟通方式为使命，用信息技术还原人们最原始的沟通方式。2005年成立初期，公司为游戏资讯类网站"多玩游戏网"。2008年，欢聚时代针对网游用户需求，研发出"不掉不卡不延时"的YY语音工具，保持了游戏用户的黏性，并借助网络外部性聚集了大量用户。借助YY音乐，欢聚时代已成功升级为集YY语音、多玩游戏网、YY娱乐、欢聚游戏、YY教育、虎牙游戏直播、YY交友、ME直播等业务于一体的平台，并采用基础免费、增值收费的策略，实现平台流量变现。

欢聚时代月活跃用户数及增长率

	2012 年	2013 年	2014 年	2015 年
MAU（亿人）	0.71	0.92	1.13	1.22
YOY（%）		29.58	22.83	7.96

资料来源：公司公告。

广州多玩网络科技有限公司2005年4月成立之初就获得雷军先生天使投资100万

美元。5 月多玩游戏网第一个网游专区《魔兽世界》诞生，并在 3 个月后流量突破百万。2007 年 2 月多玩游戏网获得晨兴创投（Morningside Ventures）的首轮风投 400 万美元。2008 年 7 月推出 YY 语音，并在同年突破 30 万人同时在线；2010 年，YY 语音注册用户突破 1 亿，YY 语音突破 500 万人同时在线。2011 年 6 月，YY 教育上线，多玩公司开始多元化业务发展。2011 年 12 月 YY 语音全年总语音服务时长达 4 210 亿分钟，超过同期 Skype。

2012 年 6 月公司总部入驻广州羊城创意园新办公大楼，同时宣布启用新的公司品牌——欢聚时代。旗下多玩游戏网和 YY 语音作为产品品牌延用，到 2012 年 9 月，超过 500 家教育机构入驻 YY 教育，超过 20 000 名名师在线，共有超过 50 000 堂网络公开课。

多玩游戏网多轮融资一览表

时间	投资个人或机构	金额（万美元）
2005 年	雷军	100
2007 年	晨兴创投	400
2008 年	迪士尼 Steamboat	500
2009 年	GGV	2 300
2011 年	老虎基金	10 000

资料来源：根据网上资料整理。

欢聚时代已经完成五轮融资，始终专注于现有业务，同时继续扩大公司的人员规模，吸引高素质的专业人才加盟，推动欢聚时代迈上一个新台阶。

1. 注重创新与研发

欢聚时代 70% 以上的员工为研发人员，专业的研发中心为公司产品提供全面保障，公司在技术层面的覆盖包括了 IM 基础技术、音视频基础技术、服务器数据处理技术、设计界面等多个领域。

公司重视管理，在知识产权保护方面，目前已取得软件著作权 100 余项、专利 50 余项、商标 200 余项，成果显著。

2. 建立了清晰的盈利模式

早期，多玩游戏网秉持的原则是：基础免费，增值收费，已经基本实现盈利的项目有网络音乐、网络教育等。个别拥有频道的会员可赚取道具收入，月收入达数百万。各免费频道可以获得道具收入分成，收费频道可以获得收费分成，而且可以利用网站显著位置推广竞价排名，获取额外收入。正因为公司财务稳健，盈利模式清晰，先后获得多轮天使投资和风险投资。

2015 年，在线音乐娱乐业务通过出售虚拟物品成为欢聚时代主要收入来源。欢聚时代已由最初的广告收入加游戏联运收益，转变为基础免费、增值收费的平台流量变现模式。在线音乐与娱乐、在线游戏、在线约会以及 2015 年第四季度推出的财经直播品牌"知牛财经"均实行基础服务免费，而以平台出售虚拟物品以及打赏月票，平台再与公会及主播分账为盈利模式，收入占比从2011年的72.7%升至2015年的96.0%；而以在线广告收入为主的其他业务收入比重则每年出现明显下降，由2011年的27.3%降至2015年的4.0%。

3. 立足于客户需求开发新技术

YY语音推出之初，针对国内网速慢、常掉线的现状，提出打造"不掉不卡不延时"的语音工具，解决了用户在游戏过程中遇到的语音沟通困难，因为该软件是自主研发而提出永久免费服务。YY语音可以将延迟控制在200毫秒左右，赋予玩家非同一般的卓越体验。由于其强大稳定的功能、清晰流畅的音质、安全周到的服务、轻巧且人性化的设计，YY语音逐渐成为国内用户数量最多的团队语音工具。

4. 打造实时沟通新模式——富集通讯

QQ是个人之间与少数人之间的沟通工具，而欢聚时代的YY语音则适合大人群实时互动交流，可以将传统线下的文化、教育、娱乐、咨询等诸多活动完全转移到线上完成，这种基于大人群群体语音活动的平台很独特，可以称之为"富集通讯"，此模式使人们能够通过视觉、听觉甚至触觉、嗅觉等渠道，自如运用文本、语音、视频等综合手段进行沟通，目的在于还原人们最自然的沟通方式。

富集通讯模式将改变人们传统的沟通方式，将远程会议、演唱会、培训、聚会、庆典、新闻直播等大人群实时交流互动活动搬至网络进行，此种交流模式或将改变或重建传统娱乐、教育、文化等领域的产业格局。

资料来源

http：//baike. baidu. com/.

思考题

（1）欢聚时代的盈利模式是什么？
（2）欢聚时代的产品策略是什么？

案例三 手机浏览器之王——UC优视

广州市UC优视计算机科技有限公司（简称"UC"）创办于2003年7月，总部位于广州。

UC在2004年通过云端架构重新定义手机浏览器，让很多中国用户第一次实现了手机上网，是业界硕果仅存的移动互联网品牌。2011年6月，UC发布了自主研发的全新手机浏览器内核——U3，成为中国首个拥有完整内核能力的浏览器公司，致力于提供宽带互联网和智能手机时代的极速手机浏览体验。自成立以来，UC一直在自我超越，实现了从功能机到智能机的平台跨越。UC全球用户超过5亿，旗下拥有UC浏览器、神马搜索、UC 九游、PP 助手等多个行业领先的移动互联网产品及平台，为用户提供信息导航、移动娱乐、生活服务等多领域、全方位的移动互联网服务。

比达咨询分析认为，UC 浏览器在用户市场渗透率方面持续居首，得益于其在差异化发展转型方面的突破。UC 浏览器率先在浏览器资讯领域布局，借助大数据分析，打造信息精准的信息资讯平台，以 UC 头条、奇趣百科、神马搜索等功能提升用户体验。凭借市场先发优势积累大量用户，并通过海量的用户数据分析进而打造良好的用户体验，促进用户规模的不断增长。

一、用户需求激发创新

1. 应时之需产生 UC 浏览器

UC 在 2004 年抓住软件开发市场空白，率先研发出适合手机上网的 UC 浏览器。2004 年中国的移动上网（主要是手机）用户已达 350 万，年增长率达 63.6%，远高于互联网用户增长率。但是，与之相反的是，没有一款适用于手机上网的浏览器，此研发空白被许多软件公司所忽视。

2. 根据用户需求变化而不断改进

UC 浏览器在研发之初就考虑到用户持有不同公司不同型号手机的现实情况，针对不同手机用户的不同要求，推出不同版本的 UC 浏览器，且使之占用户手机内存最小。近年随着用户手机不断更新，手机操作系统不断多样化，浏览器也不断进行技术升级，UC 浏览器目前能运行在 Symbian、Android、iOS、Windows Mobile、WinCE、Java、MTK、Brew 等主流手机操作系统的 200 多个手机品牌、超过 3 000 款手机终端上。

近年，手机用户网络生活逐渐多样化，用手机阅读、玩游戏、购物等都成为现代人生活方式之一，UC 也调整技术开发方向，根据手机用户的需求对浏览器进行全新升级。2011 年 6 月，经过三年的研发和多年的技术积累，UC 发布了自主研发的全新手机浏览器内核——U3。U3 内核是首个中国创造的浏览器内核，其定位于 3G 无线互联网时代的极速手机浏览器，不仅能完美呈现桌面全页面浏览效果，同时兼顾高速、安全、智能及更强扩展性能，在完美还原桌面全页面浏览效果的情况下，能将页面流量压缩超过 60%，将引领新一代手机浏览革命。2011 年，UC 推出了新一代 UC 浏览器 UC8 系列产品，承载了独创的 U3 内核和云端技术，完美地支持 HTML5 应用，具有智能、极速、安全、易扩展等特性，让用户在浏览资讯、读小说、看视频、上微博、玩游戏、网上购物时能享受最流畅的移动互联网体验。

2014 年，UC 正式发布多屏战略，先后推出了 UC 浏览器电视版和 UC 浏览器电脑版，配合原有的 UC 浏览器手机版以及 UC 浏览器平板电脑版产品线，致力于为用户打造"以手机为中心、浏览无处不在"的多屏互动体验。

二、持之以恒的技术创新

UC 从 2003 年建立公司起就不断进行技术创新，当时 UC 用手机终端和网络服务器混合运算（云端架构）的方式来做手机浏览器，帮助很多用户实现了第一次手机上网，这在全球的移动互联网领域都处于领先位置。此后，UC秉持不断创新的理念，在技术创新上成果颇多，也获得诸多技术创新荣誉。

1. 注重研发

UC发展迅速，公司员工总数已经超过2 600人，产品研发人员比例超过80%，已经成为国内最大的手机应用技术研发团队，亦是中国第一家在移动浏览器领域拥有核心技术及完整知识产权的公司，为民族手机软件产业争得了荣誉。

2. 技术不断升级

UC浏览器是UC的核心产品，拥有独创的U3内核和云端架构，是全球使用量最大的第三方移动浏览器。该浏览器是UC的主打品牌，其从2004年发展至今经历了不断升级的过程。2011年6月，UC发布了自主研发的全新手机浏览器内核——U3，新一代U3内核同时兼顾高速、安全、智能及可扩展性，使得UC浏览器成为全球唯一能同时实现"云加速"和完成HTML解析的移动浏览器。目前该浏览器已经发布了新版本，功能日臻完善，新的浏览器集合了快捷导航、全网搜索、个人数据、听音乐、看视频、下载资源、在线支付、本地生活和通信助手等丰富功能。

3. 不断研发衍生品牌

UC在专注于浏览器品牌时，也根据用户需求，不断研发浏览器衍生品牌。

神马搜索是专注移动互联网的搜索引擎，致力于为用户创造方便、快捷、开放的移动搜索新体验，由UC与中国互联网行业领军企业阿里巴巴共同发起组建，并由来自微软、谷歌、百度、360等国内外IT公司的资深员工所组成。目前，神马搜索在国内移动搜索引擎市场的渗透率已经超过了20%，月度活跃用户数也达到了1亿。

UC九游是中国移动游戏领域的领军品牌，很好地继承了UC的用户资源优势和平台技术优势。目前UC九游已经成长为国内用户最多、活跃度最高、ARPU值最高的手机游戏开放平台之一，同时也是国内第一大Android游戏联运平台。

PP助手是国内领先的移动应用分发平台。它是首款同时支持iPhone、iPad、iTouch、Mac等iOS及Android设备的应用、游戏、壁纸、铃声资源的下载安装和管理工具，目前在iOS端用户达到6 000万。2013年12月，UC宣布完成对PP助手的收购，完成了全平台强势渠道布局。

三、与不同类型企业协同发展

UC与中国移动公司举办UCWEB的联合推广活动，使用UCWEB的中国移动用户飞速发展，下载激活的用户数接近4 000万，为中国移动带来了最高每月200 000G左右的巨大上网流量。这一成绩也打动了中国联通，其在与UCWEB合作后数据业务也大幅攀升。UCWEB将国内的成功经验向海外推广，在印度与沃达丰合作，迅速抢占了印度浏览器15%的市场份额，对Opera形成了强有力的威胁。

由于UCWEB受到用户的广泛欢迎，UC也积极与手机制造商合作，在手机中预装UCWEB，让用户可以更方便地使用手机上网。在UCWEB推出的最初几年，UCWEB在华为、长虹、联想、金立等国内知名品牌的多款手机上有了预装，此外 UCWEB 也与国外品牌厂商进行预装合作。

四、注重社会责任与社会效益

UC 是服务于中国手机用户的民族软件企业。在企业发展的同时，非常注重自身所承担的社会责任，努力推动社会的发展和进步。

使用 UC 浏览器的用户中，有一部分是学生、农民工等低收入人群，UC 浏览器以极低的成本，满足了这些低收入人群的信息化需求，让他们享受到了互联网的便利，为推进和谐社会贡献了自己的力量。2009 年两会召开时，UC 配合人民网共同推出了针对手机互联网网民的"两会民意调查"，UC 也借此对两会进行了在线视频直播，并协助人民网实现了两会代表访谈，开创了政府借助移动互联网技术与群众进行有效互动的新模式。

资料来源

http：//baike. baidu. com/.

思考题

试分析 UC 并入阿里移动事业部的利弊。

案例四 用户最喜欢的网络音乐平台——酷狗

广州酷狗计算机科技有限公司成立于 2006 年，总部位于广州，在北京、上海均设有分公司。

酷狗提供的服务包括 DIY 的个人数字专辑、酷狗娱乐、全天候在线直播的音乐电台以及手机音乐播放器等，使用户能够在酷狗里享受到一体化的娱乐服务。

截至 2015 年底，酷狗员工总数为 1 087 人。酷狗 APP 拥有 5 亿的用户量，累计安装量达 20 亿次；3. 5 亿的 PC 用户量，营业收入为 8. 67 亿元人民币。

酷狗经过十余年发展，牢牢占据了音乐市场的首位，在线活跃用户 3 亿，日均在线时长 20 亿分钟，每日播放量 10 亿次，网络存储 20 亿首歌曲，每日同时在线人数超过 1 000 万，居所有数字音乐客户端第一，影音播放 APP 领域第一，全国应用软件排行榜第五。

酷狗能做到行业多项指标排第一，主要在于其一直将技术创新视为公司发展的重中之重，重视产品研发，几乎每月为产品更新一次甚至两次。而且酷狗一直秉持做文化而不仅是在做音乐的理念，整合产业链，打造影响每一个普通人的音乐世界，让音乐真正走入普通民众，让音乐文化改变世界。

多年来，酷狗致力于科技创新，逐渐成为广州科技型企业核心力量，"酷狗音乐7.0版本"，其中包含设计、功能在内的专利申请就超过了20件；酷狗K6智能HIFI音响，其外观设计荣获德国红点产品设计奖。

2015年，酷狗音乐推出独有的"蝰蛇音效"，将大众听歌带入专业领域，即使是普通的耳机也能听出高端效果。蝰蛇音效对有损音乐进行细节和高音补偿，使得声音更加完美。在酷狗8.0移动客户端中，已有"3D丽音""HIFI现场""超重低音""纯净人声"等17种蝰蛇音效，为听众提供更多选择。酷狗8.0移动客户端中新增的"酷群"，还可实现边分享音乐边群聊的社交功能。

一、定位于科技公司，通过技术创新为用户带来最好的音乐体验

酷狗的企业文化在一定程度上是企业创始人性格的体现，谢振宇是技术出身，以研发开始创业之路，因此一直非常注重企业技术研发。十余年来，酷狗发布过上千个版本，几乎每时每刻都在不断优化，基本每个月有两个大版本，而小版本则更多。在技术上坚持研发创新，也是酷狗领衔数字音乐产业前进的核心动力。

在研发平台上，酷狗也一直努力营造更加完善的研发环境。酷狗是国家火炬计划项目企业、国家科技部创新基金企业，这些资质的取得都为酷狗技术研发的前进提供了环境基础，为产品创新营造了良好的孵化环境。

因此酷狗在核心技术基础上形成了许多优秀的产品，目前酷狗最具优势的核心技术包括音频指纹技术、云端同步列表、协同过滤推荐等。

1. 音频指纹技术

对一小段未知音频在云端数据库进行技术甄别处理，准确识别这段音频的身份和周边信息（如曲名、作者、表演者或所属专辑等），该技术在国内为酷狗所独有。

2. 云端同步列表

云端数据服务器建立用户的播放列表信息，可根据用户的需要把最新的播放列表同步到该服务器上，用户随时从各类型网络获取自己的个性化列表进行播放，云端数据服务器为用户终端服务。

3. 协同过滤推荐

利用每天10亿次以上的在线播放数据，通过大量的云端数据分析，获取用户的品位标签，进行复杂的协同过滤匹配计算，向用户推荐最适合他的音乐。

4. 轻量级的分布式文件系统FastDFS

对于数字音乐云计算服务来说，Google等架构的文件系统技术体系庞大，显得臃肿，缺乏足够的灵活性。酷狗采用开源的为互联网应用量身定做的分布式文件系统FastDFS，数据读取方式简洁、高效，且高度节约资源，FastDFS文件系统与CDN云架构结合，发挥各自技术特色，实现流媒体尤其是高音质音乐的快速处理。

二、专注于音乐，为用户提供一体化音乐娱乐服务

酷狗除了提供传统在线音乐服务外，还积极整合多项文化产品，实现全方位合纵连

横的数字娱乐全互动平台建设。

（一）打造全互动平台

1. 酷狗音乐客户端

酷狗音乐从满足客户需求出发，攻克技术难关以吸引大量客户。酷狗的云端同步、音频指纹功能具有高度的客户敏感性，从用户对音乐的易用性入手解决多数主流播放器无法提供且需要大量技术攻关的难题，将极大促进盈利模式的形成，改变现有营业收入比例的格局。酷狗 2011 版就已经加入了音频指纹功能，用户收听电台或播放音乐时都可通过"识别"和"智能重命名"完成歌名、歌手、专辑名的甄别，计划测试完成后在每个新版本中推广应用。手机酷狗的云端同步功能也将随着变化的平台和机型及时做出更新。

2. 酷狗游戏

除了酷狗强大的品牌号召力、高标准的服务和以酷狗 6.5 亿流量为基础的高效率的产品推广和销售渠道外，酷狗游戏平台最根本的竞争优势仍是产品——酷狗平台游戏多、游戏性强、后续创新力强劲。网络游戏需要巨大的前期研发成本，酷狗定位于游戏运营商使成本得到控制。受上游开发商制约，酷狗所代理游戏的质量决定酷狗盈利程度。因此，酷狗非常注意市场调查，高度关注游戏市场动向和海内外游戏的发展趋势，同时，派专业人员深入考察游戏开发制作团队的创作力和技术实力，精确评估游戏的平衡性及舒适度，以期带给用户最新鲜、最愉悦的娱乐享受。

（二）"听""唱""看"的一站式产品生态模式

酷狗旗下拥有酷狗音乐、酷狗游戏、繁星网、5sing 音乐网等主打产品，致力于形成"听""唱""看"的一站式产品生态模式。

1. 听

酷狗手机端覆盖 iOS 和安卓系统，APP 应用市场下载排名第一；安卓端总装机量超 3 亿，日播放量 9.76 亿；iOS 端总装机量超 7 000 万，日播放量 2.29 亿。酷狗 PC 客户端与音乐门户网站的结合，使酷狗音乐成为高流量领先行业的综合平台。酷狗 PC 音乐播放器日在线人数 3 900 万，最高同时在线超 1 000 万，用户数为音乐播放软件第一；酷狗旗下的 5sing 音乐网是中国第一原创音乐网站，是中国原创音乐第一平台，5sing 音乐网会员 3 000 万，20 万原创音乐人，曲目 850 万首，每日新增 15 000 首。

2. 唱

虚拟化的在线 K 歌音乐社区，是国内音质最好、音效最全的在线 K 歌平台。

3. 看

酷狗繁星网成立于 2012 年 9 月，是最具音乐属性、成长速度最快的在线演艺平台。繁星网模式是将在线演唱会与主播艺人的粉丝圈相结合，繁星网主播数 7 000 名，艺人 300 名，注册用户 5 000 万，日均 PV 2 500 万，日均 UV 500 万，用户在线平均时长 18 分钟，打造了 2013 年当红艺人庄心妍。

三、多种盈利途径

传统在线音乐服务主要以广告为营收方式，据艾瑞网统计，2012年中国在线音乐市场营收中，八成以上来自广告，用户个人付费收入仅占5.1%。用户免费、广告付费的形式依然是当前在线音乐服务商最为主要的营收方式。如今在线音乐服务开始尝试走VIP收费模式，其中QQ音乐2007年推出的绿钻贵族收费服务，酷我2011年推出的VIP服务，均以高品质音乐播放及下载为主打卖点，满足高端用户。

但酷狗不满足于此，除了技术的革新，酷狗探索新一代网络文化大数据平台设计与实施，试图发掘新的盈利模式。平台建设的主要产品为酷狗音乐客户端、酷狗游戏和2012年推出的繁星网，酷狗平台创新性地将音乐视听、网络游戏、网络视频直播演艺等多项文化产品和增值服务整合。

资料来源

http：//baike. baidu. com/.

思考题

（1）试分析酷狗的市场定位策略。

（2）试分析酷狗的主要竞争优势。

案例⑤ 移动营销的隐形冠军——汇量科技

汇量科技成立于2012年，总部位于广州，公司创立之初的主营业务为技术服务及代理业务。2015年5月，汇量科技通过资产重组方式整体引入了Mobvista业务体系和管理团队，搭建全球移动数字广告投放平台，主营业务转型为移动数字营销服务和移动网游海外发行两大业务。

重组之后的汇量科技，2015年全年营收7.78亿元，同比增长超过2 350倍。

汇量科技 2013—2015 年营业收入

年份	2013 年	2014 年	2015 年
营业收入（百万元）	0.86	0.33	777.8

数据来源：根据公司财务报表及网络数据整理。

随着越来越多的人从PC转向智能机和平板，广告市场也开始渐渐向移动平台转移。全球范围内的移动互联网营销市场正处于快速发展阶段。2014年全球移动广告市场规模达到 314.5 亿美元，同比增长 75.1%，增长迅速。在全球移动智能设备性能持续提升、移动互联网宽带网络不断普及和移动互联网用户消费习惯逐步改变的情况下，全球移动数字营销产业仍将保持快速发展。预计到 2018 年，规模突破 900 亿美元大关。由于海外手机互联网媒体资源相对分散、媒体间市场份额和发展程度参差不齐，公司多层次的媒体对接模式更有利于提升精准度和效率。

而国内市场在经历了多年的快速增长后，国内手机网民规模的增长已经放缓，移动应用的普及率已经较高，大量优质的应用已经在国内市场相对饱和，应用开发商和运营商的出海需求巨大。这些开发商和运营商的出海需求还会持续推进汇量科技在广告方面的业绩。

在汇量科技的业务中，数字营销也就是广告是其主体。到目前，它的业务已经覆盖了 245 个国家，日展示次数超过 110 亿次，点击超过 3 亿次。在量级上，可以做一个对比，整个百度搜索一天的点击量是 10 亿次。

不同于 Facebook、猎豹的数字营销平台，这些广告平台拥有自己的产品，其产品有大量用户，它们基于自有产品汇集流量，然后匹配广告。而汇量科技 Mobvista 的模式是与海外的移动媒体产品合作，提供广告平台 SDK，聚合众多产品的流量，然后为其匹配广告。

Vstargame 作为 Mobvista 旗下海外手游发行品牌，为游戏内容开发商提供面向海外的一体化发行服务。其盈利模式主要是按照最终实现的游戏收入流水量（来源主要为向游戏用户销售虚拟道具）的一定比例收取费用。Vstargame 在东南亚手游市场的运营取得了优异的成绩，已成为排在昆仑万维之后的第二大东南亚市场发行公司。

当前，汇量科技的移动数字营销服务分产品推广服务、智能广告系统、反作弊系统三大块。

一、产品推广服务

以 Mobvista 为广告主，实现广告流量变现优化。广告投放于海外媒体后，其投放效果的衡量方式以及计费方式由于推广应用类型的不同有所差异。主要有以下三种收费方式：

（1）CPA 收费：指按照新增下载、安装或用户注册等收费的计费方式。针对工具类、游戏类、桌面助手类以及聊天类应用广告主。

（2）CPS 收费：即 Mobvista 与广告主主要根据广告投放后直接新增的产品购买量以及购买金额等进行结算。对于电商类广告主投放的广告，一般按照 CPS 的方式收费。

（3）CPC 收费：目前展示类广告一般按照 CPC 收费，即按照用户点击量进行结算。

二、智能广告系统

为开发者提供聚合 SDK 服务，将市场上现有的 SDK 工具集合呈现，构建不同广告平台的 SDK 工具"导航系统"，更好地实现开发者与不同广告平台的低成本、高拟合的无缝对接，解决了由于市场上不同平台推出的 SDK 工具繁多造成的开发者广告展示技术成本及时间成本激增的问题。

2015 年，公司业务线上的两个版本。①基本版：按照开发者借助该软件成功在该应用投放广告的总流水变现金额的固定比例进行收费；②升级版：为开发者设定最低流量变现水平，在实际流量变现高于最低流量变现水平后，超出部分以高于基本版应用费用率的比例进行收费。

三、反作弊系统

基于每天百亿展现数据、2 亿多点击转化数据，应用业界领先的作弊模式挖掘算法，精准识别作弊流量和点击。公司已储备上百套作弊识别策略，通过多维度识别策略叠加，为整体转化效果提升保驾护航。公司 2015 年上半年整体 CTR（Click Through Rate，即广告点击率）提升 15%，整体 CVR（Click Value Rate，即广告转化率）提升 40%，eCPM（effective Cost Per Mile，即千次广告展示可获得的广告收入）提升 60%。

2015 年，汇量科技又分别与 Google AdWords、Twitter 和 Facebook 三大顶级移动平台建立战略合作关系。公司拥有涵盖超过 20 亿设备数据和超过 2 000 个人群定向标签的用户数据库，主要客户包括百度、阿里巴巴、360、Uber、King、Flipkart 等全球知名企业。

2015 年，汇量科技被全球领先的第三方移动数据监测机构 AppsFlyer 评选为全球移动榜单影响力前三，其中，电商、旅行和工具类应用的安卓榜单排名仅次于 Facebook，名列全球第二；游戏类应用位于 Facebook 和 Chartboost 之后，双双位居亚洲第一。

资料来源

汇量科技：公开转让说明书 . http：//xinsanban. eastmoney. com/Article/NoticeContent？id = AN201511110011370021.

思考题

（1）试分析汇量科技的产品优势。

（2）试分析汇量科技的主要竞争策略。

案例（六） 页游之王——广州创思信息技术有限公司

广州创思信息技术有限公司（简称"广州创思"）成立于 2010 年 4 月，总部位于广州，是一家从事网络游戏开发、发行及游戏平台运营的网络游戏公司。

作为发展最为快速的新兴游戏市场之一，2015 年中国网游市场规模达到 1 361.8 亿元，同比增长 24.41%。从细分市场看，2015 年端游仍然占据最主要地位，市场规模占比 42.87%，移动游戏占 39.79%，网页游戏（页游）占 17.35%。网页游戏虽然占比最小，但总体市场规模仍有 236.3 亿元，同比增长 6.8%。

网页游戏是基于 PC 网页浏览器的电子游戏，用户进入游戏无须下载客户端，只要打开网页就可以进行游戏体验。2014 年以来，中国网页游戏市场已进入成熟期，市场规模增速回落，产品数量持续下降。高投入、高产出的模式使得网页游戏市场门槛大幅提高，中小网页游戏厂商纷纷转型移动游戏，使得网页游戏市场在竞争格局保持稳定的同时，市场集中度有所提高。目前中国网页游戏市场面临着三方面的问题和挑战：产品同质化、精品难寻；侵权现象严重；流量成本过高。

目前，国内网页游戏运营第一梯队平台已经基本形成，第二梯队平台之间竞争激烈。根据易观智库产业数据库发布的 2014 年中国网页游戏市场季度监测数据显示，2014 年前五位的平台运营商的市场份额合计超过 60%。大型网页游戏运营平台无论是在用户获取、品牌推广还是在与研发厂商的议价能力方面都在不断加强自身实力，随着业务的整体发展进入成熟期，行业内平台的竞争加剧，先期建立品牌壁垒与自有流量的企业在竞争中将占据主动权，网页游戏运营第一梯队平台基本稳定，其他拥有自有流量优势的互联网公司短期内仅仅依靠自有流量而实现运营平台快速成长将愈发困难。

广州创思的主营业务是网页游戏和手游的研发、发行以及游戏平台的运营。公司共有员工 500 余人，办公场所 5 000 余平方米。

公司旗下的游戏运营平台 9377.com，集休闲、娱乐、游戏、玩家互动为一体，集结了国内顶尖的游戏人才，整合多种信息传媒、游戏官网群等，为玩家打造一个绿色、健康的游戏平台，提供当下最新颖、最精品的网页游戏，为用户带来快乐体验。

除此之外，广州创思还拥有一支实力雄厚的研发团队，自主研发和发行的游戏共三款，分别是《雷霆之怒》《赤月传说》和《烈焰》。

广州创思自 2013 年第一款自主研发的游戏《烈焰》上线以来，业绩不断攀升，目前已有《烈焰》《赤月传说1》《魅影传说》《雷霆之怒》等精品游戏上线，并长期稳居开服榜前十位，而《烈焰》更是上线三个月便跃至国内网页游戏开服榜榜首，并从 2013 年下半年开始，单月流水冲破 1 亿大关，2014 年 2 月，《烈焰》单日流水曾突破 2 000 万，成为游戏行业最耀眼的明星级产品。

9377 网页游戏平台入围 WGO 2013 年度十佳运营平台、十大最具价值网页游戏平台。

公司在接下来将会继续推出高质量的游戏，类型囊括当前各种主流的游戏，如 RPG、SLG、SIM、PUZ、AVG 以及 SPT 等。

广州创思拥有四家全资子公司，即广州微娱网络科技有限公司、上海创文信息技术有限公司、成都创玩信息技术有限公司以及上海誉点信息技术有限公司（9377 网页游戏平台）。公司的经营模式主要包括自有平台运营和第三方平台联运两种模式（其中自有平台运营又包含自主研发游戏的运营和独家代理游戏的运营）。

目前，国内外网络游戏行业盈利模式主要分为三种，即按虚拟道具收费、按时间收费和按下载收费。

广州创思采用的盈利模式是国内网络游戏的主流盈利模式——按虚拟道具收费。按虚拟道具收费是指运营商为玩家提供网络游戏的免费下载和免费的游戏娱乐体验，而游戏的收益则来自于游戏内虚拟道具的销售。游戏玩家成功注册游戏账户后，即可参与游戏而无须支付任何费用，若玩家希望进一步加强游戏体验，则可选择付费购买游戏中的虚拟道具。按虚拟道具收费模式有助于降低游戏门槛、增加用户数量、提高用户黏性等，为目前绝大多数网络游戏所采用的盈利方式。

广州创思目前主要从事的是网页游戏的研发、发行和运营，涵盖游戏"开发—发行—运营"全产业链经营。

随着移动互联网技术的深度应用和移动智能终端的广泛普及，中国移动游戏用户数量急剧增加，移动游戏业务的市场规模迅猛增长。移动游戏具有消费用户广、市场潜力大等特点，已成为各方竞相追逐的热点领域，从而成为游戏市场新的高速增长点。由于移动游戏行业的准入壁垒与网页游戏相同，所以有着网页游戏的研发、发行和运营经验的公司进入移动游戏行业相对容易。

广州创思在2014年成立手游部，开始逐步扩大对手游的投入，随着公司手游业务的不断拓展，为公司带来一个新的盈利增长点。

截至2015年4月30日，广州创思总资产为2.77亿元，净资产为2.13亿元；其2013年度、2014年度和2015年1—4月分别实现营业收入4.79亿元、8.40亿元和2.27亿元，净利润分别为1.87亿元、1.92亿元和0.35亿元。

未来，广州创思也面临一系列的挑战：①移动游戏方面对渠道商依赖较大。移动游戏有别于客户端网络游戏和网页游戏，其开发商对于发行商和渠道商的依赖性更强。由于运营资源的集中，大型用户平台占据了主要的用户资源，中小市场渠道获得用户和运营的难度增加，用户的转化成本被迅速抬高。②专业人才引进与储备有待加强。游戏行业人员流动性较大，即使创业成功的大型游戏企业，核心人员离职自立门户也较为频繁。行业内相互挖墙脚现象严重，用人成本被迅速抬高，使核心技术人员流失和不足的风险被放大。企业如果不能有效保持核心技术人员的激励机制并根据环境变化而不断完善，不能从外部引进并保留人才，经营运作、发展空间及盈利水平将会受到不利的影响。

资料来源

http://www.gzstrong.cn/.

思考题

(1) 试分析广州创思的商业模式。

(2) 试总结广州创思的主要竞争优势。

(3) 试比较分析网页游戏与移动游戏用户特征。

案例七　云计算服务的领军者——尚阳科技股份有限公司

尚阳科技有限公司成立于 2003 年 8 月 26 日，公司总部位于广州。2015 年 9 月 1 日，公司更名为尚阳科技股份有限公司。

公司创始人为李燕生、李向阳。李向阳具有多年的计算机网络技术工作经验，目前，公司董事长为李向阳。

尚阳股份成立之初，主营业务是为各行各业提供一站式的 IT 信息化系统集成服务，具体分为 IT 系统集成服务、软硬件销售及系统运维服务等。公司凭借扎实的技术实力、多年的 IT 服务经验和与众多全球领先信息技术厂商的紧密合作关系，从客户的业务需求出发，提供信息系统技术解决方案和信息技术服务，帮助客户降低成本、提高效率、增强核心竞争力。

2015 年，尚阳股份开始转型为一家集整体 IT 系统集成、云服务和软件研发于一体的高新技术企业。公司一直和全球众多知名的一线 IT 厂商保持紧密合作，将传统 IT 基础架构和自主软件研发深度融合，为各行各业客户提供一站式的整体 IT 系统解决方案。

IT 系统集成业务主要包括基础网络、数据中心、安全优化、视频协作、弱电工程等集成项目的设计、实施、运维和优化服务；云服务业务包括公有云、私有云、混合云的评估、设计、实施、运维和优化服务；2015 年自主研发的 Umeeting SaaS 协作云服务上线，并已经在多个客户内部得到应用，使用频率和满意度提升迅速，并获得跨地区的增值电信业务经营许可证，为公司未来大力发展 SaaS 云业务奠定基础；自主研发的会议管理系统将实体会议室和虚拟会议室统一整合，已在多个大型企业和政府客户内部使用；尚阳无线认证营销系统帮助大型商场和连锁机构进行大数据分析，真正帮助客户业务成长。

尚阳股份建立了面向全国的市场布局和营销网络体系，实现了华南、华东、华北等地区的业务和服务的本地化支持，逐步成长为全国性的 IT 服务商；尚阳股份也以专业完善的解决方案和优质服务，在金融业、制造业、互联网、政府、教育、医疗等多个领域积累了深厚的人脉关系。

2015 年，中国云计算市场进入快速发展阶段，国内众多 IT 企业向云计算转型，云计算不再是新颖的概念，再加上移动互联网对传统行业的颠覆性影响，中国用户"云化"需求快速提升。在《国务院关于促进云计算创新发展培育信息产业新业态的意见》《关于积极推进"互联网＋"行动的指导意见》《云计算综合标准化体系建设指南》等相关利好政策的推动下，我国云计算市场的创新活力得到充分释放，市场规模进一步扩大。

2015 年，我国云计算市场整体规模超过 2 000 亿元，同比增长 54.3％。2012—2015 年，我国云计算市场保持高速增长态势，年均复合增长率高达 61.5％。混合云架构将成为未来云计算发展的重中之重，众多大型企业需要私有云和公有云对接，在两者之间自由切换，将对混合云架构产生巨大需求。企业级移动 SaaS 服务成为云计算领域的创新亮点，SaaS 服务商纷纷在移动化产品研发和推广方面加大投入，移动 SaaS 服务逐步向各个行业、领域渗透，不断落地、成熟。

从公司所处的行业来看，传统的各行各业主要以私有云建设为主，公有云为辅；随着市场的不断深入发展，私有云加混合云的模式将逐渐被更多的用户所采用。随着国务院一系列鼓励政府购买服务和信息消费政策的出台，云计算在相关行业的发展将有进一步加速的趋势。

2015 年，公司实现营业收入 3.6 亿元，与去年同期相比较增长 38.75%。

尚阳股份 2013—2015 年营业收入

年份	2013 年	2014 年	2015 年
营业收入（百万元）	195	259	359.8

数据来源：根据公司财务报表及网络数据整理。

2015 年 9 月，尚阳股份完成股份制改造，由"尚阳科技有限公司"更名为"尚阳科技股份有限公司"，并于 9 月向全国中小企业股份转让系统正式提交挂牌申请。改制以来，尚阳股份在以下几个方面的业务得到了较大的发展：

1. Umeeting SaaS 云服务上线

Umeeting SaaS 云服务，经过短短几个月的推广迅速得到各行业客户认可，并在多个客户业务中得到应用，真正帮助客户解决日常工作中的协同困扰，实现业务快速成长；随着市场成熟度提升，越来越多的客户从传统自建逐步向 SaaS 转移，Umeeting SaaS 云服务的发展必将迎来更多新的发展机遇。

2. 推出混合云管理平台

在上海成立混合云的研发团队，负责私有云＋公有云的统一管理平台研发，逐步转向混合云的一体化解决方案，目前私有云平台已经正式上线运行。同年内与阿里云、微软云达成深度合作关系，并培养一批公有云的咨询规划团队，为公司混合云业务发展打下坚实的基础。通过传统系统集成业务客户覆盖和积累的丰富经验，为各个行业制订专属的解决方案，在全国各地同行业客户中进行快速复制并应用。

3. 提供增值服务

2015 年，公司积极制定有效的人才战略，储备高级人才，服从并服务于企业战略，提高公司竞争力，向客户有效地提供服务，得到客户的高度认可；通过增值服务，提升客户对尚阳服务的体验，达到双方共同发展的目的，增强客户黏性，保持业务稳定增长。

在多元化盈利模式下，咨询规划、智能运维等增值服务助力公司业绩持续增长，表现理想。2015 年，公司通过合理优化，实现了资源整合，促进了内部资源共享，更为高效、快捷地为客户提供专业服务，改善服务质量。

资料来源

尚阳股份公开转让说明书 . http：//sbsc. stock. cnfol. com/gongsigonggao/20160201/
22207075. shtml.

思考题

（1）试分析尚阳股份的商业模式。

（2）试总结尚阳股份的战略调整策略。

（3）试分析尚阳股份的竞争优势。

案例八 移动云计算的领军者——广州市玄武无线科技股份有限公司

广州市玄武无线科技股份有限公司（简称"玄武科技"）成立于 2010 年 11 月 2
日，公司总部位于广州。玄武科技是一家专业的移动信息服务提供商，提供基于短信、
彩信的企业移动信息服务平台，以及基于 SaaS、PaaS 的企业移动 CRM 云服务平台，具
备企业移动信息化整体解决能力与技术创新能力。公司主营业务为企业短信及移动
CRM 服务，下设 15 家分公司及办事处，8 家子公司。

2015 年公司企业移动信息化业务保持快速发展，公司通过创新研发移动互联技术，
完成了即信云通信服务平台和玄讯移动 CRM 云服务平台的升级部署，实现了经营业绩
稳步增长。2015 年，公司主营业务收入较之去年同期增长 53.16%，其中企业移动信息
服务收入增长 48.28%，企业移动 CRM 云服务平台收入增长 106.52%，SaaS 客户规模
增长超过 100%。

玄武科技 2013—2015 年营业收入

年份	2013 年	2014 年	2015 年
营业收入（百万元）	134	176	270

数据来源：根据公司财务报表及网络数据整理。

2015 年，公司的主要经营策略包括：

1. 持续保证研发投入，重视产品研发创新

（1）玄讯移动 CRM 云服务新版 V6.0 发布。

2015 年 8 月 18 日公司发布玄讯移动 CRM 云服务新版 V6.0，引入了新功能——数
据驱动业务、配置平台用户化、拜访/订单/促销的底层体验——为信息流、货流、资金
流、促销流的整合打下基础。随着新品的多场全国巡展，得到了新老客户的一致认可。

（2）O2O 营销管理系统上线。

玄讯移动 CRM 云服务平台持续进行 O2O 产品的创新，发布一品一码、一店一码等新产品功能，并在水井坊、南方黑芝麻糊等标杆客户中获得验证。

（3）即信云通信服务享流量平台上线。

即信云通信服务平台在云通信业务领域推出的享流量平台，正式在流量经营领域发力，随着移动互联网应用的深入，数据流量市场进入一个井喷期。即信云通信服务享流量平台凭借在企业级短信客户中的优势，已在金融、互联网行业得到多家客户的验证。

2. 加快全国营销组织的建设

2015 年，公司增设了南宁、武汉、青岛、云南、杭州等办事处，加上以前设立的北京、上海、深圳、厦门、长沙、成都等分公司或者办事处，已形成华东区、华北区、华中区、南方区、西部区的全国战略布局，营销服务渠道覆盖全国。

3. 目标客户的全覆盖

公司以中大型标杆客户为主要目标客户，打造了玄讯的专业移动 CRM 品牌形象。随着产品和解决方案的成熟，公司推出了专门针对中小型客户的产品和解决方案，加强了标准化客户服务体系的建设，并在大量的中小客户中获得成功验证，形成了良好的口碑。

4. 打造"云通信 + SaaS 管理应用"的双核战略

随着 O2O 营销管理、一品一码、一店一码等新产品功能的发布，玄讯移动 CRM 整合了即信云通信的会员通知、会员验证等功能，拓展了即信云通信在快消品行业的应用，在"云通信 + SaaS 管理应用"双核战略的实施上取得了实质性的进展。

2016 年，公司将在产品业务上实施"云通信服务 + 云管理服务"双核发展的企业移动应用服务战略，营销上推进全国区域布局及第三方合作战略，通过加强第三方合作、资本融合等方式实现资源、技术的双向整合，全面提升公司核心竞争力。

公司始终以技术创新为本，进一步加大产品创新建设，发挥旗下即信云通信服务平台、玄讯移动 CRM 云服务平台两大移动信息化品牌的聚变效应及协同发展能力，全面搭建起以核心区域为主、辐射周边地市的全国性营销服务网络，以技术创新为支撑，深化行业应用领域及提升客户覆盖率，打造成国内最专业、完整的移动信息化云平台，帮助更多的企业客户实现移动信息化转型。

经过几年的发展，公司在行业中的优势已逐渐显现。

（1）行业经验丰富。

公司是国内领先的专业移动信息服务提供商，产品广泛应用于金融、互联网、快消、快递物流、教育、电子商务、零售百货、汽车、农业等众多行业领域，致力于为各类企事业单位提供高效便捷的短彩信、二维码、400 快线、企业移动云平台、企业销售管理应用、售后服务管理应用、移动安全管理等移动信息化系列产品及行业定制化的移动应用解决方案。经过多年耕耘，公司现已服务了大量的企业客户，积累了众多行业成功案例。

（2）研发投入硕果累累。

公司注重研发创新，坚持以技术创新为本。目前公司已申请了 28 项移动信息化领域软件著作权，通过与华南理工大学等重点高等院校进行产学研合作，共同承担项目开发，推动产业发展和技术创新。近年公司连续获得多项国家高新技术专项基金，并先后获得双软企业认证、ISO9000 质量认证、高新技术企业认证、跨地区增值业务许可证等资质证书。

（3）具备提供定制化服务的技术创新优势。

公司在企业移动信息服务平台方面具有提供定制化服务的技术创新优势、提供稳定迅速的系统平台等竞争优势，而这使得玄武科技与各地运营商建立了长期合作关系，进一步优化资源配置，降低采购成本，提高客户的移动信息质量水平。

公司在企业移动 CRM 云服务平台方面拥有较强的技术实力、优秀的研发团队、优质的客户群体、丰富的行业细分经验和较早进入该领域的先发优势。目前可以做到快速响应客户个性化要求配置定制化产品，满足客户社交化、平台一体化、开放性的综合需求，为客户构建适宜的移动应用场景。

资料来源

广州市玄武无线科技股份有限公司公开转让说明书 . http：//data. eastmoney. com/notices/detail/834968/AN201510090011000471.

思考题

（1）试分析玄武科技的经营策略。
（2）试分析玄武科技的竞争优势。
（3）同样是在云计算领域经营，玄武科技在竞争策略上与尚阳股份有哪些不同？

案例九　创业两年进入中国 B2B 前十——广州找塑料网络科技有限公司

找塑料网是领先的一站式塑化电商，通过互联网 IT 集成系统撮合交易积累的海量用户和交易资源，实现了集代销代购（自营）、物流配送、金融服务、行情分析、改性塑料 OEM（代加工）于一体的全产业链生态闭环。

艾媒咨询发布的《2016 年中国 B2B 行业投资报告：机遇与趋势》显示，我国 2018年 B2B 市场交易额将超过 20 万亿元，并维持 20% 左右的平稳增速。无论是钢铁、塑料还是农产品行业，都会出现一两个"独角兽"电商。2016 年 12 月，找塑料网入围"中国 B2B 企业百强榜"的前十，并成为唯一入围的塑化电商平台，让找塑料网的目标更加清晰。

找塑料网一直在通过商业模式的创新引领企业的发展：撮合交易代销代购（自营）双翼护航；推出塑料行业的"滴滴快的"——福牛物流；建立行情中心，全天候滚动播报塑料原料的出厂价、成交价等信息；先后为 1 000 多家客户提供金融服务，单月交易额已突破 1 亿元。2016 年 3 月，推出了"找塑金融"，其中包含信用购、票据通、超短贷、货易融等服务产品。

找塑料网成立两年，不仅位列中国 B2B 企业十强，也是广州市商务委认定的广州市电子商务示范企业，并被中国塑料加工工业协会、中国互联网协会评为"AAA 优秀信用企业"，被中国电子商务协会评为"中国电子商务诚信示范企业"，被《广州日报》和广州电子商务行业协会联合评为"最佳 B2B 平台"。

有人总结找塑料网快速发展的经验，得出以下几点：

1. 为塑化行业精准植入互联网基因

塑料产品具有标准化程度高、价格波动频繁、市场供大于求、销售渠道多层级、产业链下游极度分散及品类集中等特点，20% 的塑料品类占据了 80% 的市场交易额。

找塑料网就是深度切入交易环节的 B2B 2.0 模式的领军者，作为原生的互联网公司，公司为塑料交易植入技术基因，交易的每一个动作都与 ERP 发生联系，通过无数次改进，构建起整个塑料行业 B2B 平台模型。

找塑料网是互联网与塑化行业深度融合发展的产物，用信息流带动了技术流、资金流、人才流和物资流，推动了塑化产业的互联网再造。技术和服务的领先优势成就和巩固了找塑料网的龙头地位。

2. 产业互联网模式减少流通中间环节

我国规模以上企业塑料制品实际年产量接近 8 000 万吨，但在交易环节，一直存在交易效率低、交易信息封闭、配套服务单一等问题。

瞄准这些"痛点"，找塑料网以撮合交易切入交易环节，为客户免费提供一对一的撮合交易服务，帮助下游采购方在最短时间内找到更便宜的货源。

找塑料网的这种撮合方式和早期的携程如出一辙。买家们致电找塑料网的交易人员，由交易人员通过内部的信息系统进行查询，匹配买家的需求。

在具备了集采能力之后，找塑料网准备借助互联网的力量继续提高交易效率。借助高效的 IT 系统，找塑料网为供需双方实现了精准匹配，链接了两条服务线：一方面通过代销服务，为上游企业缓解了销货的压力；另一方面通过代购业务，帮助议价能力弱的下游企业寻求更加优质便宜的货源。

3. 全产业链拓展深入挖掘增值服务

拥有多家国内一流风投的支持，找塑料网发展可谓"顺风顺水"。

找塑料网也在探索产业互联网创新在供给侧结构性改革中发挥独特作用的新路：瞄准改性塑料行业，通过 OEM 模式，加强与优质生产商的合作，充分发挥互联网强大的链接能力，将需求与供给精准对接，实现按需生产、个性化定制生产。找塑料网的数个改性塑料生产基地已在深圳、东莞等地挂牌。

找塑料网利用平台上用户的第一手交易数据，结合用户撮合交易次数、采购汇款周期、业务诚信情况等信息，尝试和完善供应链金融服务模式。

资料来源

　　http：//baike. baidu. com/.

思考题

　　（1）试分析找塑料网快速成长的主要原因。

　　（2）试分析找塑料网的商业模式。

　　（3）试分析找塑料网面对的主要挑战。

案例十　互联网 + 的先行者——易积电器助力传统企业开展网络营销

　　广州易积网络科技有限公司（简称"易积"）创办于 2010 年 6 月 28 日，其中一位创始人是千橡集团原副总裁季攀，另一位是 TCL 电脑原市场总监及供应链行业上市公司深圳怡亚通原全国市场总监包文青。公司总部位于国家高新技术产业基地——广州市天河区天河软件园。

　　易积目前有四大业务板块：易积电器——电商界"屈臣氏"，专注小家电网上零售；易海淘跨境——传递全球、易享生活，专注高品质商品跨境电商；凡家智能——做最聪明的空气智能产品，为你的家庭环境保驾护航；新麦营销——专注电商营销，品销赋能全链路。

　　易积电器是公司的传统业务，也是主要业务，易积电器和 Honeywell、艾美特、三星、博朗、Oral – B 等知名品牌合作，销售其生活、居家优势产品，为品牌商提供全链条五大模块运营整合，包括生意规划（资金运作、团队组建）、营销策划、零售管理（店铺管理、平台活动、CRM 管理）、系统数据（商品采购、库存管理、支付结算、数据中心）、仓储售后（订单管理、多平台支持），易积电器的销售平台合作战略伙伴包括天猫、京东、唯品会、1 号店等。通过专业的精细化运营，易积电器在帮助品牌方完成电商化的过程中具有独特价值，在小家电垂直领域位列全国前列。

　　作为电子商务代运营企业，易积收入的主要构成是：进销差价 + 代运营服务费 + 广告设计费。

　　目前，易积的主要收入来源是易积电器板块，收入主要来自于四大业务：商品经销服务、商品委托代销业务、代运营服务、广告设计业务，其中主要业务为商品经销服务和代运营服务。

　　作为代运营服务企业，易积电器一直面临多方面的挑战：

　　（1）依赖第三方服务平台。易积电器的业务主要布局在淘宝、天猫、京东生态链内，但第三方服务平台对于电子经销服务商和电子商务代运营服务商的相关要求和收费政策仍然可能因意外事件发生变化，从而导致运营成本的增加，影响经营业绩。

（2）存货减值风险。由于代运营企业需要在自己的渠道中保持一定量的库存，较大的存货余额在一定程度上也带来存货管理难度增加，存在存货变现风险和跌价风险。

（3）对品牌企业存在依赖的风险。近年来，越来越多的传统品牌商通过自建团队推进电商业务，对代运营的需求会出现较大的变动。前几名品牌企业合计采购金额占采购总额的比例非常高，任何一个企业的流失都会对易积电器的业务量产生重大影响。

（4）毛利率下降的风险。受宏观经济、电商平台降价促销政策以及供货商成本转嫁的影响，若为代运营商提供服务的传统品牌企业经营状况发生不利变动，将会对代运营商的经营状况造成负面影响。

回顾易积电器这些年来的发展，CEO季攀深有感触，他总结出五点经验。

1. 电商企业必须保持持续创新能力

易积积极在相关及非相关的领域扩展业务，如易海淘跨境业务——意欲借跨境电商发展的东风，新麦营销业务——发挥易积在数字营销领域的优势。而凡家智能业务，对易积来说是一个全新的业务模块。通过探索新业务，易积努力摆脱电商代运营企业对品牌商过度依赖的窘境。

2. 助力中小制造企业互联网＋，扮演连接买卖双方的中枢角色

易积电器是最早开展代运营业务的电商企业之一。从代理网店"运营"开始，为品牌制造商在网上开建产品专卖店、销售产品及进行在线客户服务和客户关系管理，成为制造商一个重要的终端零售商。其他的延伸业务根据制造商需求展开，包括配合制造商的营销活动，为制造商制订、执行网络营销方案；对所掌握的客户交易数据和客户关系管理数据进行数据挖掘，为制造商设计和执行包括品牌定位、产品开发和产品定价在内的市场规划方案；根据制造商的要求为其管理、运营仓库；根据制造商要求为其进行配送服务等。

代运营不仅可以帮助运营企业解决电子商务专业人才不足的问题，还可以提升工作效率、降低运营成本、节省开拓电子商务渠道的时间和投资。同时，代运营商可以把其经营网店成功的经验低成本地不断复制，最终发展成为制造商共同的网上销售平台。美国著名的代运营商 GSI Commerce（已被 Ebay 收购）最多时曾为 500 多家客户提供服务，其客户包括美国 B2C 500 强中的 70 多家。最后，在这个平台上汇聚的大量消费者需求信息成为各制造商开发新产品的原动力，分析整理之后可以更好地满足消费者需求。

3. 定位于网络营销的专家

易积电器对小家电产品有着深刻的认识，小家电主要是提高消费者生活品质，应具有便利、实惠、时尚等特点，而消费者行为则往往有从众心理和购买冲动性。因此，易积电器在进行店铺的视觉设计时，组织了高水平的摄影、美工精英团队。易积电器的网上店铺画面精美，具有强烈的视觉冲击力，产品说明能迅速抓住消费者的需求，购物过程操作简便，激发消费者购买的冲动。

在推广方面，易积电器在几乎所有购物平台如天猫、淘宝、京东等建立专卖店，确保了产品形象在目标群体视野中出现的频率。此外，易积电器还建有自己独立的旗舰店，作为产品信息汇集的前端平台。易积电器制订了详细的营销计划，为品牌商的产品在百度等众多搜索引擎上做推广，并利用其他网络营销工具做各类互动营销推广，使品

牌商的产品信息能够更快地传播给目标群体。

4. 从快速增长的小家电行业切入

在易积电器创立伊始，选择一个什么样的市场起步非常重要。在大家电领域，制造商品牌知名度高，研发能力和营销能力强，且京东、苏宁易购、库巴等大型网商林立，初创企业很难有胜出的机会。

大部分小家电都具有享受性需求的特性，必须达到一定的收入水平才会有需求，中国城镇居民的大家电保有率基本超过了100%，基本具备了购置小家电的条件。但市场上小家电的品类匮乏，在未来有爆发式增长的机会。

5. 借助外力不断提升营销的精准度

易积电器高素质的技术团队，主要承担系统规划、网店建设和系统运营的工作，而ERP、CRM、数据挖掘等技术难度较高的业务则外包给合作伙伴鼎商动力。易积电器日单量大，推广活动较多，根据这一需求，公司装备了鸵鸟旺旺精灵系统和北极熊精准营销系统，不仅可以管理销售，而且还可以统计流量、计算转化率，找到目标群体，以最小的营销资源获得最大的销量。

易积电器客服利用鸵鸟旺旺精灵系统可以了解买家信用，只需与客户聊天即可了解客户等级、客户印象以及之前购买订单的详情；利用系统提供的产品小知识让每个客服变身电器产品专家；同时利用系统随时随地为老客户发放优惠券，无须担心老客户流失。

而北极熊精准营销系统则可以从以下三个方面帮助易积电器：①管理流量。易积电器日单量大，推广活动较多，之前购买了很多淘宝流量，但对于这些流量并没有科学管理，导致花了大量金钱却达不到应有的效果，无法挖掘其潜在价值，而现在管理人员可以方便地计算推广成本。②定位目标群体。通过专业的数据分析，帮助管理人员快速找到目标群体，定位目标群体的产品取向，同时通过流量和转化率更好地进行营销。③统计推广费用。淘宝的推广活动虽然效果好，但价格也很高。通过销售数据统计、流量统计和费用统计，易积电器针对每个店铺的特点，制定适合的推广方式并在恰当的时间进行，从而找到性价比最高的推广方式。

资料来源

http：//baike. baidu. com/.

思考题

（1）试分析易积电器成功的关键因素。

（2）试分析易积电器的商业模式可能面临的挑战。

（3）试分析易积电器的市场定位策略。

第十二章　电子商务运作管理案例

亚马逊提升客户体验

　　亚马逊一开始的定位是一家技术公司。其创始人贝索斯原来是想用互联网来做一件通过其他方式不能做到的事情，而不仅仅是一家书店。亚马逊的客户体验重点关注便利、低价和丰富的选择。提升客户体验可以有效地转化为客户购买，因此提升客户体验既是亚马逊经营的出发点也是终点。一旦形成良性循环，就可以推动公司高速成长。果不其然，仅仅经过 10 多年的发展，亚马逊已经是全球最大的网上零售商、云计算服务商和电子书销售商。2015 年，亚马逊是全球电商第二，零售额占比 13%。

　　那么亚马逊是怎么做的呢？

　　2006 年，亚马逊创造性地推出了 Amazon Web Services 服务。这是当时全球最易用、最广泛应用的云计算服务，也为亚马逊开启了新的盈利方向，成为其股票飞速上扬的爆发点。这种技术驱动方式，赢得股市投资者的青睐，鼓励着亚马逊在技术上不断投入，这使得亚马逊在数据技术方面始终领先于全球市场。

　　亚马逊的商业创新几乎都是技术驱动的，有时候说亚马逊是一家销售公司，倒不如说是一家数据公司。它会从数据的角度去研究商家的需求以帮助他们增加销量，也会根据消费者的购物行为计算出他的喜好，以便在下次购物前推送他可能心仪的商品。

　　零售公司、技术公司、数据公司……到底哪一个是真正的亚马逊？它们都是！亚马逊的在线零售业务在其强大的技术能力、数据化运营的支撑下呈现出独特的魅力。当零售业务以数据作为基础并以技术进行精炼和特化时，零售的效率提升了，数据也被价值化了，而技术也有了经济价值，这就是亚马逊的运作策略。

　　互联网经济在前几年是一个热门话题，但是进入 2015 年下半年之后，互联网经济突然遇到了瓶颈，无论是 B2B 还是 B2C 都遭遇了滑铁卢，购买力的下降使得大量的互联网公司面临经营困境。同样在零售业，许多企业不得不整改合并，祈求新的融资以维持公司的进一步发展，那么亚马逊又是如何面对这种互联网泡沫破灭的呢？

　　事实上，在 2000 年互联网经济泡沫破灭时，贝索斯仍然在坚持不懈地致力于提升客户体验。亚马逊的员工都知道"亚马逊飞轮"的起点就是客户体验。这是指以客户体验为出发点的一个良性循环，当客户体验更好的时候，流量自然会增加，而更多的流量会吸引卖家来网上卖东西，这样消费者就有了更多、更丰富的商品，以及获得更方便的服务。这也将进一步提升客户体验。随着"亚马逊飞轮"的不断成长，亚马逊的运营成本会被分摊成更合理的成本结构，然后将省下来的钱返还给客户以形成低价，促进客户对亚马逊产生良好的口碑效应，并且提升客户的重复购买率，这是提升客户体验的一个重要因素。

低价战略是亚马逊的核心策略之一，利用互联网的供应链，大幅度降低成本，使得同样的利润下，利润率却得到了提升。灵活的资金配置，使得公司发展更加迅速，而这一切，都是技术革新获得的回报。如果说支撑"亚马逊飞轮"的基础是强大的技术能力，那么驱动"亚马逊飞轮"加速的引擎就是数据化运营。

数据化运营本质就是利用统计建模和数据库的相关技术，针对企业的用户访问、浏览、购买以及相关可以用数据记录的痕迹进行分析，以及对企业内部员工的日常行为以精细化的数据归类方式进行分析，得出最适合公司的运作方式与运作模式。亚马逊在数据化运营的舞台上可谓独树一帜，开创了一个新的时代，这种数据化运营集中体现在：①形成"以数据为中心"的企业文化，员工做的任何提案必须要有数据支持，否则很难通过；②获取用户数据，通过掌握关于用户使用习性的海量数据，获得用户洞察；③充分利用互联网平台，amazon.com 是个极好的试验平台，如使用不同的方法来推荐商品，或者改变购物车在屏幕上出现的位置，试验结果获得的数据，可以帮助网站优化UI 设计，为客户提供更好的购物体验；④招募数据人才，亚马逊聚集了很多数学、工程方面的人才，通过开发软件获取有效数据并提供强大的分析工具。

资料来源

李黎. 亚马逊的飞轮. IT 经理世界，2011（8）.

思考题

（1）在亚马逊的经营策略中，其最关注的是什么？采取了哪些方法？

（2）亚马逊采取了哪种模式进行企业管理？优点是什么？

（3）如果亚马逊决定对某种产品调价，是更看重顾客的购买痕迹，还是更愿意听从营销团队的主观意见？为什么？

案例二　Airbnb 颠覆传统商业

Airbnb（空中食宿）是一家连接旅行者和家有空房出租的房东之间的服务型网站。作为一个旅行房屋租赁社区，它为用户提供多种多样的住宿信息。用户可通过网络或手机应用程序发布、搜索度假房屋租赁信息并完成在线预定程序。

Airbnb 成立于 2008 年 8 月，总部设在美国加州旧金山市，用户遍布 190 个国家近34 000 个城市，发布的房屋租赁信息达到 5 万条；它被《时代周刊》称为"住房中的eBay"，估值达 255 亿美元，超过了希尔顿、喜达屋、万豪和温德姆等酒店集团。

为什么 Airbnb 能在短短几年间打破传统的酒店行业订购模式呢？那就不得不提起

它首创性的短租空床模式，Airbnb 结合社交网络，为游走天下的旅行者创造处处都有家的体验。

在 Airbnb 上，任何人都可以将自己闲置的房间信息及照片上传，Airbnb 会帮其找到客户。它还引入专业摄影师团队帮助房东拍摄出租房间影像。房东申请后，Airbnb 会派一位摄影师免费拍摄房子的照片并放在网上，成为房源信息中的重要一环。

显然房东是 Airbnb 最关注的资源。在它的网站上可以找到详细的房东指南，每篇都会配有相关的房东故事。它还为房东开发了群组功能，房东之间能互相答疑解惑、交流感受，还可以自定义租住细则，自由地展示自己的社交理念。

与此同时，旅行者可以在平台上撰写理想中的房屋空间特性或梦想的出行计划——Airbnb 开发了非常流行的移动应用客户端可在旅游目的地定位各种屋源，让用户可以方便、快速地找到和选择附近理想的房屋。对于用户而言，个性化和差异化的 Airbnb 可以将零碎的租房资源综合有效地利用起来。

进一步分析 Airbnb 的商业模式就会发现：在 Airbnb 上，住宿与出租不是一笔类似酒店预订的简单交易，而是一个智能化解决方案，或者说是对住宿资源的一种收集与梳理。比如，它能通过先进的搜索技术精准地挖掘房屋供需双方提供的房屋地点、出租类型、租赁特点、有效日期、价格等信息，并对供需双方进行智能匹配，同时在大数据的运用上有所突破，主导制作了一个自动在线旅游指南——由指南产生的称作"协同过滤"的网络能将某一个用户的兴趣、偏好等需求信息从不同用户和数据源处进行自动收集、预测，自动查找并匹配用户所需的交通、购物点、景点及"独处胜地"等情报，能充分满足用户千奇百怪的各种需求，这有效地提升了租房和住宿的效率，既减少了房东的时间成本，也减少了租户在获取信息时产生的费用和搜索时间。

为了帮助房东们定价，Airbnb 在技术创新方面也有所成就。它开发了一个名为"Aerosolve"的机器学习平台。这个平台会自动将城市划分成无数个由微型街区组成的小区域，并由内置算法智能分析房东们拍摄的房间照片，捕捉其中蕴含的多种信息。Aerosolve 还模仿酒店和航空公司的定价模式制定了一套动态定价策略，原理大概类似于大数据分析。

在销售和主要利润方面，Airbnb 的利润几乎全部来自于中介费用，它向租客收取 6%—12% 不等的服务费，同时向房东收取 3% 的服务费，这就意味着每间房屋的出租价格直接决定了公司的收入。考虑到廉租房的市场效率较低，就目前来讲，Airbnb 进一步提升利润空间最好的办法就是除了提升服务品质外，让平台上的房源向着本地化的、个性化的、富有人文气息的非廉价租房转型——考虑到主要的消费人群，这一举动将进一步扩大市场的占有率。

Airbnb 模式的逻辑是有空闲的资源就可以出租，通过提高闲置资源利用率而使平台、租户、房东三方均获得收益。如果把 Airbnb 的概念抽象一下的话，那它的逻辑应该是有空闲的资源就可以出租，提高闲置资源利用率从而获得更大收益。Airbnb 红了之后，市场上出现了不少 Airbnb 的山寨者，或者效仿者。有的效仿者原封不动地抄袭了 Airbnb，比如 HouseTrip 和 Wimdu。国内的一些团队，他们利用 Airbnb 没有能力垄断全部市场这一机会迅速崛起。另有一部分效仿者找到了自身与 Airbnb 的差异点，并加以利用，例如 Luxury Retreats 和 Inspirato 等这种定位于高端用户的类 Airbnb 网站，也都获得了不错的收益。这个逻辑同样可以应用到其他领域上，很多创业公司就依照这样的逻辑打造出了自己的产品，并且不少项目还获得了投资。比较典型的是邀请别人到自己家里进餐的餐饮服务，但是目前还在试验阶段。联想到 Airbnb 的成功，他们的试验会不会也能取得成功呢？

资料来源

Airbnb，颠覆传统商业的终结者．http：//www.vccoo.com/v/ccf79f？source = rss，2015 - 10 - 13.

思考题

（1）为什么说 Airbnb 颠覆了传统商业？请举例说明。

（2）试说明 Airbnb 商业模式的基本要素，并分析其模式创新的可持续性。

（3）Airbnb 商业模式适合中国吗？为什么？

案例 三　戴尔公司的核心能力

1984 年迈克尔·戴尔创立的戴尔计算机公司是世界著名的 IT 产品及服务提供商。1988 年戴尔正式上市，2013 年 9 月退市，当时市值总报价 249 亿美元。回顾戴尔的发展历程，1999 年戴尔首次成为全球首屈一指的 PC 电脑公司，2003—2006 年蝉联全球 PC 老大。那些年，戴尔为什么能取得如此骄人的成绩呢？

21 世纪初，戴尔的商业模式以供应链管理和电子商务闻名天下，戴尔革命性地改变整个行业，使全球的客户包括商业、组织机构和个人消费者都能接触到计算机产品。被业界接受的戴尔直销模式，使信息技术变得更加强大、易于使用，价格更易被接受，从而为客户提供充分利用这些强大的、全新工具的机会，以改善他们的工作和生活。当时国内几家领先 IT 公司的运营成本与总收入之比为 20%—22%，而戴尔的该项指标是 9%，实现了低成本高效率运营。当时戴尔拥有的几大核心能力是获取大客户能力、供应商管理能力和供应链管理能力。

在获取大客户能力方面，据 IDG 调查，戴尔占据商用电脑市场的 70% 以上。戴尔为每一个重要客户建立了一套跟踪分析体系，能够及时预测客户的系统升级等需求。戴尔的销售人员分为外部销售人员和内部销售人员。外部销售人员根据行业因素划分盯住不同的客户，维系客户关系，捕获客户的潜在需求，是大客户筛选和获取的核心力量。内部销售人员利用各种渠道搜寻潜在重要客户的通信方式，以电话销售的形式进行客户初次沟通，在确定其意向后会将客户资料递交其所属的外部销售人员，每天每个内部销售人员平均拨打 100—200 个电话。

在供应商管理能力方面，戴尔采用符合工业标准的东西，尽快把技术层面商业化，集中与上游 60 家供应商合作满足其 95% 的物料需求，其供应链的核心优势是拥有一套从下往上、从前往后、以客户为中心、高效运转的直接销售系统。价值整体创造被戴尔具体化为"与客户结盟"的战略，戴尔打破了传统意义上"厂家"与"供应商"之间的供需配给，始终保持与客户的实时互动，及时得到第一手的客户反馈和需求，然后根据客户需求接受订单，再进行以客户需求为导向的产品制造。这样就能保证按照客户需求提供产品。这是一个良性循环的过程。用软件整合硬件、用客户资源整合优秀的供应商是戴尔供应商管理的两大精髓。

在供应链管理能力方面，快速直销是戴尔的特有运营方式，其高效的生产制造体系为直销模式的实现奠定了基础，戴尔的直销具体体现为基于最终客户需求的模式，就是由戴尔建立一套与客户联系的渠道，由客户直接向戴尔发订单。订单中可以详细列出所需的配置，然后公司"按单生产"。这是戴尔供应链管理的一个特点，实质上就是基于客户需求的渠道扁平化。首先，戴尔通过电话、网络接受订货，用信息系统确认库存，然后按照订单量向零部件厂商发出订货，所需的电脑部件就被及时运到生产地点。这样的过程每两小时进行一次，电脑生产工厂内的部件每两小时就会追加一次。戴尔工厂平均库存维持在 4—5 天，根据工厂的不同有的甚至只有 2 小时的库存。相对于戴尔的高效率，其他电脑厂商的库存周期一般在 30—40 天。

正是依靠这三个方面的核心能力，戴尔的电子商务运营才得以高效运转。同时，戴尔是商用桌面 PC 市场的第二大供应商，其销售额每年以 40% 的增长率递增，是该行业平均增长率的两倍，年营业收入达 100 亿美元，仅次于康柏、IBM、苹果和 NEC。戴尔每天通过网络售出的电脑系统价值逾 1 200 万美元，面对骄人的业绩，总裁迈克尔·戴尔说，这归因于物流电子商务化的巧妙运用。

当然在享受电子商务物流带来的好处的同时也存在一定的隐患，即戴尔直销系统成功的一个关键是要建立一个覆盖面较广、反应迅速、低成本的物流网络和系统。如果戴尔按照承诺将所有的订货都直接从工厂送货上门，就可能会带来两个问题，一是物流和库存成本偏高：假设用户分布的区域广，订货量又十分少，这种情况下库存降低减少的库存费用是无法弥补因送货不经济导致的运输成本及其他相关成本上升而增加的费用。同时在某些重要的销售市场设立区域配送中心是必要的，这样依旧可能会使库存成本上升，但交货期可以缩短。二是交货期过长引发的客户满意度下降。这并不是消费者期望的事情，所以像戴尔这样依赖准确的需求预测电话订货或网上订货，然后再组织生产和配送的模式，实际上蕴藏着较大的市场、生产及物流风险，不是很容易办到的。

当然今天，戴尔已经成了速度的象征。它的核心能力以及市场价值都充分证明了在全球商业界，戴尔掀起了一场真正的革命。这场革命要真正按照客户的要求来设计制造产品，并把它在尽可能短的时间内送到客户手上。这种以客户为导向的直接商业模式使戴尔像坐直升机一样进入了业界巨头的圈子，速度和规模都令人目眩。

资料来源

http：//wiki. mbalib. com/wiki/% E6% 88% B4% E5% B0% 94% E5% 85% AC% E5% 8F% B8，2015 – 10 – 13.

思考题

（1）试述戴尔之所以能取得如此骄人的成绩的原因？

（2）结合案例，谈谈你对供应链管理的认识，试分析快速直销方式的特点和优势。

（3）对于迈克尔·戴尔说的"骄人的业绩归因于物流电子商务化的巧妙运用"，你有怎样的理解和看法？

案例四　淘宝新规引发"内乱"

2011年10月10日淘宝网突然出台新政，对淘宝商城（现更名为"天猫"）店家服务费和保证金进行了大幅提升。新政公布一天后，淘宝商城发生了一场"暴动"，数千名中小卖家集结起来，有组织地攻击多个大卖家，通过拍商品、给差评、拒付款等恶意操作行为造成这些店铺被迫停止运营。这个"反淘宝联盟"达到2万人之多。10月12日淘宝网回应，称不会改新政，并已向警方报案。之后，马云也发表了强硬讲话。

事件源于B2C平台淘宝商城对商家管理体系的升级。淘宝声明为进一步规范商家经营行为，淘宝商城将原有的每年6 000元的技术服务费提高至3万元和6万元两个档次。同时，实行有条件的技术服务费年终返还制度，淘宝商城将根据商家的经营规模、服务质量等指标的达标情况对商家的技术服务费进行部分乃至全额返还。

新规出台前，淘宝商城以"扣点返还"的形式返还6 000元年费。卖家每卖出一件商品，上交交易额的5%给淘宝，若一年上交的总额超过6 000元，即可享受年费全额退还。而在新规实施后，"以6万元年费为例，如果年交易额达到36万元，且动态评比达到4.6以上，淘宝返还50%的年费；如果年交易额达到120万元，且动态评比同样达到4.6以上，淘宝将100%返还年费"。卖家若要得到全额退还，在新规前年交易额只要达到12万元，而新规后则必须要达到120万元。

声明同时宣布建立"商家违约责任保证金"制度，收取保证金1万元至15万元。根据新规，商家进驻淘宝商城将根据所经营或者代理的品牌缴纳违约责任保证金。商家一旦达到一定程度的违约行为，将扣除至少1万元的保证金。记者了解得知，此前商户缴纳的保证金统一为1万元，在新规出台后，除了"网游及QQ""话费通信"及"旅游"大类的保证金为1万元，其余店铺类型的保证金多为5万元、10万元、15万元不等。此外，淘宝商城对假货、水货采取"零容忍"。如果商家一旦出售假货、水货，将被立即封店，并且扣除全部违约责任保证金。同时消费者将获得"假一赔五"的赔偿。

淘宝商城如此大幅度提高服务费和保证金，引来了部分中小卖家的强烈反对。这些卖家通过YY语音聊天等线上联络方式集中"起义"，通过恶意购买等方式对淘宝商城的大卖家进行集体攻击以示抗议，发泄不满。攻击的一个方法是集中购买一家商铺的商品，购买完成之后付款，并给予0分或1分的评价，然后马上申请退款。根据淘宝商城的规则，用户7天内可以无理由退款，如果商铺不发货或不退款，将得到淘宝商城的扣分处罚，所以导致淘宝商城的大卖家如韩都衣舍、欧莎、方七格格、优衣库等品牌网店被集体攻击。尽管网店将多款衣服下架处理，但仍然抵不过恶意购买的攻势，最后只能无奈地将多款货品全部清空，被迫停止交易。

幸好淘宝网第一时间给予了技术上的一些应对方案，并且及时发表声明回应称为了给消费者提供更多、更好的高品质商品和服务，让市场良性发展，就必须做出改变，淘宝商城和广大商家不会因为威胁、恐吓而放弃原则。

据分析，淘宝商城推出新规的目的在于：①实现商品品牌化。淘宝商城大幅提升店家成本是为了驱逐商城中实力较弱的中小卖家，实现商城的品牌化。原来淘宝是一个地摊集聚地，现在变成了一个高档商城，原来的小地摊只能被扫地出门。②为上市做准备。淘宝假货盛行、盈利困难等原因，是导致淘宝网多次尝试上市失败的主导因素。为此，淘宝商城调整收费方式也可能是为了上市，通过调整商业模式增加企业收入。

资料来源

淘宝商城新规引发"内乱" 小卖家疯狂围攻大卖家泄愤. 和讯科技，http：//tech. hexun. com/2011 – 10 – 13/134165979. html，2011 – 10 – 13.

思考题

(1) 试述淘宝新规引发"内乱"的主要原因是什么？以及为何沟通之后还会发生攻击事件？

(2) 结合案例，谈谈你对淘宝网推出新规的看法，试分析新规的利弊？

(3) 对于实现商品品牌化和淘宝上市问题，你有什么更好的建议？

案例五 HomeAway 与 Airbnb 的盈利模式

HomeAway 是一家提供假日房屋租赁的在线服务网站，2004 年公司成立于美国得克萨斯州，2005 年开始运营。2011 年 6 月在纳斯达克上市，市值 32 亿美元。截至 2014 年底，HomeAway 在全球 145 个国家有 56 万多个房源可供游客选择。2015 年，HomeAway 预订量大约为 140 亿美元。2015 年 11 月 Expedia 以 39 亿美元收购 HomeAway。

与传统宾馆相比，假日房屋租赁市场的优势不仅体现在经济成本低，更为重要的是它能满足游客个性化的需求。游客在享受大自然美丽风景的同时也能享受到如在家般舒适的生活。正是基于这些优势，假日房屋租赁市场近年来在全球开始风靡。无论是大城市、郊区中心、小城镇，还是偏远乡村，到处都有假日房屋租赁的身影。根据 Radius Global Market Research 提供的数据，2010 年美国和欧洲境内共拥有超过 600 万个假日租赁房屋，租金年收入在 850 亿美元以上，平均每个租赁房屋的年收入为 1.4 万美元。除了欧美发达国家，随着新型经济体的崛起，尤其在拉美和亚太地区，假日房屋租赁市场未来也会出现井喷式的发展。

在 HomeAway 上，房东注册成功后，上传房屋资料（如房产证），经过审核，再缴纳"房屋信息展示费"，就可以在网站上展示一年。而租客通过 HomeAway 看好房源后，可以直接与房东进行电邮和电话联系，进行交易。

HomeAway 提供的是一个房屋展示的平台，房屋是固定贡献，因此 HomeAway 获得的是固定收益，即 300 美元一年的"房屋信息展示费"。而房东在缴纳了展示费后，租客付出的租金就全部归房东所有，因此房东获得了剩余收益。根据 2011 年财报，HomeAway 的"房屋信息展示费"收入占了总收入的 91%。此外，第三方服务，如向游客销售旅游保险、房屋损坏保险等服务，可获得分成收益。也就是说，HomeAway 的绝大部分收入来自房东，房东即 HomeAway 的衣食父母。

至于 Airbnb 是一家联系租客和家有空房出租的房东的服务型网站，它可以为用户提供各式各样的住宿信息或用户信息。

在交易模式上，同为短租网站的 Airbnb 的交易则复杂得多。Airbnb 的房东许多是出租廉价、短期的房产，甚至是家里的沙发，租客也多是短期、经济型的租客，此时 Airbnb 作为第三方参与交易，可大大降低交易风险。Airbnb 实际上分担了交易失败的风险，因此从房东和租客两方面收取佣金，形成分成收益。双方抽成也能保证收入的稳定性，促进房东和租客持续使用 Airbnb。

另外，两家公司在运营模式上还有较大的差别。在 Airbnb 的运作过程中，首先由房东在网上免费发布房源信息，租客可以在网上进行讨价还价。当确定成交后，Airbnb 以短信的形式公开双方的真实身份与联系信息。网站会从租客的账户中扣除租金和佣金，但要在租客入住 24 小时之后才打入房东账户。在这段时间里，租客如果找不到钥匙和房东，都可以联系网站暂不转账。最后，租赁交易完成，Airbnb 向房东收取 3% 的佣金，向租客收取 6%—12% 的佣金。复杂的交易过程虽带来较高的交易成本，但交易价值也高。Airbnb 的估值是 HomeAway 的 5 倍多，Airbnb 的发展反超 HomeAway。

之所以采用不同的盈利模式，这是根据两家网站的客户和资源能力的差异所选择的合适交易方式。HomeAway 的房东大多拥有专门用于出租的房屋，而租客也是经济能力较好、寻求长期租赁的租客，彼此都是信用良好者，因此，HomeAway 只作为展示平台，而非第三方监管。我们可以说 HomeAway 在这方面做到了一个精细化的市场细分，针对的客户群体要比 Airbnb 详尽得多，但没有很高的回报，尤其是长期来看，利润不能和 Airbnb 相提并论。

资料来源

（1）https：//www. aliyun. com/zixun/content/3_ 15_ 239197. html，2014 – 12 – 08.

（2）Expedia 如何帮助 HomeAway 对抗 Airbnb？. http：//www. traveldaily. cn/article/96839，2015 – 11 – 07.

思考题

（1）Airbnb 与 HomeAway 经营模式的主要差别是什么？

（2）你认为两者的模式哪一种更好，为什么？

案例六 居泰隆：家装整体解决方案提供商

居泰隆是一家致力于全面降低百姓居家装饰费用，为消费者提供全案设计、全程服务的高科技中外合作企业。公司自 2001 年创建以来，凭借独立研发的可视化设计与家居配置服务系统（HDS），通过对装修公司、家居商品生产企业和客户资源的有效整合，构建了以客户为中心，居泰隆为平台，装饰公司、材料生产企业、饰品生产企业和家具生产企业为网络的全新居家装饰商业模式。

截至 2013 年底，居泰隆已在全国 20 余个省市建立了 24 家分/子公司、100 余家服务门店，并与国内外 200 多家知名生产企业建立了合作同盟关系，汇聚了 20 000 余种家居商品。公司倾力推出的"婚房"和"新居"两大"家"系列产品，为中国上百万消费者提供了精彩纷呈的个性化选择，实现了消费者轻松家装、拎包入住的愿望。

传统的家居装饰模式是材料供应商只负责提供材料，装修公司只负责施工，家居商品供应商只负责提供家居商品。消费者对家居装饰几乎不了解，信息不对称往往使其处于被动的地位，还需要对商家的各个活动进行连接，对施工质量和装修效果进行监督。最终不但达不到理想的家装效果，而且费心、费力、费时、费钱。

居泰隆创建初期，主要集中于开发一套可视化的 HDS 系统，HDS 系统即可视化设计与家居配置服务系统，有效地整合装修公司、家居生产企业和消费者三方面的资源。HDS 系统存有这些品牌家居生产企业的数千种产品图样，消费者只要在系统中输入房间的空间大小、形状等数据就可以根据自己的喜好选择装修风格和材料，如现代简约、欧陆风情、古典情怀等。HDS 系统还可以让消费者自己挑选并摆放各种品牌、款式、风格、颜色的家具和饰品，也可以随时调整摆放在房间中的灯具、挂画等。所有这些都是以三维立体的方式呈现，几乎与实际场景一致。当消费者确定这些设计后，系统可以列出需要购置的所有产品的品牌、规格型号、价格等，甚至可以列出装修的流程和规范。而且，所有这些产品都比消费者自己购买的价格低 15% 以上！

如果从商业模式的五大要素来看，可以初步总结如下：

1. 价值主张

凭借 HDS 系统，以生活方式为导向，注重"理性""慢调"和"鉴赏"，倾力打造"婚房"和"新居"两大"家"系列产品。相应地，其消费者细分群体主要为新婚夫妇、新居客户。

居泰隆提供整体家居解决方案服务，为消费者提供便捷、迅速、满意、无忧的家装一体化服务。承诺家装达到"所见即所得"效果，节省 15% 的费用，决算价不超过预算 5%，轻松家装，拎包入住。

从居泰隆角度看，消费者在基础装修、主材及家居商品方面节省了大量费用。具体来说，在基础装修方面，至少可以为消费者节省 15%—20% 的费用；在主材方面，至少比消费者自己去采购要便宜 5%—8%；在家居商品方面，至少比市场成交价便宜 20%。

2. 客户关系

对于不同偏好的客户，居泰隆分别提供线上和线下服务，电子商务和传统购买方式有机结合。在线上，居泰隆利用网络和电子商务技术实现了自助式设计和便捷购买，搭建功能完备的家居商品定制交易平台。消费者通过网络平台既可以了解到最新的家居装饰时尚和动态，也可以通过可视化家装设计系统自行完成个性化的居室设计，生成订单购买家具、家装材料等。互联网的特性突破了时间与空间的界限，使其能够及时、迅速地解决客户的问题和反馈。它为部分客户提供的 DIY 定制服务提高了客户的参与度、满意度，更增添了装修乐趣，实现了精细化营销。在线下，在居泰隆服务门店，消费者在设计人员的指导下能够完成可视化的家居设计。居泰隆还利用微博、微信为客户提供互动服务，虚拟社区为更多客户建立家装交流空间。

按照客户群体、产品和沟通方式的特点，居泰隆适合与客户建立专用个人助理、在线社区和共同创作等客户关系类型。

3. 业务网络

居泰隆与数百家品牌家居制造商签约，整合国内品牌家居产品制造商、家居产品供应商、外包物流提供商。分销渠道是在直营店的基础上，通过互联网在全国进行居泰隆加盟，实现全国 200 余家的服务门店或网上商店。同时，广泛征集加盟商，分为 A、B、C 三类线下加盟商，加盟费 8 万—20 万元。

4. 盈利模式

特许加盟费：居泰隆 90% 的连锁门店是通过特许加盟形式发展的，公司收取至少 8 万元的费用，给予技术、人员等的支持。

终端租赁费：凭借 HDS 系统，向各家装公司予以推广，收取系统租赁费。

委托订货管理费：向客户收取家装产品订购的管理费。

厂家返点：向各品牌厂商收取销售返点。

直营门店经营：向消费者收取服务费用。

5. 核心能力

核心技术：HDS 系统以三维图形方式为客户提供可视化的家装模拟方案。

家装产品供应链：通过外包策略，整合了国内品牌家居产品制造商、家居产品供应商、外包物流提供商，通过信息共享，提供高效的供应链。

品牌化锁定客户：在家装市场，口碑很重要。居泰隆提供的便捷、迅速、满意、无忧的家装服务将使其具有较高的客户知名度、信任度与忠诚度；同时，通过与地产商合作，锁定小区客户，推出楼宇小区量身定做方案。

资料来源

（1）居泰隆十年精工铸伟业. 中华建筑报，2013 - 12 - 03.

（2）http：//www. jtlhome. com/html/aboutour/introduce/，2016 - 07 - 28.

思考题

（1）试分析居泰隆商业模式的独特之处？

（2）结合案例，谈谈可视化的 HDS 系统对于居泰隆的发展有怎样的作用？

（3）根据案例中居泰隆的盈利模式和核心能力，你有什么更好的建议？

案例（七） 网络约车

2016 年 8 月 1 日，滴滴宣布与 Uber 全球达成战略协议，滴滴将收购优步中国的品牌、业务、数据等全部资产在中国大陆运营。滴滴和优步从相杀到相爱，花了两年多的时间。至此，滴滴成为唯一一家有腾讯、阿里巴巴和百度投资的公司。彭博社援引知情人士消息称，滴滴与优步中国合并完成后，新公司估值达到 350 亿美元。

创立于 2010 年的 Uber 全球业务已经覆盖全球 68 个国家。优步中国从 2014 年初正式运营，开启在中国市场的进程。两年间，优步中国扩张迅速，已经覆盖到中国 50 多个城市。如此急速的业务扩张，加之与滴滴出行的竞争，优步中国也陷入烧钱补贴的运营模式。据 Uber 全球的公开资料，2015 年在中国亏损逾 10 亿美元，而全球其他地区已开始盈利。再来看滴滴，自从 2015 年 2 月滴滴和快的合并后，其业务遍及全国 400 多个城市，其官方公布的数据显示，目前滴滴在半数城市实现了盈利。

打车软件彻底改变了传统打车方式，建立起移动互联网下的智慧出行方式。比较传统电话召车与路边招手召车来说，打车软件的诞生更是改变了传统打车市场的格局。利用移动互联网的特点，将线上与线下相融合，从打车初始阶段到下车使用线上方式支付车费，画出一个乘客与司机紧密相连的 O2O 完美闭环，最大限度优化乘客打车体验，改变传统出租司机等客方式，让司机根据乘客目的地按意愿"接单"，降低车辆空驶率，最大化节省司机乘客双方的资源与时间。

打车软件的鼻祖是 Uber 全球。从 2012 年开始，中国企业开始拷贝打车软件模式。2012 年，快的、嘀嘀打车软件上线。据统计，鼎盛时期，市场上共有 30 多种打车软件，模式雷同、竞争激烈。2013 年之后，阿里、腾讯分别入主快的、嘀嘀（后更名为滴滴）。从 2014 年初开始，快的、滴滴展开补贴大战，总计补贴金额 10 亿元。在烧钱攻势下，大部分打车软件日益衰落，打车市场进入快的、滴滴双雄时代。2014 年 12 月，百度投资优步中国，从而开启了打车市场的 BAT 竞争。2015 年 2 月，滴滴、快的宣布战略合并。2015 年 9 月，滴滴打车正式更名为"滴滴出行"。

2016 年 7 月 28 日，交通部发布新规定，打车软件终获合法地位，平台要承担承运人责任。同时，新规中还将网约车车辆登记为"预约出租客运"，既体现其出租汽车的性质，又反映其新兴业态的特征。在给予网约车合法身份后，还对私家车开展网络约车运营作出了相应的规定：符合"7 座及以下乘用车；安装具有行驶记录功能的车辆卫星定位装置、应急报警装置；车辆技术性能符合运营安全相关标准要求"三项条件的车辆，可向有关部门申请《网络预约出租汽车经营许可证》。

对于新规定，国内网络约车平台滴滴表示，规定是对分享经济新业态下移动出行领域的肯定和鼓励，滴滴将按该要求规范运行，积极申请网络约车平台公司相关经营许可，同时将积极与相关政府部门、出行行业相关企业一同探索，加大技术创新，提高交通资源利用率和城市交通效率，改善出行体验。

打车软件是一种典型的平台商业模式，它完全颠覆了出租车、租车行业的传统规则。除此之外，打车软件还有利于生成大量数据，开发乘客特征系统，智能地匹配实时交通信息，有效地帮助车辆出行，提高路线规划效率和行驶效率，最终向司机和乘客提供更优质的服务。

资料来源

滴滴出行宣布收购优步中国．证券时报，2016－08－01.

思考题

（1）简述打车软件商业模式的特点？

（2）结合案例，谈谈你对"打车软件彻底改变了传统打车方式，建立起移动互联网下的智慧出行方式"的看法？

（3）网约车的合法化是不是就标志着传统出租车行业走向没落？简述二者之间存在的关系。

案例八　起点中文网

2002年5月，起点中文网伴随着起点原创文学协会成立而建立，这是起点中文网的前身。2002年6月，起点中文网第一版网站推出，开始试运行。网站以推动我国原创文学事业为出发点，将"读书在起点，创作无极限"定为口号，一直致力于发现和挖掘优秀的原创文学作者，并以推动中国文学原创事业为发展宗旨，在2003年10月以此为契机开创了在线收费阅读即电子出版的新模式。

起点中文网为读者呈现的内容比传统出版社提供的内容更新颖，价格也更便宜。通常，一本20万字左右的实体书，市面上的售价为30—40元。换算起来，每千字的阅读价格为0.15—0.20元。而起点中文网的读者，每阅读千字原创小说所缴付的费用在0.03—0.05元之间，仅仅是传统实体书四分之一的价格。而且，作品一旦上线，读者便能立即阅读到文字。另外，网上可提供各种类型的书籍，其丰富性远远超过书店，甚至超过一般的图书馆。

在公司运作方面，起点中文网与作者是以分成的方式来经营的。读者在网站充值后付费看文学作品，网站定期将作者的作品收入按一定分成比例交给作者。同时，起点中文网还通过线上广告、出售出版、内容增值业务等获得额外收入。在2008年前后，起点中文网成为中国原创文学的领导品牌，建立了完善的集创作、培养、销售于一体的电子在线出版机制，树立了在业内具有影响力的行业领导地位。

在起点中文网建立七年之后，网络图书行业伴随着金融危机也陷入了一蹶不振之中。起点中文网在合并其他读书网站后决定对客户进行进一步细分，并且将品牌进行二次细分，最终创建了几个分类网站，比如起点女生网（www.qdmm.com）成立于2009年11月，其前身是"起点女生频道"，致力于对女性网络原创文学及作者的培养和挖掘。

依托起点中文网的成熟运作机制，起点女生网成功实现了女性网络原创文学的商业化发展模式，而这种模式也值得我们学习参考。起点女生网首创阶梯型写作全勤制度，在针对知名作者进行全方位宣传和包装的同时，兼顾对新进作者的培养。无论是知名作者还是新人写手，均享有签约作者的专属人身保险计划、VIP作品基本福利计划、分类优秀作品奖励计划、小众类型作品的扶持计划等。在起点女生网丰富多样的福利设置吸引下，培养激励了众多优秀作者，使得网站内容呈现出个性鲜明、百花齐放的良好发展态势。版权运作方面，起点女生网的海量女性题材小说成为影视改编剧的剧本摇篮。现如今，起点女生网囊括了《步步惊心》《搜索》《毒胭脂》等多部热门影视剧的原著小说版权。起点女生网依托领先的电子原创阅读平台，在引入移动阅读、实体出版、影视改编等多元拓展渠道，建立海量版权交易库后，形成一个集版权运作、原创阅读于一体的综合性女性原创文化品牌。

除了起点女生网之外，"起点乐读"是盛大文学·起点中文网于2010年重磅推出的出版品牌。作为全球最大的华语原创阅读基地，起点中文网通过近十年与市场和读者的亲密接触，培养出了一支了解读者、熟悉市场、擅长选题的优秀编辑团队，并充分发挥起点中文网对实体书市场的影响力，成功地进入了纸质书出版行业。自成立以来，起点乐读策划出版了一系列极具市场反响的优秀图书，其中唐七公子的《华胥引》刚一上市便荣登当当新书热卖总榜榜眼，青春类热卖第一位！由起点乐读策划出版的许常德《母爱真可怕》、林夕《毫无代价唱最幸福的歌》、姚谦《我愿意》、刘德华《我的30个工作天："桃姐"拍摄日记》等名家名作陆续上市，并成为深受市场欢迎的畅销书。

2014年12月，腾讯文学宣布盛大文学旗下的起点中文网、创世中文网、云起书院将以第三方渠道的身份纳入腾讯文学。在稿酬结算方面，扣除第三方收取的渠道费用后，结余收入网站将与作者以5∶5的比例结算稿费。起点中文网成为正版小说的一面旗帜，也成为腾讯生物圈中的重要一环。

资料来源

http://baike.baidu.com/link?url=f7VNKCv8BZoCacs5eHl-vfIr4UbDHpyKZrKooDYrWp-bIfqKmwvB6YN5h8yaz2s8dxacyIcYYp3OuvGd46NzFa.

思考题

（1）为什么起点中文网可以在文学领域成为业界翘楚？

（2）起点中文网与你知道的其他读书软件或者网站有什么差别？你觉得哪个更好，为什么？

案例九　春雨医生：重构医疗价值链

　　春雨医生创立于 2011 年 7 月，历经 5 年的时间，聚集了超过 9 200 万的注册用户、49 万名公立二甲医院以上的注册医生，日均问诊量超过 100 万次，日均 33 万个问诊得到专业医生解答。

　　在医疗健康这个领域，春雨医生在互联网医疗方向上为国民谋求便利，这个"旨在帮助人们掌握自身健康状况、缩短就医就诊时间、减少医疗费用"的应用也在短短几年间好评如潮。

　　中国医疗行业的行业价值链主要由医疗服务的提供者（医院和医生）、支付者（个人、企业、保险）、药品生产和流通者，以及政府监管者组成。关于移动医疗，美国医疗信息与管理系统协会（HIMSS）给出的定义是，通过使用移动通信技术，比如 PDA、移动电话和卫星通信等提供医疗服务和信息。不难发现，移动医疗多指通过移动互联网提供诊断和治疗服务，而移动健康则是一个更为宽泛的词汇，它另涵盖了非诊治环节的健康监测，比如健康手环、心率监测设备。

　　从发展脉络上看，移动医疗大致可分为"墙内"和"墙外"两类。"墙内"移动医疗，指的是医院医疗信息化从 PC 端到移动端的延伸，用户多为医生，适用范围局限于医院内，使用过程偏"诊中"和"疗中"。简言之，"墙内"是针对医院和医生的 B2B 生意。

　　"墙内"移动医疗给医院和医生带来了很多变化。在互联网没能普及的年代里，下班回家的医生，没有任何工具可用来监控患者病情，因此一旦患者情况危急，医生接到电话后就得匆匆返回医院。

　　现在，有了互联网的帮助，在远程观察病情方面已便利得多。随着医院信息系统与云端的连接，医生们可以通过大屏手机上的 APP 查看包括病例、检验报告、影像资料等在内的所有患者信息。他们还可以通过手机与值班护士互动，然后远程下达医嘱，而该医嘱将同时被传送至护士站、配药房以及主任医师的手机或 PC 上。

　　移动医疗，实现了诊疗流程的进一步规范化、简单化和实时化。这种能够帮助医生更为有效地工作、使之获得更大社会价值和经济价值的工具一定会受到医生的欢迎。事实的确如此。目前，国内各家医院对"墙内"移动医疗基本持支持的态度。

　　在这个价值链中，春雨医生保留了医生和患者这两个不可或缺的服务对象，这是医疗价值链的两个核心利益主体；春雨医生试图摆脱医院，或者降低医院的作用，因为这是一个低效的环节，在某个时间段甚至还是无用的环节。此外，春雨医生还引入了其他新的环节。

　　那么，春雨医生是如何落实这种重构的呢？春雨医生在探索模式的过程中，经历了三个阶段，可以总结为三个关键词：QA（提问和回答）、私人医生、保险。

　　春雨医生刚进入移动医疗行业时，政策并不明朗，为此春雨医生发明了一个新概念——轻问诊，也就是将医生拉到线上，为用户提供一些诊断咨询。这是春雨医生从一个普通用户的视角去看看病难的问题，由此患者能够快速获得专业医生的信息。仅仅三个月，春雨医生就获得了 100 万的用户量。然而，这种 QA 方式带来了两个问题：一是用户体验不够完整，医生的建议过于权威，互动更像是单方面的通知；二是引发传统医疗圈的挑战，质疑其严肃性、科学性。

春雨医生在第二阶段采用了"私人医生"的方式。如果患者到一家大医院，医生 5 分钟就把患者打发走了，那么患者同样体验不佳，这个是医生和患者之间的信任关系问题。如果能够让医生和患者之间建立起点对点的、长期持续的、稳定的信任关系，改变医生的动机和动力体系，将带来医学质量的改变，解决医学的科学性问题。同时，春雨医生为解决用户体验的完整性问题，开设了线下诊所。春雨医生诊所的开设，帮助患者在线下拿药、做检查等，完善了患者从看病到治病的体验。

这种商业模式在提升了交易价值，降低了交易成本之时，春雨医生也意识到其中蕴含的风险，除了制定严格的合作医院准入规则之外，春雨医生还在构建基于五个数据维度的医生"竞质排名"规则。未来的导医，将以医生指数、LBS 数据、就医指导等方式综合导流。同时，在患者端有全程的数据追踪，防止过度医疗和医疗纠纷。

同时，春雨医生正在涉足保险。今天的私人医生就是保险的雏形，健康险与私人医生捆绑，春雨医生诊所线下检查和治疗的用药费用包括其中，外围还包括体检等服务，这就是一个保险产品的雏形。通过保险，可以控制患者的诊疗行为，达到控制费用的目的。

2016 年 8 月初，春雨医生宣布开放自己的核心业务：在线问诊。这是目前移动医疗行业里唯一真正成熟、公众接受的业务，是目前多数医疗平台的标配业务。按春雨医生的官方说法，开放在线问诊平台的目的是：开放、联结、共赢。开放是向所有渠道开放问诊接口；联结是借万物互联的东风，连接人与服务；共赢是以在线问诊为核心，打造与合作伙伴共赢的平台。医疗健康产业相对保守，很难一下子出现一项颠覆性技术。在现有技术基础上，如能找准用户需求并架设好商业模式，还是有很多机会的。

资料来源

"被倒闭"的春雨医生，到底是怎样一家公司 . http：//www. donews. com/net/201510/2906246. shtml.

思考题

（1）春雨医生所涉及的领域是否有准入壁垒，准入壁垒对于企业来说是好还是坏呢？

（2）春雨医生进入移动端后，拥有了大量新的用户，试分析原因。

（3）如果你是春雨医生的运营，你会采取什么办法让春雨医生尽快"价值变现"呢？为什么？

案例 十 打车软件的补贴大战

2014 年初，随着"滴滴打车"和"快的打车"两家软件公司对每单业务提供补贴，我国的打车软件市场开始出现大规模竞争。

2014 年 1 月 10 日，"滴滴打车"接入微信，对司机和乘客发起每单 10 元的补贴活动。随后，"快的打车"宣布每单对乘客补贴 10 元，对司机补贴 15 元。2 月 10 日，"滴滴打车"宣布将补贴降至每单 5 元；"快的打车"紧接着宣布下调司机补贴为 5 元，但对乘客的补贴仍为 10 元。为了避免客户大规模流失，"滴滴打车"在 2 月 17 日恢复对乘客的 10 元补贴。作为市场竞争的回应，"快的打车"迅速宣布对乘客的补贴上调至 11 元，并声称"永远比同行高 1 元"。事实上，打车软件竞争已经变成对乘客补贴的竞争，其背后还牵扯到腾讯和阿里巴巴两大投资商的移动支付竞争。

除了补贴之外，我国打车软件运营模式的另一个特点是乘客可以自主选择加价以提高对出租车司机的"吸引力"，在高峰时段，乘客需要加价二三十块钱甚至更多才能叫到出租车。

但是，随着打车软件的烧钱补贴之争愈演愈烈，其在社会上引起的负面问题也逐渐显现。2014 年 2 月底，已有多地政府交管部门发布对打车软件的限制措施，随后两家打车软件公司也分别下调补贴，烧钱大战出现降温：3 月 3 日，"快的打车"将补贴降至 10 元；3 月 4 日，"滴滴打车"将部分城市起步价调整至 20 元左右，而"快的打车"继续将补贴下调至 5 元；3 月 7 日，"滴滴打车"继续下调补贴为 6—15 元不等。此外，加价叫车功能也已被多地政府叫停。

截至 3 月 31 日，"快的打车"第一季度已经实现接近千万元的月度营业收入，而在"快的打车"成立的一年零八个月里，投入的补贴金额至少有 6 亿元。另外，从 2014 年 1 月至 4 月，"滴滴打车"的日均订单从 35 万元增长至 521.83 万元，投入的补贴高达 14 亿元。由此可见，打车软件目前还没有找到适合的盈利模式，只是依靠投资商的巨额资金支持给用户提供补贴，以期积累稳定的用户群体。但是，一旦停止补贴，如何保持和扩大用户群体，以及探索稳定的盈利模式，仍然是打车软件发展中必须面对的难题。

这些打车软件运营产生的问题来源于多个方面，一方面是我国出租车市场原本就存在一定的行业垄断，乘客"打车难"的问题始终得不到有效解决。另一方面正是由于出租车市场本身存在双重垄断下的低效率，我国打车软件的"补贴加价"模式一出现便迅速推广开来，但是这种模式的不合理性也是显而易见的。

1. 双寡头垄断不利于市场发展

起初，打车软件在我国有 10 余种。随着阿里巴巴和腾讯两大互联网巨头的加入，打车软件市场份额迅速被"快的打车"和"滴滴打车"两款软件所占领。截至 2014 年第一季度，两大打车软件已经占领了 98% 的市场份额。这种双寡头垄断结构非常不利于技术与服务创新。因为具有创新突破的软件，往往是从中小软件发展起来的。

2. 补贴违反商品购买的基本规则

商品强调"必须通过交换过程，实现使用价值的转移"。也就是说，交换是商品购买的基本规则。我国打车软件提供的服务作为商品的一种，在消费者对其购买的过程中，不仅不需要支付费用，反而可以获得由商家提供的补贴。对于消费者来说，免费享受叫车服务还获得补贴；对于没有使用打车软件的公众来说，有失公平；对于打车软件来说，由于资金的投入远大于营业收入，这种模式不可能长期存在。

3. 加价导致不公平

"价高者得"是为买方竞争而设定的，指出价最高的竞买人获得拍卖标的的成交规则。虽然说"价高者得"符合市场竞争规则，但是"价高者得"需在拍卖现场通过比较得出。也就是说，买方之间必须互相知晓对方的出价，并以此来确定自己的报价。但是，我国打车软件中设计的加价模式，无法使乘客知晓其他人的报价，即乘客之间的信息是不对称的。在这种情况下，"价高者得"的规则就不是公平的市场竞争。

资料来源

刘思思等. 打车软件运营模式的经济学分析. 甘肃金融，2014（6）.

思考题

（1）试述打车软件补贴大战产生的原因？

（2）结合案例，谈谈你对"打车软件目前还没有找到适合的盈利模式"这个问题的看法？

（3）关于打车软件运营，运营商们还需要做哪些方面的改进？